中国图书情报知识图谱研究

夏丹 李娟 著

吉林大学出版社

图书在版编目（CIP）数据

中国图书情报知识图谱研究 / 夏丹，李娟著．—长春：吉林大学出版社，2018.8
ISBN 978-7-5692-2867-0

Ⅰ．①中… Ⅱ．①夏… ②李… Ⅲ．①图书情报工作—研究—中国 Ⅳ．① G259.2

中国版本图书馆 CIP 数据核字（2018）第 192297 号

书　　　名：中国图书情报知识图谱研究
ZHONGGUO TUSHU QINGBAO ZHISHI TUPU YANJIU

作　　　者：夏丹 李娟 著
策划编辑：邵宇彤
责任编辑：代景丽
责任校对：云　宇
装帧设计：优盛文化
出版发行：吉林大学出版社
社　　　址：长春市人民大街 4059 号
邮政编码：130021
发行电话：0431–89580028/29/21
网　　　址：http://www.jlup.com.cn
电子邮箱：jdcbs@jlu.edu.cn
印　　　刷：定州启航印刷有限公司
开　　　本：710mm×1000mm　　1/16
印　　　张：13.5
字　　　数：220 千字
版　　　次：2018 年 8 月第 1 版
印　　　次：2018 年 8 月第 1 次
书　　　号：ISBN 978-7-5692-2867-0
定　　　价：55.00 元

图书情报学产生于现代信息技术形势下，它是图书馆业务学科与情报信息学科相结合的一门学科，该学科的专业课程包括图书馆学、情报学、档案学等。互联网时代的到来促使图书情报学发生改变，从图书情报学科诞生之日起，它就在历史的车轮中改革着。一个学科的研究是为了推进该学科的进步，研究图书情报学知识图谱也是如此。

近几年，众多学者热衷于图书情报知识图谱的研究工作。图书情报学产生于现代信息技术背景下，其研究内容和方法不断扩展，知识图谱是显示科学知识的发展进程与结构关系的一系列各种不同的图形。图书情报知识图谱借助可视化的图谱形象地展示学科的核心框架、发展历史、前沿领域以及整体知识架构，通过数据挖掘、信息处理、知识计量等方法把复杂的知识领域用图谱绘制出来，从而使人们用更直观的形式了解知识。

《中国图书情报知识图谱研究》一书首先提出研究背景、意义、发展历程、发展状态，然后从图书情报学、知识图谱两个概念阐述研究重点。本书详细研究了图书情报知识图谱的构建、绘制方法、绘制工具、数据采集和处理、CNKI 数据库、CSSCI 数据库，以及知识图谱在移动图书馆中的应用，最后总结此次研究，提出对未来图书情报知识学图谱的展望。作者希望借助此次研究，逐一列出我国图书情报学科的发展趋势，理论与实践相结合，并与当前研究热点接轨，推动我国图书情报的发展。

第一章 绪 论

进入 21 世纪以来，具有科学性的新文献及研究成果层出不穷，科学知识的更新换代日新月异，如何于迅速变化与发展的动态环境里把控知识领域发展、进步的结构、趋向与形式是目前科研人员普遍面临和亟待发掘的重要问题。图书情报学作为一门新出现的、与社会有极为紧密联系的学科，在现代信息技术迅猛发展和社会信息化不断深化的新时代背景之下，呈现出许多新的特点和新的变化。这表现在图书情报学的研究内容和研究方法持续拓展，信息科学的热点和前沿层出不穷。图书情报学这门学科的学科结构和学科体系随着时间的推移愈发丰富与完善。

第一节 图书情报学的研究背景和意义

一、图书情报学的含义

情报学是一门与情报信息有关的学科，目前都归结为信息管理与信息系统专业，也就是信息管理专业，主要是文献信息的组织、存储、检索、咨询、分析和读者服务等相关知识学科。图书情报学是指图书馆业务学科和情报信息学科相结合的一门学科。

经相关文献的统计数据可知，1987—2017 年，我国图书情报学十九种核心期刊的发文数量和变化趋势呈波浪式起伏上升。我国图书情报学的发展大致可以划分为四个阶段。

1. 1987—1994 年，稳步发展时期：20 世纪 80 年代末至 20 世纪 90 年代初，受我国市场经济大潮的冲击与影响，图书情报学的发展曾在一段时间内处于低谷。1987—1991 年，关于图书情报学研究的发文量稳步增加，其分布趋向于一条直线。1992 年，相关研究成果突破了两千篇，曲线发展较平稳。

2. 1998—2000 年，自动化时期：在这五年里，有关图书情报学的发文量不断攀升，2000 年达到了 3 423 篇，较 1994 年时增长了约 42%，且在这一阶段，计算机逐渐应用到图书馆中，对传统的图书情报学技术进行了重新洗牌。因此，这时中国较大范围的图书情报机构都实行了自动化管理，同时创建了许多大型的文献数据库，图书情报学的相关研究也到了全面革新的时期。

3. 2001—2005 年，网络化时期：在这一时期，有关图书情报学的发文量的曲线更加陡峭，2005 年研究成果突破了 5000，与 2000 年相比，发文数量同比增长 49%。网络的普及、我国社会主义市场经济体制的建立、高等教育的极大进步，几乎彻底使我国图书情报学的社会和技术条件上了一个新的台阶，图书情报事业各个领域都发生了深刻而显著的变化，更多的研究者对这一学科进行研究。

4. 2006—2017 年，快速发展时期：在这一时期，图书情报学的发文量增加迅速并即将突破一万大关。随着文献信息服务方式和知识载体的多元化趋向的凸显，知识的传播方式与途径呈现出从未有过的多样和复杂。网络环境从源头上对我国图书情报事业产生影响，并从根本上促进了这一事业的发展进步。

二、图书情报学知识图谱的研究背景

图书情报学是将图书馆学与情报学结合组成的一门学科，在现实领域中图书与情报密不可分，虽行政归属相离，但是在业务上存在诸多共性。20 世纪 80 年代，出现了将图书与情报一体化的思想。1953 年，荷兰的 J.E.L.Farradance 首先提出了"图书情报学家"（Information Scientist）这一专有名词。1995 年时，"图书情报学家"（Information Scientist）在他的建议下，作为学科名称并首次被研究者使用，与此同时，在其他国家，很多研究者和相关院校也常把"Library Science"和"Information Science"组合起来，变为"Library and Information Science（LIS）"一词。

（一）研究图书情报的原因

21 世纪以来，我们已经进入了数字信息时代，随着计算机技术和网络技术的飞速发展，数字化信息呈现爆炸性增长，面对如此之多的与数字信息相关的资源，图书情报学的研究领域与研究范围在慢慢地、逐步地产生变动。由以往几十年图书情报这门学科的发展历程与科研成果可知，此学科虽然对社会发展做出过极大贡献，但传统意义上的图书情报理论与图书情报实践已基本无法适应信息时代、数字化时代的进步需求。国际图联（IFLA）主席 Anna Maria Tammaro 提到，图书情报学会随着教育、经济、政治、社会以及科技环境的改变而形成极大的影响力。

除此之外，研究图书情报知识图谱应将以下几点作为基础。

1. 我国图书情报学地位亟待提高

一门学科其在学术上是否有一席之地主要表现在以下三点：此学科对学术研究相关理论的创新能力与创新程度、对社会的贡献程度及解决在社会实践中存在的问题的能力。前段时间，有关图书情报学学科地位在社会中激起了广泛而又热烈的探讨，许多研究者的观点是，图书情报这门学科在整个学术领域存在话语权缺失问题，这门学科也未能得到应有地位。例如，在整个学术界高精尖的学术团体中，图书情报学的学者寥寥无几，存在感低。出现这些问题的原因又是什么呢？只有通过对图书情报学发展的研究来将学科的发展境遇、研究热门问题、主题演化规则、发展存在的弊病进行再梳理，才能将图书情报学的体系更加完善，并提高这一学科在整个学术圈的地位。

2. 我国图书情报学的快速发展急需建立新研究框架

我国的图书情报学随着信息和互联网技术的不断发展，将研究的重点从传统意义上的文献分析、图书馆服务与管理等研究领域渐渐向网络信息资源管理与检索、信息共享、数字图书馆、数据挖掘、本体语义网、知识管理与组织、科学计量学、竞争情报等研究领域转移，当今社会大数据技术的发展使得图书情报学的发展前景变得模糊不清。

同时，图书情报学为图书情报与档案管理一级学科下两个二级学科的组合，随着学术视域的逐步拓展，图书情报学研究范围与其他学科存在较大的交叉，在"信息计量"这一领域就包含管理学、计算机技术、数学等多学科的相关知识。所以在将来的研究里，各位研究者需维持学科研究的包容性、开放性，对学科"户口"性质加以突破，只有做到这些，研究者才能产生具有极大创新性和较大影响力的有关成果。学科研究范围的变动与学科的交叉性、综合性要求学者对图书情报学进行重新梳理与归类，同时还要对学科间的特征做进一步的了解与研究，并把握好图书情报学的学科发展及存在的规律。

3. 建设创新型国家急需图书情报学理论的支撑

建设创新型国家急需图书情报学理论的支撑。我国国家"十三五"规划指出，图书情报学的学术研究与我国建设创新型国家、科教兴国、社会经济的发展进步有着密切联系。我们国家对图书情报学有极大的社会需求，该学科的研究尚存较大的发展空间，增强图书情报学学研能力以及社会服务能力刻不容缓，图书情报学应为快速建设创新型国家做出应有贡献。

（二）学者的研究是图书情报学的基石

我国学者通过查阅文献、专家及问卷调查等途径，采用定性描述与分析等研究方法，对我国情报学发展历程、发展现状与前景进行了较为细致的阐述。研究者赖茂生对情报学在数字时代的应用前景进行了论述，他认为情报学在哲学的研究、基本理论的发展趋势和学科新核心话语等方面都取得了较大突破。此外，毕强还对数字时代的情报学发展趋向进行了展望，他认为数字时代情报学发展应该重视前沿发展和外延输出、学科核心话语知识化、技术与人文的协调统一几个方面。赖茂生利用问卷总结出竞争情报、知识管理等二十三个情报学前沿领域。经过调查，他还提出了十个具有前沿性的研究领域，其中有知识组织、情报检索、数字图书馆等。除赖茂生外，王益明等人还对我国情报学 2017 年在信息检索、情报分析和研究、信息服务、用户研究和信息计量学等五个重要领域的研究所取得的成果和进步之处进行了一个综述性的概括总结。

传统意义上的定性研究需要撷取几乎所有的文献及研究成果，耗费心力的工作也会与主观判断相混淆。此法类似于"盲人摸象"，不能明晰学科发展的重点，也适应不了处于不断变动中的学科结构。在知识和信息中，能够直观地展示学科发展的全貌以及处于发展前端的领域是很困难的。传统意义上的定量研究对信息计量的把控较准确，但其直观性和生动性有所缺失。其实，直观地揭示整体的知识结构是很不容易的，因此我们必须找到一种更加客观、科学、高效的研究学科结构和发展的新方法。信息可视化理论、引文分析理论、复杂网络和社会网络分析方法和技术的成熟为找到新方法提供了条件和可能性。

奠定了科学知识图谱首块基石的是加菲尔德、普赖斯的引文分析理论。1964年加菲尔德等人在《应用引文数据撰写科学历史》中开始了一项具有开拓性的研究，他们画出了以时间为基础的 DNA 研究领域的历史发展图谱，这是基于引文的可视化图谱研究中的开辟性研究。1965 年，学者普赖斯用与加菲尔德等人相同的数据完成了他的论著《科学论文网络》。自此，以引文分析为基础的"知识图谱"理论与方法生发出来。1973 年，斯莫尔开创性地提出了"共被引"的概念和共被引的分析方式，此后斯莫尔和格里菲斯等研究者又提出了双引多引、期刊共被引、作者共被引等多种有关共被引的分析方式。1978 年，雷迭斯多夫总结并深入研究了绘制科学图谱的多个方法，主要是传统意义上的多元统计分析方法。20 世纪 80 年代，怀特和麦肯等学者则在共被引分析的基础上，将共被引分析与多种多元统计分析相结合，建立了以多维尺度分析为基础的知识图谱方法。

奠定了第二块基石的是统计物理学关于复杂网络系统的研究、社会网络分析的兴起以及统计物理学在引文网络中的应用，关于复杂网络系统的理论与运用方面的研究已被推到了自然与社会科学大交叉的前沿。1989 年，哈蒙将社会网络分析法引到引文网络领域，还提出了引文网络中的关键路径算法，这使科学知识图谱的研究水平"更上一层楼"，达到更高的境界。

将信息可视化的振兴与信息可视化在引文网络分析之中的运用作为科学知识图谱发展的第三块基石是当之无愧的。20 世纪 80 年代，信息可视化技术取得极大发展，将人机交互、数据挖掘、图像技术、认知科学等诸多学科融入自己的知识体系中，逐步变成了现代信息技术最前端的极受欢迎的领域。在信息可视化的振兴中，信息可视化研究的新领域的开拓者一个个浮现出来，在诸多开拓者中，美籍华裔学者陈超美是其中的重要人物。他的《科学前沿图谱：知识可视化探索》和《信息可视化：超越时空》两部著作在现今这一大潮中具有重要地位。陈超美开发的"Cite Space"将信息可视化技术和科学计量学进行组合，创新性地研究出适合复杂网络分析的第二代信息可视化技术。他还开辟了以知识领域为分析单元的可视化综合性学术与应用领域，把相关研究推进到以知识图谱与知识可视化为辅导决策重要手段的一个新时期。

科学知识图谱随着科学计量学和信息可视化的进步变得愈发成熟，并因此被多个科学领域研究广泛运用，科学知识图谱研究学科随着时间的推移也逐渐被更多学者接纳和使用。利用可视化知识图谱能够将学科的核心框架、发展历史、前沿领域以及整体知识架构展现得更加清晰，还能够将复杂的知识领域利用数据挖掘、信息处理、知识计量和图形绘制展现，由此可以使知识领域的动态发展规律变得更易分析，为图书情报学的钻研提供符合实际、有所裨益的参考。

尽管在图书情报学的很多领域中，知识图谱都得到了成功应用，但它存在着如下几方面的弊端。

1. 研究范围较窄

目前知识图谱在图书情报学研究中的研究范围还不够全面，多涉及某一方向或主题而未扩及整个学科。

2. 研究数据不够全面、规范、权威

数据研究选择一种或几种期刊、数据来源是未经规范化标引的数据库、一些数据研究不参考国外期刊导致了研究数据不全面、不够科学、缺少权威性。

3.构建流程和方法不够规范系统

目前各领域专家对知识图谱的建构方法和构建流程可谓"仁者见仁，智者见智"。例如，通过定性和定量的方法构建出知识图谱发展历程，用经验主义和科学统计方法的流程来对知识图谱进行建构。这是因为学术界还未能对这两方面形成统一完善的体系。

三、图书情报学知识图谱的研究意义

科学知识图谱应用广泛，能够使人们的知识体系更加结构化，帮助人们梳理当下信息爆炸时代的知识脉络，实现对未来科技热点的预测功能。在科技方面，它已经成为追踪科技前沿、选择科研方向、开展知识管理与辅助科技决策不可或缺的工具。此外，科学知识图谱在学术共同体及其网络的研究、学科领域的发展及演进、研究课题的扩散与传播、作者或机构的关系等方面也发挥着作用与价值。

对于预测学科发展态势、实时监控学科变化方面，Small 和陈超美提出了各自的看法。Small 认为，新的网络分析工具可以实现知识可视化直接进行监控。陈超美认为，要预测学科发展可以通过寻找"研究前沿""知识基础"与时间的关系来完成，即借助 Citespace 用研究前沿术语的共现、研究前沿术语引用知识基础随时间演变的情况搜寻研究热点和趋势。

知识图谱作为一种知识管理方法，需要利用信息可视化技术以及计算机程序将学科、文献或数据以可视化方式呈现出来，让人们站在前人的肩膀上前行，完成对这个学科的结构分析，了解其如何兴起、通过何种渠道演进、呈现出什么样的知识结构等。

随着科技的日益革新、信息量的日益剧增，与社会紧密联系、与不同学科相交叉的情报学的研究内容和方法不断表现出新的特点和变化。为了明晰情报学当下的发展，掌握其未来研究的发展动向和情况，追踪该领域的热点和前沿是研究学者们的重要方向。

在互联网迅速发展的时代背景下，对图书情报学的发展现状与热点问题进行研究十分必要，尤其对图书情报学未来的发展方向和研究重点具有重要意义。对其研究意义分为以下七个方面。

1.知识图谱研究是挖掘一个学科发展规律的重要手段和工具。它并不局限于对众多理论、学派的阐述，而是透过重重理论展现其主题和内在逻辑，帮助人们了解图书情报学演化路径、探究其主要内容、把握其内在规律。这不仅有效推动了该学科的发展，还提高了高校图书情报学的建设能力，有利于我国图书情报学的建设完善。

2. 要了解目前我国图书情报学的不足和局限性，为其长远发展谋求生路。要利用信息可视化技术对该学科的发展特征进行研究，挖掘其发展路径中存在的绊脚石，分析其发展道路上的弊端，从而确立科学的图书情报学研究范式和理论体系。

3. 有利于学者展开新的研究选题，扩展学科研发新方向。研究图书情报学的热点和前沿问题不仅使其研究内容得到延伸，还帮助研发人员发现被忽略的"子学科"、挖掘出潜在的新"子学科"。这对正确掌握该学科未来发展前景、推动学科发展具有重要意义。

4. 一门学科要想长久立足，不被时代抛弃，就要学会创新。图书情报学在新时代背景下要改革创新、提高自我能力、加强竞争优势，才能在众多学科中站稳脚跟。图书情报学作为一门元老级学科，能够延续至今、生机勃勃，正是因为该学科在时代的发展过程中不忘关注前沿和热点研究、积极创新理论，保持学科优势和特色。

5. 图书情报学需要研究人员对其进行监测，预测其发展方向。借助可视化分析这一工具，学者们能够发现我国情报学在21世纪的内在发展逻辑、发展时代背景、演进动因、知识来源、知识结构和演进路径、研究主题、发展主线、发展特征和规律，能够找到其研究的局限性。通过掌握学科研究重点，提供大量权威研究信息，以便学者找准研究方向、为其制定战略、有效分配关键课题的科研基金。

6. 情报学的发展离不开科研合作。在"大科学""大数据"时代下，学者的研究合作已越来越倾向于网络优选。通过网络，研究者的合作对象、合作模式将得到优化。这种方式不仅大大降低了研究成本、减轻研究难度，还增加了科研产出量、扩大学术影响范围。

7. 要了解一门学科未来的研究方向、有效促进学科发展，需要掌握其发展历程、发展特点、发展规律等。图书情报学的知识图谱研究方法不仅适用于图书情报学研究，还可以创新其他学科理论与实践的发展。在全球化逐渐加深、科学技术迅猛发展的今天，利用图书情报学的研究方法提高我国知识体系创新能力，有助于中国占领科研制高点，营造全社会创新知识体系的良好氛围。

以往的研究经验表明，要正确掌握情报图书研究的未来发展方向，更好地为其制定发展战略，进一步推动中国情报学走向国际，应采用定量与定性相结合的研究方法。定性研究通过发掘问题、理解事件现象、分析人类的行为与观点以及回答提问来获取敏锐的洞察力，而定量研究则以科学的数据、严谨的逻辑进行分析。定性研究与定量研究相互完美地弥补了各自的不足与缺陷。

第二节 中国图书情报学的发展历程

图书情报学作为一门归纳与总结规律的交叉性学科，吸收了图书馆学和情报学的部分理论。它不仅能够展现一门学科的发展历史、发现时代中的关键人物、在前人的研究成果下发现规律，还能帮助研究者了解本学科的发展历史，提高学者的研究素养，培养其历史和理论思维习惯。正所谓"读书不寻源头，虽得之殊可危"，要了解一门学科，必须要知道它的来源，并以历史和发展的眼光看待其发展历程。

一、中国图书情报学的发展

图书馆这一概念由西方进入中国始于 20 世纪初，其在中国得以成型则依赖于"新图书馆"运动的发起。1917 年，"图书馆学"一词首次出现在国内的文献中。1920 年，拥有美国国籍的韦棣华和沈祖荣在武昌创办了文华大学图书科，自此近代图书馆学正式诞生了。之后，一批有关图书馆学的专著和期刊在国内得以出版，图书馆学以一门专业学科在一些高等院校得以建立起来。20 世纪 30 年代，即将形成的图书馆学研究因战乱而未能成型。

1949 年中华人民共和国的成立，标志着国内战争的结束。图书馆学的相关研究迎来了新的发展机遇。20 世纪 50 年代，介绍列宁和毛泽东等关于图书馆事业的论述大规模出现。1956 年，首届图书馆学科学讨论会在南京举办，引发了国内对图书馆学基础理论的研究热潮。针对图书馆学的性质、研究对象和研究内容的讨论全面展开，致使我国图书馆学研究从描述技术方法逐渐转向建构学科理论框架的方法。这一时期"五要素说"和"矛盾说"是理论研究的代表。1966—1976 年，我国图书馆学理论研究再次被中断，相关研究理论基础深受意识形态的影响，呈现出单一、经验描述、批判性强的特征。1978 年后，人们开始批判经验图书馆学直观描述式的研究方法，迫切要求变革和深化图书馆学的理论研究。一批青年学者在吸收了国外先进理论和经验方法之后，以社会交流为方向对图书馆学进行研究，提出了情报交流说理论、知识交流说理论和文献信息交流说理论。我国图书馆学研究迈向了新的发展阶段。20 世纪 80 年代经验图书馆学被图书馆理论变革彻底瓦解了，现代图书馆学研究范式得以确立。这是因为 20 世纪 80 年代中后期，学者们逐渐转向了宏观现实问题，对图书馆学理论进行了更加深入的研究。

20 世纪 90 年代，我国图书馆学研究在广泛吸收其他学科的知识体系和方法论后，不断深入基础理论研究，重新建构图书馆学理论体系，注重理论与实践的结合。学者们还对国外图书馆学研究高度重视，借鉴他人的优秀成果，学术研究取得了丰硕成果。这一时期，信息技术管理发展向全面综合信息资源管理的转变迅速渗透到了图书馆学的各个领域，全新的信息观念随之确立起来。

进入 21 世纪后，自动化技术发展迅速，数字网络时代来临，我国图书情报事业在思想层面和信息技术层面发生了深刻的变化。发生在思想层面的变化主要表现为图书馆性质、图书馆办馆理念、图书馆办馆模式以及图书馆组织管理方式等，人们开始加强对知识管理的认识。技术层面发生的变化则表现为产业技术更加先进、事业覆盖面更广、用户对数字图书馆研究使用的方便程度有所提高。

情报学是一门新鲜学科，它起源于文献学、形成于二战以后，传入中国则是在 20 世纪 50 年代左右。1956 年，科学情报研究所在中科院成立，研究人员通过对国外情报学理论与方法的借鉴，在这一时期探索出了符合中国国情的情报服务多样化理论，科技情报事业体制在中国得以建立起来。召开于 1958 年的全国科技情报工作会议具有综合性、战略性和及时性的特点。该会议结束后，情报述评和分析开始出现在情报学研究中，中国特色的情报研究工作逐渐形成。

20 世纪 60 年代中期至 70 年代末期，计算机技术日益成熟，情报学开始以自动化情报检索系统及其处理技术为主要研究对象。在此期间，情报学处于停顿状态。这是多种因素影响的结果。

国内情报学研究的恢复时期大约是在 1980 年到 1990 年之间，其间掀起了两次高潮，一是信息技术的引进和应用，二是引进国外情报理论。前者使我国的情报学研究重点和关注领域从理论向应用推进、从文献向技术推进，也由此带动了计算机汉字切分、自动标引、编制主题表、应用和研究等方面的发展。

而后者为情报学打下了坚实的理论研究基础，同时，我们开始逐步探究关于布鲁克斯的知识方程式的专业知识，其中包含控制论、信息论、协同论、系统、论耗散结构论，并开始研究和讨论波普尔的"三个世界"理论。自改革开放以来，国内的情报学研究和科技情报事业得到了良好的发展，一些学术机构和高等院校也开始重视起来，如 1978 年中国科学技术情报学会的成立，1982 年《情报学报》

的成立。改革开放以后，十几所高等院校设立了情报学方面的专业，如武汉大学、北京大学、吉林工业大学等。这个专业不仅培养出一批专业的本科毕业生和研究生，还编著了一系列高学术研究水平的教材和专著，如《情报学概论》《科技情报工作概论》《情报学》等。现今，科技情报所不仅与国内大专院校建立专门的研究机构，还与国外进行了广泛的学术交流与合作，在国内获得更为专业的研究成果的同时，汲取国外的研究精华，进一步推动其发展。

我国情报学发展的转折期是在 1990—1999 年期间。随着信息社会和信息技术的兴起和发展，情报学抓住了合适的契机，得到了良好的发展。主要表现在学科研究范围逐步扩展和研究深度逐步加深，它已经不是简单的"情报"传递，而是延伸到"信息"的领域；它能够与一些相关的学科匹配，从而兴起许多新的研究领域。在此期间，伴随着新兴领域的兴起，萌生了关于情报学学科根本属性、定位、性质、名称及其相关联学科（如信息管理、信息科学）的探讨。这主要是外部环境变化所带来的影响和自身发展的规律两方面所致。

2000 年至今，知识经济和网络技术给当今的信息环境带来了重大改变。在多媒体集成、数字化、互联网等信息资源与信息技术相结合的基础上，情报学发生了重要转变，更加趋向于虚拟化、网络化、数字化，在深度和广度上获得了更长远的进展。21 世纪，情报学研究的不断发展提供了不少有影响力的文献作品，主要集中在情报学认知观、定量化、内容开发、知识组织和管理、竞争情报、知识情报学等领域。

情报学和图书馆学尽管有不同的研究方法、研究领域和研究对象，但是它们仍存在相同点和结合点。自 1978 年以来，我国图书情报事业现代化的标志就是"图情一体化"，这是图书情报事业走向现代化发展的必经之路。它不仅单方面对图书情报事业的发展起到推动作用，而且推动了整个信息系统的现代化发展。1990 年以后，传统图书馆学一步步向情报学靠拢，网络技术和信息通信技术在此领域得到了广泛的应用，这加快了两个学科的融合进程，也让我国图书情报事业的发展出现由"图情一体化"向"信息功能唯一论"迈进的新倾向。

很多学者对我国图书情报学的发展历程曾进行过多方面的回顾和反思。我们不能否认西方图书情报学所产生的根本性影响，也不能单纯地认为我国图书情报学的产生和发展就是纯粹的西学东渐和中西方文化碰撞、结合的结果，其中还有许许多多研究者的不懈努力。

由吴仲强等人编写的《中国图书馆学史》，在很大程度上为中国的图书馆学提供了科学的理论基础。这本书主要介绍了四方面的内容，一是回顾和总结中国图书馆学的发展历程，二是研究影响图书馆学产生和发展的主客观因素，三是了解中国图书馆学在中国社会发展中的意义以及地位，四是对其代表人物进行客观的评价。

1989年，中国图书馆学会为庆祝中华人民共和国成立四十周年暨中国图书馆学会成立十周年，特别编辑、出版《中国图书馆学情报学论文选丛》（1949—1989年），共十集。这部丛书从十个主要方面全面总结了我国图书情报学四十年来的重要成就，这十个方面包括图书馆学情报学目录学文献学、基本理论、文献资源建设与布局、图书情报事业的组织与管理、情报检索语言、文献编目、读者学与读者服务工作、情报检索、图书情报事业发展战略、图书情报建筑设备与现代化技术。其中，还有很多人做出过贡献，如对我国图书馆学历史积极撰文的霍国庆、王子舟、刘亦平、戴煌滨等，对图书馆学某一分支学科的发展史进行研究的龚怡首、王素琴、王友富、刘延章等。

运用大量篇幅讲述有关图书馆学史问题的著作还有《图书馆学导论》《图书馆学原理》《理论图书馆学教程》，它们分别是由黄宗忠、宓浩、倪波主编的。

1990年以后，图书情报发展史受到学界的进一步关注。业内学者开始重视图书情报发展史并进行更深入的关注和探究，他们已经深刻地意识到这是极为重要的研究领域。21世纪初，把图书馆学史列为重点研究领域主要是通过发布图书馆、情报与文献学学科"十五"研究规划及课题指南的方式 。此课题指南具有高度的认识价值，明确表示图书情报学史的研究不仅能够科学地揭示其发展历史、现状、特点、经验、教育、水平，而且还能够预判未来趋势。在此期间，出现了很多关于图书情报发展史的重要文献：①《中国高校哲学社会科学发展报告（1978—2008年）——图书馆学、情报学与文献学》，它是教育部社会科学委员会以系统、全面、简洁的方式描绘的，自1978年来情报学与文献学研究发展、图书馆学的基本脉络和总体进程，是由知名学者张久珍、王余光等人完成的。此文献以学术发展为主要引导，全面科学地概括了本学科框架内学术发展的重要事件、标志性成果及理论、技术和方法创新等。②《数字时代图书馆学情报学研究论丛》，此文献是由武汉大学信息管理学院编写的，同时邀请了国内外知名学者担任学术顾问，一共二十卷。该文献主要讲述了图书馆、信息组织与检索、情报与档案管理的基本理论研究、信息资源管理、文献编纂与出版、数字图书馆和信息系统工程、信息资源建设与信息服务等一系列的内容。随着图书情报学的新发展，还出现了两部丛书，一是陈传夫主编的《图书馆学研究进展》，二是李纲主编的《情报学研究进展》，这两部作品对于未来的图书情报学发展走向进行了全方位系统的描述与评价。③ 现今对于研究中国图书情报学具有借鉴意义的书籍有很多，它们以全方位的视角看待中国图书情报学的发展，如《20世纪图书馆学情报学》《20世纪以来中国的图书馆事业》《图书馆学研究进展》《中国图书馆学研究史稿》《中国图书情报事业发展研究》《当代情报学》，分别是由戴维民、张树华和张久珍、肖希明、周文骏、杨沛超、符福垣主编的。④ 我国图书情报学发展史曾在学术期刊的论文中经黄宗忠、程焕文、范并思、吴慰慈、王子舟、霍国庆、王知津等知名学者进行全面的研究与探讨。

值得注意的是，在《20世纪西方与中国的图书馆学——基于德尔菲法测评的理论史纲》中，范并思利用信息分析的研究方法广泛收集基础数据，他的方式主要是收集图书馆学基础类专著、综合类图书馆学工具书、教科书、国内外书评以及综述性文献，还有就是核心期刊中的学术论文。其分析的目的在于全面还原20世纪中国图书馆学的原貌，将中国图书馆学发展史分为五个阶段，即嬗变与萌芽阶段，新图书馆运动，战乱、重建与动乱，新时期的理论变革，理论现代化五个阶段。同时，研究了20世纪图书馆学术史，研究是以不同阶段的代表性文献、人物和事件为主要根据的，包括这一时期的文献、人物与学术流派在20世纪图书馆学思想史中的贡献与地位。该书为本书的编撰和探究起到了重要的借鉴作用。

二、国外图书情报学的发展

国际上，在不同的领域中图书情报学具有不同的特点：在范围方面，由过去狭隘的图书馆扩展到信息领域；在视野方面，由实体的图书情报机构扩展到虚拟的空间；在对象方面，由单纯的图书文献深入到注重信息内容。通过对比发现，在美洲等一些国家中，其研究多偏向于应用研究和相关实践，重视的是解决具体的信息科学实际问题的方法。这些国家解读图书情报学科的发展史大多是通过案例与比较方法、定位方法与定量方法、综述与评论方法、模型方法与经典案例、指标分析法、内容分析法等。就比如① JASIST组织的《专题：信息科学的范式、模型和方法》《专题：还有待于开发研究的边缘学科领域——处在千年之交的信息科学》《专题：文献和信息科学的历史》等，对信息科学的相关理论进行了集中的讨论。② 2002年，《图书馆趋势》组织刊发了十三篇论文是关于"信息科学的当前理论"的，涉及内容为理论构建的跨越学科的框架、信息遗传学理论、信息科学中的问题是利用模糊集理论来解决的。③ 在《美国资讯学学会会刊》(JASIST)成立五十年的时候,贝茨(M.J.Bates)通过收集、整理、归类和罗列发表过的数百篇论文,对整个信息科学的发展史以及现在的状况进行总结。除此以外,《未来的图书馆:梦想、疯狂与现实》是由图书馆学家高曼与克洛福特合著的,《走向未来:后工业时代的图书馆情报服务的基础》是由翰奈和哈里斯合著的,通过这些图书都可以看出国际的学者反思和探索图书馆情报学的发展。

在中国也有很多对外国图书情报发展史介绍的文献。比如,《20 世纪西方与中国的图书馆学——基于德尔菲法测评的理论史纲》由范并思等人编著,在书中以年代为线索,以德尔菲法找出的人物、事件与文献为中心,纲要式地介绍并且点评了 20 世纪西方图书馆学。《国外图书馆学情报学最新理论与实践研究》是由孟广均等人著作的,这部书从新技术、教育、基础理论与组织管理四个部分对近些年以来一些发达国家在图书情报建设与图书情报事业发展等方面取得的主要成就进行了比较全方位的描述,对于今后我国的图书情报建设事业与学科建设方面都有着重要的借鉴参考意义。《西方图书馆史》由杨威理所著,在书中从古代两河流域开始,一直到现在的图书馆现代化,介绍了不同时期内西方资本主义国家图书馆的发展与特点、产生、服务对象与方式的延伸和改变,文献资源的共享和图书馆网络的建立,图书馆学教育与研究的不断兴起和发展。图书馆事业的一个重要方面是文献工作的标准化,许多学者对中国与外国的图书情报领域进行了分析总结,对比研究,如刘兹恒、赖茂生、彭斐章、沙勇忠等。还有很多学者在图书情报学科的某一分支上进行相应的国内外拓展,如信息服务、信息检索、数字图书馆、文献计量学、开放取存等方面。

在我国,研究外国图书情报发展史更侧重于介绍国外先进的图书情报理念、技术,从而找出借鉴的价值来促进中国图书情报事业的发展。

在图书情报界研究比较活跃的是对于"史"的研究,但是很大程度上更偏于"中国图书馆事业史"和"中国图书史"。以文献调研为基础,通过归纳与总结科学事实得出大多数文献,这导致缺乏定量研究,而经验性知识偏多。本书的样本就是我国图书情报学核心期刊刊载的学术期刊论文,采用多种信息分析方法对样本数据的内容与形式进行实证分析,从文献计量学的角度出发来分析学科热点的发展演变。

第三节　中外图书情报学科知识图谱研究现状

中国的图书情报学科知识图谱是在国外学者的研究基础上发展起来的，我们运用对比的方式，描述图书情报学科知识图谱在我国的现状。

一、我国图书情报学科知识图谱的研究现状

随着信息化时代的到来，大多数学者开始探究新形势下图书情报学的未来趋势。然而，发展就要有相应的基础，随着信息化进程尤其是网络信息技术对该学科的支持，现今国内对于图书情报学的研究有了不少可观成果。

我国的学者们利用引文分析可视化方法对学科热点、结构、演化与趋势等进行了科学的分析。从 1980 年起，赵红洲探究出了科学发展规律与科学知识的前沿，运用的是简易数据图表的方式。1990 年至 1999 年期间，王崇德和崔雷等人进行了不少有实际意义的探索，如在知识可视化分析方面，以共被引分析、共词分析等科学方法为主要手段。重要代表人物有邱均平和赵蓉英，CITESPACE 可视化软件就是由邱均平引入的，主要通过三个方面来探究图书情报学的前沿和热点，即关键词、突变专业术语和作者。最终研究结果是通过综合文献计量方法，得知该学科由以前定性化研究转换为定量化研究。

硕士论文当中也有与此研究相关的内容，主要有三类：一是利用共词分析和作者共引分析，根据 1998—2007 年的论文结果，学者王红对我国的图书情报学的热点问题进行了深刻的探究。二是采用共词分析研究相关主题，利用社会网络分析探究整个学科的网络属性以得到研究范式，学者杨爱青是基于 2002—2009 年文献数据得出的相关结论。三是主要利用多元统计分析方法，对图书情报学的热点、动态、前沿进行直观的可视化分析，学者何南洋以知识图谱的理论为基础来构建知识图谱。

至今，依然存在部分基于知识图谱理论来分析学科的研究。2012 年，来自湖南大学的何超博士，利用现今发展较好的知识图谱来解析管理科学学科的演进与发展。该研究主要仔细筛选了将近十年重要期刊的文献数据，根据数据分成了学科给养、学科结构、学科渗透、学者合作四个层面。从不同的层面得到不同的知识图谱，然而要探究整个学科的动态模式，就要采用科学的共词分析法来表现学科的主体结构、内容结构以及学术群体之间的关系。2013 年，廉同

辉等一批学者绘制出了关于旅游学科的知识图谱，该知识图谱主要绘制出其研究作者、研究机构、关键词、被引作者和被引文献和期刊等方面，主要是选取收录的 CSSCI 文献作为分析数据。2014 年，学者孙晓宁全方位探究科学知识图谱在学科可视化研究方面的具体应用，让人们知道了知识图谱是以图形的角度来表明学科结构和学科分布特征，其认为学科体系结构研究有三个方面，即学科研究主体、学科研究进展的可视化、学科知识基础。

2017 年 6 月 8 日，笔者利用知网共检索到 672 篇关于知识图谱的论文，包括 47 篇硕士论文，28 篇博士论文。《悄然兴起的科学知识图谱》是 2005 年陈悦、刘则渊发表的，也是第一篇论文。国内知识图谱的起步阶段是 2005—2008 年，其主要表现就是整体发文量不多；从 2009 年开始，发文量增幅不断提高，在 2012 年达到了峰值。国内知识图谱的发展在刘则渊、汤建民、赵蓉英、宗乾进、邱均平等人的带领下取得了较大的突破，主要是在科学计量、可视化技术、理论与方法等方面涉及广泛，涵盖科学学、经济学、图书情报学、管理学、新闻学、教育学、生物学、医学、计算机学等众多方面。

从 2000 年以来，一些学者进一步精确分析了该领域的研究问题，主要体现在三个方面：第一，是对知识可视化方法与理论的分析。对于知识地图的构建方法，邓三鸿进行了系统分析、使用以及评价；对于知识网络研究理论、应用体系与方法及其构建知识网络理论，赵蓉进行了深层次的研究。第二，是对知识可视化软件的介绍与开发。我国第一个中文作者共引可视化系统是由朱学芳等人从作者关系和共被引关系入手设计的。第三，是关于学科知识可视化的实证分析。这其中包含的研究有：利用共被引分析的方法，马费成等人探究情报学的研究状况和学科结构；通过 Pajek 生成可视化研究图谱是邱均平等人由共被引关系作为出发点，利用聚类和多维尺度分析对中国的图书情报界进行仔细研究而得到的；我国图书情报学的知识结构与演进是马瑞敏等人通过作者共被引分析研究出来的。最近几年，其他学科的学者也越来越注重知识图谱的探究，最令人瞩目的是大连理工大学的刘则渊教授及其精英团队，不仅包含对知识图谱的理论研究，还包括科学学、管理学、引文分析、科学计量学等多方面的研究。CITESPACE 软件是多数学者认可的，该软件与情报学相关的领域包括很多，如国际竞争情报和信息资源管理领域、文献计量学、引文分析等。

通过对国内外研究文献的整理发现，国内外的学者对于大部分学科结构和体系的研究已经使用知识图谱的方法，特别是在图书情报学方面。我们可以采用文献计量学中的共引分析、社会网络分析、共词分析、多元统计分析的方法更加深入透彻了解其研究过程，并将最终结论用可视化技术生成不同种类的图形，使表现方式更加直观。应该把论文成果作为数据源，穿插到研究的过程之中，分析的着手方向便是作者、关键词、机构等，从而使图谱得以建立，以便正确地判断学科未来的发展趋势。我们可以借鉴先人的研究成果进行取舍，分析图书情报学的演进过程应该从四个方面着手分析：一是根据现今国家给予的资金资助情况全面研究该学科的地位；二是利用绘制作者合作和学科作者分布，从而分析出这个学科的学术群体以及学科的权威代表人物；三是找到图书情报学研究机构的分布情况；四是通过共词分析法来分析这个学科的高频率关键词，从而得到这个学科主题的演化。

二、国外图书情报学科知识图谱研究现状

曾经的几十年，大多数国内外学者把研究重点放在了如何定义图书情报学上，如 1968 年，HOSHO VASY 和 MASSEY 提出的概念"产出导向型的社会（Output Oriented Societal）"；1971 年，HARMON 对于前人的档案学和信息检索进行了探究，认为图书情报学是一门综合边缘学科，其中包含行为科学、信息分类、信息变化和语言学。

在国外，研究图书情报学的发展也有着很长的历史。1999 年，信息检索主题的变化与发展由 Ding 等学者通过作者共引分析的方法分析出来，数据来源是1987—1997 年的文献；2008 年，ChuaAYK 等学者发现越来越突显的是合作者之间的强强联合，其根据是 1988—1997 年、1998—2007 年在美国图书情报类权威期刊上发表的论文成果的关键词和作者，而且在核心子学科上一些高频关键词是由核心的情报学科转移过来的。

20 世纪 90 年代外国学者分析学科发展和研究的热点采用了文献计量学，其研究内容与角度都比较全面。最近几年，在国外依旧有众多学者对图书情报学研究进行关注，知识图谱这一新的研究理论也被引入。W.H.L,ee 预测信息安全的研究前沿就是通过社会网络分析法分析信息安全领域的关键词共现网络和这个领域内的研究热点，并且与中心性指标相结合研究出来的。2009 年，Chung Yong-Mee 研究学科的分类与知识结构就是根据高校论文产出成果，运用的就是社会网络分析与多维尺度分析；2014 年，利用 VOSViewer 绘制信息素养在社会科学领域和健康科学映射关系的 Pinto、Maria 等学者，最终研究结果显示信息素养在社会

科学领域权重最大，出现频率最高，并且发展的空间还有很大。

2016 年，GA、Ronda-Pupo 分析拉丁美洲管理学科的动态演化发展分析就是利用共词分析法分析出来的，每一个研究主题的发展阶段是通过战略分析图表现出来的，发展社会和经济的研究路径是在研究结果的基础上提出来的，而且从中发现战略管理、创新科技管理才是发展管理方面的骨干所在。其实国外经常使用文献计量学方法来观察和研究图书情报学发展的动态，这种研究的历史已经很悠久了。作者共现分析、共词分析、聚类分析、社会网络分析等便是这种研究方法最主要的几种。

根据有关资料显示，2017 年 6 月 8 日使用 Web of Science 共检索到关于知识图谱的相关论文 877 篇。国外学者在知识图谱的许多方面取得了可观的成果，如科学计量、理论与方法、科研合作与创新、可视化技术等。学科涉及的范围较为广泛，其中包括地理学、教育学、传播学、管理学、信息科学和图书馆学、计算机科学、医学信息学等。在其他国家，早期的开拓者有 Price、Garfield、Small。近几年，知识图谱的更新和研究超乎想象，当然这都是随着网络技术的推广应用、信息技术的深化、SCI 引文索引的普及、图像处理而进行的，现在研究重点汇集在四点上：一是对知识图谱实现理论探讨；二是具体学科的应用研究；三是研究方法和算法；四是引进与研发工具和软件。情报学的重要研究内容就是对于情报学前沿和趋势的把握，业界学者很早就对本学科知识图谱进行了早期分析。具体有五方面的内容：一是在共被引的分析基础上，White 和 Griffith 等人多次细致地描绘了情报学的学科结构；Klavans 和 Boyack 就是利用文献共被引分析方法，比较了情报学的全域与局部知识图谱。二是 Zhao 和 Strotmann 针对文献耦合不仅进行了研究，而且还分析了近期图书情报学的知识结构。三是 Peter 通过共词的研究利用文献共词分析的方式分析了情报学的主流研究领域。四是 Yan 等人在作者合作的研究下，从宏观和微观两个角度更加透彻地研究了图书情报学合作网络的网络结构与合作模式。五是 Lariviere 组合了多种方法，使用可视化分析对图书情报学科悠久的历史进行了分析，其一是期刊、作者、参考文献在内的变化情况，其二是主题与术语的变化情况，其三就是它的跨学科性。

总的来说，相比于国外图书情报知识图谱我国在某些方面还是有一些进步的，但是我们的系统研究没有整体性的状态，在研究方面欠缺，表现为：①国内的研究分析方法和手段相对比较落伍，基本上是靠吸取别人的经验，而且使用单一的套路，创新力大大低于国外。②情报学的竞争是很激烈的，关键是对于学科现状及趋势的分析，现在国内也面临着几大问题，尤其是其他学科在渐渐地侵蚀新的知识图谱研究。由此可以看出，情报学的相关研究亟待深化，情报学一定不能停滞不前，不能落后。

第四节　网络时代图书情报实践

图书情报学科与互联网结合得非常紧密，在互联网环境下研究图书情报学科与实践的发展趋势，人们能进行文献调研、数据调研及更加透彻的研究，网络环境促进了图书馆学情报学学科及其实践的极速发展已被大量数据和事实印证。

一、国家信息资源建设战略

在信息时代，经济发展的前提是必须拥有相应的信息技术基础设施和可靠的信息资源保障体系。信息和知识不仅正在以或明或暗的方式引起经济性质的质变，而且还在改变世界各国经济发展的行为实践。从企业的角度看，信息资源堪称"最重要的企业资产"（key enterprise assets）和生产工具，是企业生存和发展的必要条件之一；而上升到国家层次方面，在国家创新体系中信息资源是重要的战略资源之一，它是不可被替代的。现今世界的国际性大趋势是大多数国家把发展目标定为建设信息社会，因此，我们既要依据中国的国情，又要有中国自己的特色。

互联网技术从 1995 年引进我国到现在，不但使图书馆学情报学学科的内涵和外延得到了极大的深入和扩展，更重要的是，从文献信息由小作坊式操作的开发利用到具有规模效益的以先进计算机技术和信息通信技术为依托的现代化操作阶段的飞速发展，可以看出我国的信息产业获得了巨大的发展，信息化建设进程极大地加快了步伐。用户的信息需求和信息意识的增强与信息和网络环境的改善之间形成了双赢和互动式相结合的发展。互联网在我国近些年来的发展证明了这一过程。尽管我国在平均上网人数方面与发达国家相比还有差距，但考虑到我国发展时间较短、起点比较低等因素，我们的发展仍然是惊人的。

我国的信息资源建设虽然取得了很大成绩，但仍存在不少尚待解决的问题和不足。例如，发展不平衡和严重的"数字鸿沟"问题依然困扰着我国；有些部门和领导不看重信息资源建设，投入不足；资源建设特别是数字化资源建设的统一规划不完善。

在当代国际竞争激烈的背景下，信息资源开发利用不断深化，我们要紧紧抓住这个有利时机，推动信息资源建设的快速发展。这不但会加速国家信息化建设，推动经济社会的步步升高，而且还会加快信息服务业、信息技术和整个信息产业乃至整个经济整体发展的进程。但是，信息内容建设与信息资源的开发利用有密切的关系，信息内容建设被当作信息开发利用的基础，是信息产业的关键一环。信息内容建设其实是在信息资源开发利用中的，如今要极力加强信息内容的建设。

二、网络时代图书情报学科的实践发展

随着互联网的"变革"，图书馆学情报学和图书情报实践在国内外都面临巨大挑战。这种世界性的现象在图书情报领域主要表现在文献形式、图书馆学情报学教育环境、图书馆功能、用户知识获取习惯、信息资源提供者等方面。

网络的发展使知识的传播方式和传播渠道发生了重大的变化，促进了信息量剧增和信息载体的多元化，由此表现出从未有过的复杂性和多样性。首先，图书馆在知识保存和传播方面的核心地位，遭遇到被削弱和边缘化的危险；其次，图书馆从业人员是文献信息工作者的主力，面对职业的核心价值和自身的社会实现方式，他们时常感到困惑。为了解决这些问题，本书指出，首先要为读者提供更好的资源利用方式，需要加强外界与图书馆的合作，使其方便随时随地获取所需的各种信息；图书馆不仅应对各种信息包括网络信息在内的信息进行适当的处理和加工，并提供优良的服务，而且还应重视生产和引进更多包括书目信息、数据库及自建特色数字资源的优质网络信息资源；图书馆应相应调整馆藏结构，应当由图书馆的纸本文献馆藏，与电子期刊、电子图书等图书馆购买或建设的数字资源和网上免费资源共同构成虚拟馆藏，共同构成图书馆提供信息服务的基础。同时，随之变化的还有图书馆的服务方式，网站服务、虚拟参考、学科门户、机构记忆、资源整合、后台专家系统、个性化定制、网络资源导航、图书馆出版、信息推送、大数据分析、学科服务等新的服务方式都是信息获取及服务模式，它们是适应网络社会发展的。图书馆学情报学教育目前出现一种弊病：仅仅是面向图书馆和信息中心输送人才。事实上，我们针对多变的信息环境需要培养的是更多具有高素质的信息职业者人才。

未来的图书、图书馆和图书馆学情报学的发展走向具有如下主要特点：首先，未来图书的主导形式将趋向虚拟化、离散化，具备成长性，需要多媒体。未来的图书就是知识，这将回归知识本体，和传统的图书有很大区别；其次，未来的图

书馆会走为社会履行知识管理职能的"第三条道路",这导致图书馆为了给人们提供知识导航服务,必须从知识家的视角开始,通过研究出的目标用户的知识需求,推进知识的收集、组织、存储、加工、传递、共享和应用指导等,以便促进组织和个人获得极大发展。文献信息工作者则是在多年来积累的经验的基础上更加透彻地探索网络,利用和把握好网络规律,提供有用的知识服务;再次,知识管理将被融入未来的图书情报学,通过促进知识流来实现知识的增值是其理论核心,理论研究的关注点主要包括知识的生命周期问题,知识管理流程的精细化、规范化、定制化、科学化、简洁化和自动化,知识管理流程的信息技术支持和网络化运营,知识管理流程与业务流程的协同,知识应用指导和知识价值实现问题。

图书情报事业是国家信息化战略的重要组成部分。网络环境中我国图书馆要和读者的变化与时俱进,网络环境将继续从根本上改变图书馆的功能和结构,我国图书情报教育的发展超前且跨越性强。作为一个跨学科的研究领域,图书情报学将越来越趋向于知识管理,将来可以成为一门综合性的大学科。此外,还有若干战略建议是关于我国图书情报事业、职业发展、图书情报学学科和教育发展的。

第二章　图书情报知识图谱理论概述

知识图谱所显示的内容其实就是一种图形，这种图形是有关知识发展进程和结构关系的。本章主要研究的是知识图谱的内涵、对象、特征、应用以及绘制方法。

第一节　知识图谱基础知识

知识图谱就是利用可视化的方法对人们所拥有的知识资源和知识资源载体进行描述，并且通过挖掘、分析、绘制和显示科学知识的方法把其关系显示出来，推进科技的研究与合作发展。科学知识图谱的范畴属于科学计量学，其研究对象是科学知识。

一、知识图谱的含义

近几年来，计算机技术和可视化技术发展迅速，并且广泛应用在科学领域，使人们获取与处理知识的水平有很大程度的提升。可视化图像的运用是知识图谱运用的一个方式，能够更加直观地将新兴交叉学科展现出来，促进了文献计量学和科学计量学的发展。

知识图谱（Mapping Knowledge Domain）又称为有知识映射地图、科学知识图谱、知识域可视化，展示科学知识的发展进程与结构关系的主要方式是通过一系列不同的图形。利用图形将复杂的知识展现出来，使人们更加直观地了解知识，同时，将知识之间的关系总结概括出来，促进人们对这个学科及其领域的研究，为以后的学术探讨、知识研究提供了依据。

知识图谱是对科学知识发展的历史进程和结构关系进行显示，它是属于科学计量学的范围，因为其计量研究的对象是科学知识。知识图谱是运用可视化的图像将学科融合的产物，如将学科的发展历史、前沿领域、核心结构和整体知识构架进行学科融合。知识图谱就是利用信息处理、知识计量数据挖掘和图形绘制等一系列的方法，将知识领域发展的规律显示出来，进一步促进这个学科的研究与发展。

虽然科学知识图谱在某些方面与地图学和绘图学存在相应的联系，但在概念方面它们是不完全相同的。刘泽渊教授的观点是，"地图"是一个地理学上的概念，是利用二维或者三维的空间形式将人类的活动和相关的特征显示出来，知识地图最开始是用来表现科学技术活动和知识地理分布情况的；但"图谱"是一个系统概念，是在一定的时间范围中图像以一定的空间形式展现和变化的。知识图谱的表现形式是知识地图，但是知识图谱更为先进，因为它可以进一步表现知识的内在联系和进化规律。

知识地图的发展为知识图谱的发展提供了借鉴，从狭义上来说，知识地图展现的就是一般知识资源地理分布或是科学技术知识的一种地图。由于信息技术的迅速发展，知识地图不可避免地进入了电子时代，此时，知识地图的简单形式就是在互联网上经常使用应用链接或是超文本链接。这就促进了许多知识地图绘制工具的兴起，如 LOTUS NOTES、IBM 的 KNOWLEDGE X 和微软的 VISIO 等。然而，知识地图的绘制是以数据库为根据的，这能够变更和拓展知识地图的深度和广度，突破了其局限性，使其将来更加完善。

科学知识图谱属于科学计量学的研究范围，引文分析的科学知识图谱在以下几个方面具有作用：一是对一个学科的发展进程和趋势的分析；二是对学科的作者群体进行分析；三是对学科期刊的核心群体进行分析；四是对热点领域、动态和发展趋势、时空的分布特征、研究前沿进行分析；五是将知识图谱是由什么机构、国家、科学家、期刊发表的进行分析。另外，知识图谱能够应用于确定研究的热点和方法、学科的应用领域以及分布、给科学决策提供依据，也能够把文献与其他主题之间的关系表示出来。例如，可以揭示文献与其相关所代表领域的研究主题、主题之间的层次以及层次之间的关系，还有与研究主题所反映的研究方向之间的关系，同时还能够将研究主题接近其所属研究热点问题的程度进行揭示，对某一个特定领域研究主题的变迁以及知识发展趋势进行研究预测。

知识图谱（Mapping Knowledge Domain）是最近几年才被引入到我国的，对于知识图谱的研究时间也比较短。科学知识是知识图谱研究的对象，其依托为众多学科的理论与方法，如统计学、数学、计算机学、图形学等，将可视化的技术运用到显示结构关系以及发展历程的一种知识发现的方法。知识图谱有很多的图谱类型，刘泽渊的分类方法是最为典型的，他把知识图谱分成了六类：三维构型图谱、传统科学计量图谱、寻径网络图谱、多维尺度图谱、自组织映射图谱、社会网络图谱。利用不同的方法得到不同的知识图谱，综合来讲，知识图谱的主要研究方法有文献计量分析法、引文分析法、共词分析法、词频分析法、社会网络分析法、多远统计分析等。

在我国，对知识图谱的研究尚属初始阶段，知识图谱虽可以广泛运用到教育、社会等不同研究领域，可是将图书馆的业务工作和知识图谱真正结合在一起的文章数量比较少。本书的研究角度就是把知识图谱应用到图书情报中去，对知识图谱应用的问题进行系统分析，如文献被引用情况、文献来源机构、文献来源作者等。把研究对象的数据作为应用知识图谱的基础，利用二维图形或者是三维图形的形式将其展示出来，从而把一个发展现状和研究主题反映出来，让人们对于一个学科的体系结构有更加深入的了解，对于这个学科的研究热点和学科以后的研究前沿等信息有更加清晰的了解，并促进整个学科体系的建设。

二、知识图谱的特征

知识图谱中的描绘对象是科学计量学中的一切分析单位和研究对象，以下几个方面的研究是常见的。

第一，项目组、技术专家、实践团体、科学家或是某一个知识领域的共同体都可以作为科学技术活动和知识的载体。

第二，显示或者编码化的知识，如专利、所学课程、数据库、论文或是和数据库相类似的应用等。

第三，研究问题的方法或者过程、组织的业务流程和相关的知识投入。

2000 年至今，知识图谱的理论更加综合化、方法更加可视化、描绘更加形象化。我们可以从知识图谱的来源和内涵中发现与其他可视化图形的不同。其特征有如下几点。

（一）动态性

知识图谱区别于其他图谱的本质特征就是动态性，它以静态去揭示动态的信息。

（二）空间性

不论是线性的二维码还是立体的三维图形，都可以作为知识图谱的表现形式。无论哪一种方式的运用，都是为了揭示知识的空间结构，大多使用的是图示的展示方法。

（三）知识依赖性

知识图谱不是一次加工而成的产品，而是以基础知识为基础建立绘制的，和一般的图像不同。需要强调的是一次加工后的文本知识信息或者统计数据是基础，而不是人为编制的知识基础或是一般的数据。

（四）关联性

图谱中点与点间的相互关联性都可以通过二维或者三维的知识图谱来揭示，表述关系强度的大小可以通过线条的粗细，表示关系的亲疏可以通过点与点的距离，知识单元发展的变化过程可以通过图谱的整体与局部之间的关系来呈现出来。

三、知识图谱的作用

（一）追踪科学知识领域演进与发展规律

我们可以利用图、图谱的形式将传统文件的引用关系明确表现出来，当然是在采纳信息可视化技术的前提下，我们还可以结合动态、分时、多视角分析进行更深入的刻画。比如，2008年，来自大连理工大学的侯剑华博士，对工商管理学科研究主要领域的演进进行可视化分析，就是利用了知识图谱中的Cite Space工具；2013年，刘臣等人分析了我国学科知识网络的演化进程，利用了1980—2010年的论文文献间的引用关系数据。因而，通过运用知识图谱的方式进行共被分析其作者和文献，能够更好地知晓知识领域的发展过程，把握未来发展的趋势和规律。

（二）探索科学和技术研究热点与研究前沿

文献研究内主题和内容的集中体现是关键词和主题词，探究科学知识研究热点或研究前沿提供重要依据的是关键词或主题词的共现网络可视化分析。比如，2010年，来自上海交通大学的李武，以CNKI作为数据来源，在一定程度上进行人工干预，开放存取相关的文献数据关键词，同时使用共词分析法探究其研究热点。2013年，邱均平将2008—2012年的外文期刊文献进行了收录，主要是运用SCI和SSCI，并将此作为依据，采用Cite Space方式对其实施可视化分析及研究，最终得到了图书情报学的研究热点与研究前沿。所以，知识图谱的重要功能是探索科学和技术发展的研究前沿和研究热点。

（三）考察科学技术领域代表人物与合作网络

共现分析和作者共被引是科学技术领域的代表人物和合作网络的主要根据。我们说知识图谱有两方面的作用，一是可以将结果利用可视化方式体现出来，二是将该领域的研究团体表现出来，它主要是聚类分析自动文本识别功能。例如，

2011 年，邱均平通过社会网络分析的方法研究我国计量学领域作者的合作关系，最后的结果显示，虽然在计量学方面作者的团体合作能力非常专业，但是应该加强核心作者之间的合作关系。除此以外，这个领域的核心作者是刘则渊及邱均平。所以，把作者的分析作为基础，既可以展示学科内部作者合作以及学科研究的代表人物，还可以对作者合作的动因以及合作的地域有更深层次的了解。

（四）构建科学发现理论研究新框架

学者对科学进行网络分析是以结构理论为根据的，并且使用相应的知识图谱工具。找寻网络节点指标中最易发现的节点并结合相应的文献，最终形成理论框架。

（五）为科学技术发展决策提供参考

现代社会的科学计量学和信息科学是以知识图谱的构建为主要方式的。运用可视化技术的分析将科学技术领域的研究前沿和热点、科学技术领域内的代表人物和合作网络、科学技术的演进规律展示出来，成为以后科学技术发展规划、科学技术政策制定、科学技术管理的重要借鉴。

四、知识图谱的应用

（一）技术跟踪与创新

将各种关联规则转化成可视化形式，其关联规则主要包括共线关系、网络关系、共引关系。通过这种转化形式来获取发展图谱，并认清重要技术，对重点领域进行探究，观察技术的转移，才能够看清国家间、机构间的创新能力、技术能力和研发能力。应用专利数据测度一定时期内的技术创新状况，是因为专利数据具有易得、完整、准确、时间序列长的特点。我们经常利用专利共引、共现分析的方式将有关的大量专利数据转化为某一领域技术创新的可视化图谱，抓住技术创新的机遇。Huang 曾提出一个专利分析的框架，通过运用多样的可视化技术分析出 1976—2002 年 USPTO 上的纳米技术专利，运用内容图谱分析、引文分析和基本分析等可视化地描述了单独的国家、技术领域以及机构的发展情况。Nano Mapper 的知识图谱系统是由 Daning Hu 等人研究的，该系统是具有时效性的，能进行可视化的展现，所展现出来的是出版物、内容及其相互关系，这就使知识图谱的应用得以推进。

（二）与信息检索相结合

目前出现了一个新趋向，就是在信息检索系统中整合可视化的分析功能。来自美国 Drexel 大学的 White，其研究的主要内容是在实时环境下 ACA 知识图谱的绘图以及主题检索。通过运用 SCI 和 Dialog 的数据，开发出 Author Link 检索系统，开创了实时共引映射图谱实现检索重要数据库。Author Link 检索系统不仅涵盖了两个系统所有的特征，还能够反映作者、关键词和期刊间的联系以及新的检索功能。

1. 知识图谱应用在文献检索中

文献检索的重要环节就是文献的查准率、查全率。假如文献检索遗漏或者故意忽略密切相关的文献，或者出现大的失误，可能会对科研人员产生误导，不利于最后的研究判断。要想对一个学科整体大发展情况进行了解，研究人员需要对该领域的所有文献进行查阅，这是传统的检索方法，不仅费时、费力，更可能因为检索人员的主观检索思维影响最后的检索结果。知识图谱可以运用信息可视化的技术把科学知识之间的关系勾勒出来，这样就透明化了知识资源，用户可以迅速地找到自己所需的知识资源，如通过自己熟悉的某一个知识点来检索，或通过链接和寻址的技术找到所需领域的相关知识。这样既可以节省用户的精力和时间，又可以充分利用、共享和创新图书馆知识资源。

2. 知识图谱应用在文献采购中

文献采购是图书馆的基础业务之一，采集到好的文献对图书馆文献资源建设起到至关重要的作用。首先，文献的采购人员要考虑怎样将有限的文献购置经费利用到极致。其次，应该对学校重点学科、专业领域进行考虑，这也是图书馆采购的方向。根据历史资源的采集数据和对读者借阅情况进行分析是采购的传统，这些数据与分析就成为下一年度文献采购的依据，但是局限性大，视野也比较窄。在文献采购中应用知识图谱的理论方法，这个问题就会迎刃而解。基础数据就是图书馆现有的图书数据、年度出版图书的书目，再运用知识图谱的理论方法，既可以对全年全国范围内各学科图书出版的情况进行了解，又能够可视化地清晰地看到本图书馆图书资源饱和或者匮乏的情况。这样就为图书馆资源方面的建设指明了方向，图书馆也发挥了文献保障的作用。

（三）科研领域分析

在科研领域当中，我们绘制知识图谱往往将学术文献和专利作为参考和借鉴。但我们所注重的大多都为单一学科，就是分析其中的动态变化、内在结构、发展情况和社会网络。例如，刘泽渊教授等人建立了有关管理学、人机工程学、科学计量学和国有所有工程领域研究的知识图谱；对于共词图谱的构建，主要体现在数字资源管理、文献计量学、战略管理、国内外知识管理等方面，其主要研究人物有社科院的蒋颖，武汉大学的刘青林和马费成；关于图书情报学的学科知识地图的初步构建是由浙江大学的潘有能和南京大学的邓三鸿等人完成的。

学科服务工作是图书馆业务的重要组成部分之一，提高学科服务质量与用户的满意度，并为教学科研提供最强有力的服务保障是图书馆开展学科服务的最终目的。现今，因在教学科研上有着越来越大的压力，用户的需求欲望也向专业化、深层次、个性化的方面发展，他们认为相当重要的就是获取专业性强、高质量的学科服务。所以，提高服务质量和满足用户需求是图书馆界需要解决的问题。知识图谱的兴起和发展为图书馆的学科服务提供了契机，探索出学科的热点、前沿以及演讲的关键路径，对科研人员融入主流研究领域有很大的作用，同时也可以对当今技术的前沿和技术创新机会更好地识别和把握。

（四）智力结构分析

我们在展现科学文献作者的智力关系、连接和结构时，可以利用对作者共引关系进行解析。这种利用研究其他作者的同时又引用某文献的频率将两个作者关联起来的分析方式就是我们所说的作者共引分析，这种分析方式是可以归类于引文分析中的。在医学信息学领域，James.E.Andrews 利用共引分析的方式，探究了该领域核心作者间的相应关系，并为将来的研究奠定了基础，国内学者侯海燕对此进行了细致的分析。他利用《科学计量学》期刊，对有影响力的科学计量学家进行了深入的研究，并构建了一幅关于合作网络的知识图谱，还研究了计量学家们的突出成就，以及分支学科领域及热点研究问题。

（五）教育领域研究

知识图谱的应用领域不断扩大，尤其是在教学领域。R.H.HaI 研究它在教学中的实际作用，运用实验的方式说明了它在提高学生的学习效率方面有重要的作用；J.Bidarra 等人在网络环境教学中使用了知识图谱；并让学生自己绘制知识图谱，增强其对知识的了解，从而更好地解决问题。

1.知识图谱应用在教学创新上

教学的最终目的就是让学生接受、吸收、理解并且可以运用到实践中去。教学需要创新，这就要求教师不断地提高自己的创新能力，不断地完善自己的知识储备。从前，翻阅资料和阅读书籍可以起到作用，但是在信息飞速发展的今天，传统的这些做法显然已经达不到效果了。现在教师们要想清楚地看到本门课程的研究前沿、动态以及未来发展的方向，需要利用知识图谱来构建课程的可视化图形。将这种对教师教学有重大意义的方式嵌入到实践活动、重点难点、作业等教学环节中去，不仅可以对学生实施信息素养教育，更可以有针对性地为学生制订指导方案，促进学生作业的完成。比如，来自美国宾州州立大学的图书馆员 Hall 与教师合作，开展信息素养教育，在每一个学期都会开展两次实践课程，并且参与全部课程，学生学习积极性的提高和学习效率的提升得益于这些嵌入学生信息素养学习过程的服务。

2. 知识图谱应用在学生学位论文写作上

知识图谱是最近几年新兴起的一门技术，在学生学位论文写作中经常运用。研究综述在学位论文中占据十分重要的地位，只有仔细研究前人的各类著作，才能保证论文具有实操性与创造性，才能在学位论文写作中确认自己的研究视角。学生可以委托图书馆做前期研究动态的分析，在自己的学位论文研究方向基本确认后，图书馆利用与知识图谱相关的软件，知识源是图书馆期刊数据库、引文数据库、互联网，分析这个方向的热点问题、研究前沿和学科动态发展史，以及研究网络与基础知识、历史进程，研究的群体和亲缘的关系，以便学生在短时间内准确、快速、直接地对其研究方向的可行性进行了解。除此之外，也可以开拓研究生的视野，使研究生更加充分地选题，为毕业论文选题准确、内容创新和研究成果的实践化打下良好的基础。

（六）图书馆行业中的知识图谱应用

图书馆在与读者的交流与互动中，可以通过口头、电话、E-mail 以及实时互动等多种形式进行咨询。

图书馆尤其应该建立的是关于学科专业知识咨询的档案。所谓咨询档案不应该就是简易的文字形式，而应该利用现代的先进技术，让知识变得可视化，详细知晓知识之间的关联性，这样不仅使知识得到最大化的共享，还能够使其广泛传播。

我们现在所看到的知识图谱是单一的，它只包括了档案资料，并且是以一种咨询档案的形式存在的。然而从它成立的那一刻起，图书馆的工作人员就利用此档案帮助读者找到所需要类型的知识图谱，在相关度上起到一定的引导作用，启发读者打开视野，还会促进其他科研的发展。因此，利用知识图谱建造起来的知识咨询档案，从学习和交流的角度看，都是非常有效的。

嵌入式教学其实就是一种服务，这种服务需要图书馆将用户作为核心。嵌入式的教学服务对于学生学习、教师讲课都有很大帮助，是对专业教学活动的一个补充。信息素养教育在传统形式的情形下，通过知识图谱这种可视化的技术指导教学活动，对学生和教师都是非常有意义的。知识图谱在教学反馈、连接教与学方面都有很大的作用。

知识图谱因其是一个能够准确、全面地反映知识的各种信息的强大图形工具，被广泛应用于文化、社会、教育等各个领域。图书情报界知识服务的效益和质量将会由于知识图谱的应用大大提高。对于中小型图书馆来说，有很多难题需要我们去解决探索，如观念的更新、工具的选取、数据的导入等。

（七）解决社会问题

知识图谱应用可以拓展到解决社会问题。N. Haritash 和 B.M.Gupta 在政治中应用知识图谱，促进政府决策的制定。R.E.Horn 在解决现实存在的问题中应用了知识图谱，通过认识、分析社会间复杂的关系，从而促进决策者快速准确地做出决策。

第二节 知识图谱绘制方法

知识图谱主要利用四种分析方法，即社会网络分析、多元统计分析、信息可视化技术以及共被引分析，把众多的科技文献信息进行整理，使其以最简单易懂的形式展示学科领域的前沿方向、结构特征以及发展态势。

一、共被引分析

计量学家斯莫尔在 1973 年创造性地提出论文"共被引"的概念和共被引分析的方法，这是他吸收普赖斯和加菲尔德关于科学引文网络的思想的成果。文献一起被引用的频次就是共被引频次。共被引的频次是和研究领域、方法等契合度成正比的。期刊共被引和作者共被引的形成是由共被引分析的目标延伸到了期刊、作者。期刊共被引分析有很大的作用，能够揭示学科期刊之间的相互关系和结构特征，可以分析某些期刊的专业范畴，帮助确定学科的核心期刊。作者共被引分析可以揭示学科专业人员的联系以及结构特点，从而反映学科专业之间的变化趋势以及关系。共被引分析最大的优势是具有客观性、数据优效性以及分类原则的科学性。

二、词频分析

词频分析是利用能够表现或者揭示文献核心内容的主题词或者关键词在某一

个领域文献中出现频次的高低来判断该研究领域的发展动向和研究热点的文献计量学方法。它通过对主题词出现频次进行分析，从而确定相关的研究主题与热点以及发展趋势。

三、共词分析

共词分析其实属于内容分析法的一类，它判断学科领域中两个主题的关系是通过对表达某一个学科研究方向或者研究主题的专业术语出现在同一篇论文或文献中的次数进行统计，从而促进学科的发展、研究热点的发现，以便对这个学科的研究结构进行展现。利用文献集合中的词汇可以确定在各个学科中所代表的文献集与各主题之间的关系，词汇在同一篇文献中出现的次数和两个主题关系成正比。

四、社会网络分析

社会网络分析通过聚焦于由社会个体成员互动形成的比较稳定的关系，并且建立这些关系的模型，尽量去描述群体关系的结构，这是 20 世纪 70 年代以来在心理学、社会学领域渐渐发展起来的一个分支。

我国的情报学者利用社会网络分析方法在知识管理、链接分析、论文合著、竞争情报等方面开展了一系列研究。社会网络分析法可以研究互联网中的可视化网络和科学合作网络。

第三章　图书情报知识图谱的构建

随着谷歌知识图谱的发布，知识图谱的构建与应用研究引起了学术界和工业界的广泛关注。在国内，知识图谱的构建与研究已经起步，相应地取得了许多重要的研究成果。例如，百度知心、搜狗的知立方；有一种中文知识图谱是面向图书阅读领域的，它是由复旦大学的 GDM 实验室经过不懈的努力探究出来的；金贵阳等人提出了建立知识图谱的方法，它们主要采用的是知识图谱和语义网技术，能够适用于钢铁企业信息集成，提高了企业信息查询的效率。

第一节　知识图谱构建过程

一、知识图谱构建流程

绘制知识图谱的前提条件是要有可靠的技术支持，能够对数据进行细化分解和可视化的操作。社会网络包是现今这个阶段知识图谱探究采用的技术，它包含很多方面，如因子分析、多维尺度分析、路径网络、向量空间、学科内容分析、共引分析、潜在语义分析、多种聚类等。然而，引文分析、共现分析、多元统计分析、社会网络分析是建立科学知识图谱的四种主要方法。

总的来说，知识图谱的构建流程可以分为五部分：一是"寻找相应的理论作为基础"，二是"搜集较为全面的数据源基础"，三是"预备相应的分析方法和工具"，四是"建立完善的知识图谱"，五是"详细讲解知识图谱"。这五部分在具体操作流程和方法上还可以进行细化，如第二大模块"数据源选择"就可以分成两方面进行即"期刊文献选择"与"数据库平台选择"；"方法和工具"涵盖了三方面内容，即"共词表""相关分析表"和"主题词析取"。我们通常采用聚类分析、多维尺度分析、SPSS 的因子分析以及战略坐标分析来构建知识图谱。这些方式方法都是在实践基础上总结的经验，能够引导我们科学地构建知识图谱。知识图谱构建流程如图 3-1。

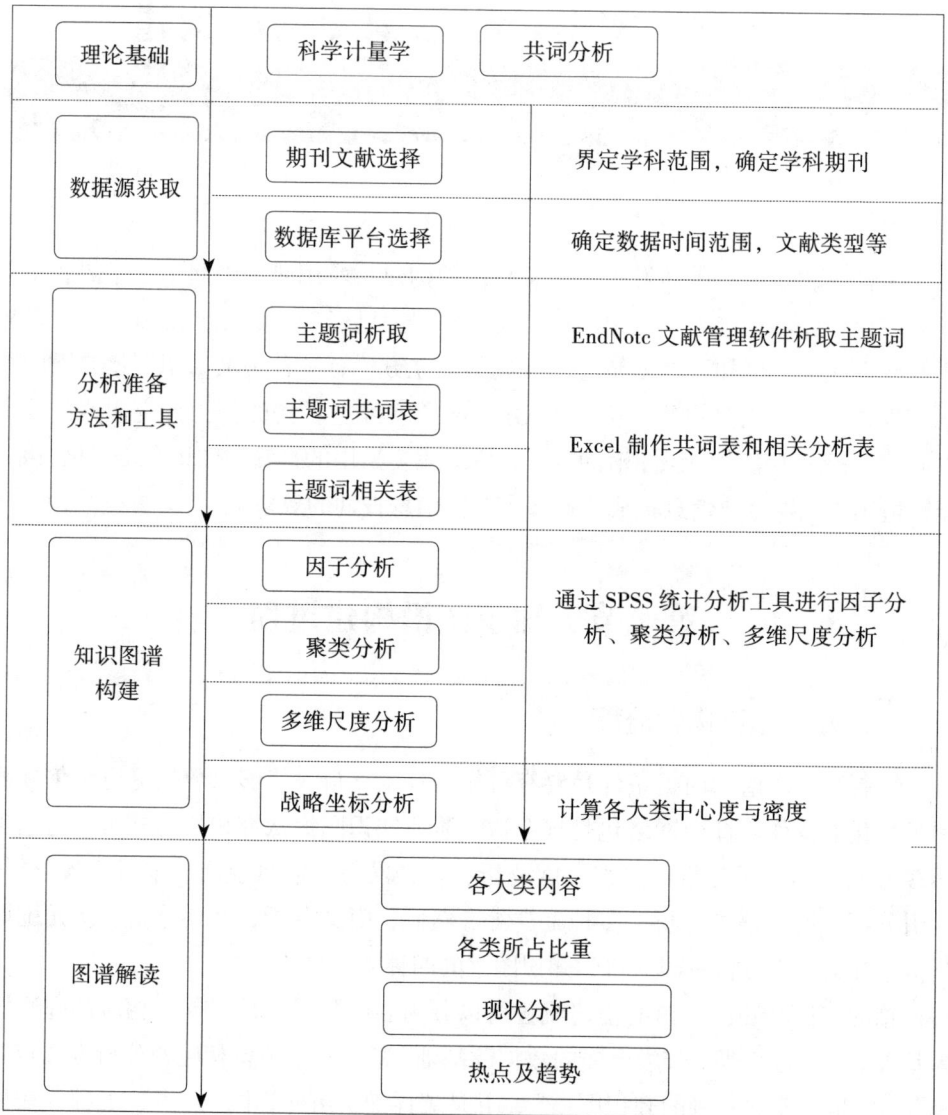

理论基础	科学计量学	共词分析	
数据源获取	期刊文献选择	界定学科范围，确定学科期刊	
	数据库平台选择	确定数据时间范围，文献类型等	
分析准备方法和工具	主题词析取	EndNote 文献管理软件析取主题词	
	主题词共词表	Excel 制作共词表和相关分析表	
	主题词相关表		
知识图谱构建	因子分析	通过 SPSS 统计分析工具进行因子分析、聚类分析、多维尺度分析	
	聚类分析		
	多维尺度分析		
	战略坐标分析	计算各大类中心度与密度	
图谱解读	各大类内容		
	各类所占比重		
	现状分析		
	热点及趋势		

图 3-1　知识图谱构建流程

二、知识图谱数据获取和处理

将期刊中包含的文献导入 ENDNOTE 中，也就是在 LISTA 中的 2010 年到

2017 年的 15 323 篇文献，而提取文献中的主题词主要是运用 TOOLS SUBJECT BIBLIOGRAPHY，将得到的结果制成列表。该列表中包涵了以上所述文献体现的所有主题词，这样就可以表明它们出现的频率以及出处。

所有主题词以及相应频数的列表是通过 EXCEL 的系统整理来完成的。在这些文献当中，35 233 是前一百位主题词的频数，所占百分比是 30.47%（见表 3-1，表 3-2）。

表 3-1　图书情报学期刊主题词基本情况（2010—2017）

主题词总数	主题词总频数	前 100 位总频数	前 100 位频数比重
20 248	115 635	35 233	30.47%

表 3-2　前 100 位主题词列表

排 名	主题词	频 数	累积百分比
1	LIRARIES	151	1.31%
2	INFORMATION science	141	2.53%
3	INFORMATION retrieval	123	3.60%
4	UNITED States	123	4.66%
5	INFORMATION resources	115	5.66%
6	INFORMATION services	984	6.51%
7	INFORMATION technology	892	7.28%
8	INFORMATION resources	834	8.00%
9	INFORMATION storage & retrieval	779	8.67%
10	LIBRARIANS	757	9.33%
11	LIBRARY science	744	9.97%
12	INTERNET	681	10.56%
13	ACADEMIC libraries	672	11.14%
14	WEB sites	655	11.71%

排　名	主题词	频　数	累积百分比
15	ELECTRONIC information resources	651	12.27%
16	DIGITAL libraries	623	12.81%
17	COMPUTER network resources	602	13.33%
18	INTERNET searching	570	13.82%
19	PUBLIC libraries	543	14.29%
20	SEARCH engines	533	14.76%
21	ELECTRONIC information resource	529	15.21%
22	ONLIE information services	506	15.65%
23	UNIVERSITIES&colleges	480	16.07%
24	DATABASES	469	16.47%
25	PUBLISHERS & publishing	458	16.87%
26	KNOWLEDGE management	416	17.23%
27	WORLD Wide Web	394	17.57%
28	MEDICAL informatics	379	17.90%
29	LIBRARY users	342	18.19%
30	SCHOLARLY publishing	341	18.49%
31	ELECTRONIC publishing	331	18.77%
32	DATABASE searching	330	19.06%
33	LIBRARY employees	328	19.34%
34	INFORMATION behavior	308	19.61%
35	INFORMATION literacy	300	19.87%
36	WEB search engines	288	20.12%
37	ONLINE databases	284	20.36%
38	COMPUTER software	283	20.61%

续 表

排 名	主题词	频 数	累积百分比
39	BIBLIOGRAPHICAL citations	279	20.85%
40	DOCUMENTATION	277	21.09%
41	LIBRARY administration	277	21.33%
42	BIBLIOMETRICS	276	21.57%
43	CITATION analysis	276	21.80%
44	EDUCATION	264	22.03%
45	TECHNOLOGICAL innovations	245	22.24%
46	PUBLIC services（Libraries）	242	22.45%
47	M ETA DATA	240	22.66%
48	GREAT Britai	238	22.87%
49	ELECTRONIC data processing	226	23.06%
50	ELECTRONIC journals	224	23.26%
51	LIBRARIES——Automation	221	23.45%
52	MEDICAL care	219	23.64%
53	ELECTRONIC books	21	23.82%
54	MANAG EMENT	213	24.01%
55	ACCESS to information	210	24.19%
56	GOOGLE Inc.	203	24.37%
57	LIBRARY information networks	201	24.54%
58	INTERNET users	198	24.71%
59	LIBRARY finance	195	24.88%
60	BLOCS	193	25.05%
61	COMMUNICATION	192	25.21%
62	INFORMATION-seeking strategies	184	25.37%

排　名	主题词	频　数	累积百分比
63	CATALOGING	183	25.53%
64	COLLECTION development	181	25.69%
65	DATA mining	177	25.84%
66	INFORMATION organization	172	25.99%
67	METHODOLOGY	172	26.14%
68	SCHOLARLY periodicals	171	26.28%
69	MEDICINE——Data processing	169	26.43%
70	ELECTRONIC publications	167	26.57%
71	REFERENCE services（Libraries）	167	26.72%
72	OPEN access publishing	166	26.86%
73	INTERNET in education	165	27.01%
74	MEDICAL libraries	165	27.15%
75	MEDICINE	165	27.29%
76	GERMANY	163	27.43%
77	DECISION making	162	27.57%
78	ASSOCIATIONS，institutions，etc.	160	27.71%
79	ACADEMIC librarians	156	27.85%
80	CLASSIFICATION	154	27.98%
81	INFORMATION professionals	152	28.11%
82	COMPUTER systems	151	28.24%
83	INFORMATION sharing	151	28.37%
84	COMMUNICATION in learning &	150	28.50%
85	INFORMATION&communication	150	28.63%
86	CONGRESSES&conventions	147	28.76%

续 表

排 名	主题词	频 数	累积百分比
87	LIBRARY materials——Digitization	147	28.88%
88	WEB sites——Evaluation	145	29.01%
89	ALGORITHMS	144	29.13%
90	DIGITAL media	142	29.26%
91	INFORMATION theory	142	29.38%
92	LIBRARIES & community	142	29.50%
93	LIBRARY resources	142	29.63%
94	ONLINE social networks	142	29.75%
95	STUDENTS	142	29.87%
96	BOOKS & reading	140	29.99%
97	INDEXING	140	30.11%
98	PUBLIC institutions	140	30.23%
99	MEDICAL records	136	30.35%
100	INFORMATION scientists	135	30.47%

通过对表 3-1 和表 3-2 的观察可以发现，现在很多学者认定高频主题词的方式就是依照词频大于某个特定值，所以对于高频主题词的提取还未形成统一的划分。需要特别关注的是，我们寻找高频主题词是以主题词累积词频的动态改变为根据的。一般来说，假设研究范围较小，提取少量的主题词，应取高一点词频比重，如可以是 40% 甚至高于 40%；当研究范围较大的时候，提取数量稍多时，可以取相对低一点的词频比重，基本可以取 25% 或是 25% 以上。我们可以看出主题词不仅显示了当下的研究热点问题，还反映了具体的研究内容和发展趋势。由于篇幅的限制，本书无法对更广泛的样本进行细致的研究，这里所进行的数据分析和研究只单纯地指向前文所说的前一百位。

第二节 知识图谱分析方式

一、知识图谱共词分析

内容分析技术的方式有很多，其中之一是共词分析。它是通过共同出现的形式来解析同一个文本主题，以确定相关主题之间的关系，从而推动相关学科的发展。发现研究对象的主要内容和分析热点，对高频主题词聚类，深入挖掘相对应的研究结构是共词分析的最重要功能。这样可以进一步全方位地研究维度、学科背景和理论基础，更深入地探究其学术热点、发展趋势和研究现状。共词分析主要运用于两个方面：一个是对其中某一个学科的具体分析，另一个是研究某个特定领域。

我们可以从主题词列表中（EndNote 中导出的期刊）看到其显示的具体次数和文献的出处。高频主题词两两共词检验分析是根据期刊与主题词之间的相应关系，还可以系统计算每两个主题词之间共同反映出来的次数频率，从而形成共词矩阵。

（一）利用 EndNote 导出数据

我们可以在 Excel 中综合规划 EndNote 中导出的主题词频、主题词以及对应出现的文献名，并且将它们绘制成为一张列表，名为"主题词—文献名称—次数"（表3-3）。主题词每出现一次都要记住次数，显示一次则记为1，也就是主题词 LIBRARIES 出现的次数与对应文章的数量是一一对照的，如形成一行三列的"LIBRARIES—文献名—1"形式。按照这样的形式下去，所有主题词与所有文献的对应关系就形成了。

表3-3 主题词—文献名称—次数（局部）

主题词	文献名	次 数
LIBRARIES	A Survev of Current Tasks and Future Trends in Access Services. Journal of Academic	1
LIBRARIES	Acknowledgements. Health Information&Libraries Journal, 2005. 22（4）：308.	1
LIBRARIES	Bibliogiblioaranher's Mannalv A New Lifea New Process，lonrnal of Academic Librarianshin2005	1

续 表

主题词	文献名	次 数
LIBRARIES	College Libraries : The Lona Goodbye.. Journal of Academic Librarianship. 2005 : 3112.	1
LIBRARIES	Design Consideration for Multilingual Web Sites. Information Technology&Libraries，2005. 24（3）.	1
LIBRARIES	Designing and developing Web–Based Continuing Legal Education. Journal of Academic	1
LIBRARIES	Digital Resources and Librarians : Case Studies in Innovation，Invention, and Implementation	1
LIBRARIES	Document–Manaaement Technoloav and Acauisitions Workflow : A Case Studv in Invoice	1
LIBRARIES	Guidelines for Reviews. Journal of Academic Librarianship, 2005. 31（2）: 170	1
LIBRARIES	I，Librarian. Information Technology&Libraries，2005. 24（3）: 123–129.	1
LIBRARIES	Libraries Act on Their LibQUAL+^{TM} findings From Data to Action. Journal of	1
LIBRARIES	Libraries and University Presses Can Collaborate to Improve Scholarly Communication or Why	1
LIBRARIES	Library Usaae Patterns in the Electronic Information Environment. Journal of Academic	1
LIBRARIES	Maximizing Library Storage with High–Tech Robotic Shelving, . Journal of Academic Librarianship,	1
LIBRARIES	Mold : Recovery from a Potential Collection Disaster and Environmental Hazard.. Journal of	1

（二）数据透视表分析

我们看到的"主题词—文献"对应表是对第一部分进行数据透视分析得到的（表3-4），100个主题词横向显示，纵向显示的是文献名称，对应的主题词出现在对应的文献用计数"1"表示。无对应关系的主题词与文献用空白表示。

表 3-4　文献—主题词对应表（局部）

主题词／文献	LIBRARIES	INFORMATION science	INFORMATION retrieval	UNITED States	INFORMATION resources management
A Bracelet for Us.	1				
A COMMUNITY OF					
A comparative analysis			1		
A Library Assistant's					
A Library–Themed					
A MAP for the library	1				
A model showing the					
A New Logo in Darien.					
A Post–Sepetmber 11th				1	
A Recording Studio in a					
A review of image	1	1	1		
A Service–Oriented					1
A Survey of Current	1				

（三）计算某篇文献中主题词共现情况

我们把两列数据相加可以算出两个主题词共同出现的次数，要想算出两词共同出现的次数可以通过相加数据中"2"的个数。例如，利用公式对两者实行加法（"LIBRARIES"和"INFORMATION science"），就要把对应的行相加求和，最终显示为三种结果，相应文献的主题词则用空白的形式显现出来；只涵盖其中一个主题词的，相对应的文件用"1"代表；涵盖两个主题词的，相对应的文献用"2"代表，那么这篇文献就是两次共现的形式。

（四）函数计算

要想了解两个主题词共现的次数我们一般采用 EXCEL 中的 COUNTIF 函数，也就是相加列中"2"所出现的总共次数。如表 3-5 所示，"LIBRARIES"与

"INFORMATION science" 总共出现了 143 次。要想了解 100×100 的主题词共词矩阵，我们可以对 100 个主题词采取两两共词统计与检验的方式，例如 3-6 数据表（局部），前 100 个主题词从小到大分别表示为 A100......A2，A1。

表 3-5　共词表分析——计算共词次数（局部）

143	LIBRABIES	INFORMATION science
0		
1	1	
2	1	1

表 3-6　100×100 主题词共词矩阵（局部）

	A1	A2	A3	A4	A5	A6	A7	A8	A9	A10	A11	A12	A13	A14	A15
A1	1512	143	86	175	91	168	76	99	61	189	138	65	138	50	79
A2	143	1412	341	40	253	260	197	185	147	63	238	69	53	50	68
A3	86	341	1234	15	243	256	91	144	230	20	91	57	41	46	73
A4	175	40	15	1231	34	55	42	42	17	83	44	48	74	55	50
A5	91	253	243	34	1158	176	192	150	183	31	72	43	23	30	65
A6	168	260	256	55	176	984	103	122	116	61	123	69	61	39	66
A7	76	197	91	42	192	103	892	107	56	29	68	75	33	37	50
A8	99	185	144	42	150	122	107	834	63	35	47	69	44	37	78
A9	61	147	230	17	183	116	56	63	779	21	50	27	36	25	113
A10	189	63	20	83	31	61	29	35	21	757	84	19	67	20	28
A11	138	238	91	44	72	123	68	47	50	84	744	12	72	20	34
A12	65	69	57	48	43	69	75	69	27	19	12	681	29	105	56
A13	138	53	41	74	23	61	33	44	36	67	72	29	672	18	42
A14	50	50	46	55	30	39	37	37	25	20	20	105	18	655	59
A15	79	68	73	50	65	66	50	78	113	28	34	56	42	59	651

二、知识图谱相关分析

相关分析把变量间的线性关系作为研究核心，也就是探究多个现象之间是否有相应的某种关联以及密切程度的统计分析方法。经过细致的研究，要确定主题与主题或正或负的关系，就要准确地对任意两个主题词之间的距离进行定位并了解其距离所表示的关系。

有时越简单的步骤越是不可忽视，就好比整个数据处理过程中的相关分析。SPSS 的统计分析要以相关矩阵表作为根据，是建立在相关系数的基础之上的。由此可以得知，要使 SPSS 统计分析更为准确，就要将特定的相关性转化为相关矩阵。利用 Excel 可以实现将共词矩阵转化为相关矩阵：首先在 Excel 中加载宏，然后将 VBA 函数导入并且分析数据库，接着进行相关系数的计算，主要是利用 Excel 中白带的数据模块，最后按照"工具""数据分析""相关系数"这三部分，进行每一列的相关系数的计算，得到全面的 100×100 的相关矩阵表，如表 3-7 所示（局部）。

表 3-7 100×100 主题词相关矩阵（局部）

	A1	A2	A3	A4	A5	A6	A7	A8	A9	A10	A11	A12	A13	A14	A15
A1	1.00	0.16	0.09	0.22	0.12	0.25	0.11	0.16	0.09	0.35	0.26	0.10	0.28	0.07	0.15
A2	0.16	1.00	0.47	0.02	0.40	0.45	0.36	0.35	0.32	0.10	0.45	0.13	0.10	0.08	0.15
A3	0.09	0.47	1.00	−0.02	0.40	0.46	0.20	0.31	0.48	0.00	0.21	0.13	0.06	0.10	0.18
A4	0.22	0.02	−0.02	1.00	0.02	0.07	0.05	0.05	−0.01	0.17	0.08	0.08	0.15	0.09	0.08
A5	0.12	0.40	0.40	0.02	1.00	0.36	0.38	0.33	0.40	0.04	0.20	0.10	0.04	0.05	0.17
A6	0.25	0.45	0.46	0.07	0.36	1.00	0.25	0.31	0.32	0.13	0.32	0.17	0.15	0.09	0.19
A7	0.11	0.36	0.20	0.05	0.38	0.25	1.00	0.27	0.17	0.05	0.20	0.18	0.07	0.08	0.13
A8	0.16	0.35	0.31	0.05	0.33	0.31	0.27	1.00	0.21	0.07	0.16	0.18	0.10	0.10	0.22
A9	0.09	0.32	0.48	−0.01	0.40	0.32	0.17	0.21	1.00	0.02	0.16	0.08	0.08	0.07	0.32
A10	0.35	0.10	0.00	0.17	0.04	0.13	0.05	0.07	0.02	1.00	0.23	0.03	0.20	0.03	0.06
A11	0.26	0.45	0.21	0.08	0.20	0.32	0.20	0.16	0.16	0.23	1.00	0.03	0.21	0.03	0.10

	A1	A2	A3	A4	A5	A6	A7	A8	A9	A10	A11	A12	A13	A14	A15
A12	0.10	0.13	0.13	0.08	0.10	0.17	0.18	0.18	0.08	0.03	0.03	1.00	0.06	0.30	0.16
A13	0.28	0.10	0.06	0.15	0.04	0.15	0.07	0.10	0.08	0.20	0.21	0.06	1.00	0.03	0.11
A14	0.07	0.08	0.10	0.09	0.05	0.09	0.18	0.10	0.07	0.03	0.03	0.30	0.03	1.00	0.17
A15	0.15	0.15	0.18	0.08	0.17	0.19	0.13	0.22	0.32	0.06	0.10	0.16	0.11	0.17	1.00

三、SPSS 统计分析

我们把表 3-7 中 100×100 主题词的矩阵作为依据，利用 SPSS 统计分析工具进行多种分析，如聚类分析、因子分析、战略坐标图分析以及多维尺度分析，最后建立完善的图书情报学知识图谱。

（一）因子分析

通过研究发现前一百个主题词能够比较精准地体现图书情报学领域的研究现状，然而应该注意的是，变量的数量很多而且量与量的关系是极为紧密的，无法进行相应的界定和划分，所以，这种分类方式缺少一定的理论基础支持。要想消除此类障碍，可以削减变量的个数，但是这会让信息缺乏完整性，甚至是信息丢失。因子分析恰巧解决了这类问题，在减少参与数据建模的变量个数的过程中还能避免信息大量缺失的状况。

因子分析的主要思想就是将相关性较高的变量和相关性较低的变量明确划分出来，即利用以少换多的方式来描述指标及指标之间的关系。因子分析还有强大的综合作用，它可以将繁多的原始变量汇总为少量的综合指标，这样不仅让因子个数大部分减少，甚至比原有变量更少，还能反映绝大部分有关原有变量的信息。其优点就是信息安全性较高，不易丢失。我们还发现能够以多样的方式获得命名解释性的都是经过因子分析重组出来的因子，也就是说，把因子的反映内容和综合状况作为基础，对因子重新进行命名，来达到对原有变量划分结构的直观显示。

进行因子分析要遵循以下几步：

（1）具有共有的因子，也就是确定因子之间的相关关系。

（2）选取共同因子的数目。

（3）对因子分析的决定因素与因子命名。

通过对因子分析内容的初步了解，我们决定对确定出来的一百个主题词变量之间的相关性，实行因子分析并且找出共同因子，让它利用最少的因子数来彰显大部分信息。可以按照下面所说的方式进行，首先在 SPSS 中导入 100×100 的相关分析矩阵，然后进行具体的因子分析过程，也就是"分析—数据降维—因子分析"这三个步骤，最后将显示的主题词设置为变量，可以利用以下参数作为对因子分析的参考。

（1）描述性统计量

原始分析结果：对解释方差、特征值、共同性和累积百分比进行分析，也就是因素分析未旋转以前。

（2）抽取

方法：作为 SPSS 内定方法的主成分法。

分析：抽取因素选择相关矩阵的方式。

显示：未旋转的因子解——旋转状态时因素负荷量、特征值及共同性的显示；碎石图——主要为因子的碎石陡坡图。

抽取：各个因子在抽取时根据特征值按照由大到小的顺序排列。

（3）旋转

方法：归属于正交旋转法的最大的方差法。

显示：因旋转的因子了解相关信息。

（4）选项

缺失值：排除列表中的个案——也就是对没有缺失的观察值进行简析。

系数显示格式：按大小排序——是以每一因素层面之因素负荷量为根据的大小排序。

表 3-8 所体现的是分析结果。

表 3-8　因子分析结果（局部）

主成分	初始特征值		
	特征值	解释方差（%）	累计方差（%）
1	18.05	18.05	18.05
2	12.419	12.419	30.469
3	7.694	7.694	38.163

续　表

主成分	初始特征值		
	特征值	解释方差（%）	累计方差（%）
4	6.129	6.129	44.292
5	3.812	3.812	48.104
6	3.574	3.574	51.678
7	2.81	2.81	54.488
8	2.576	2.576	57.064
9	2.288	2.288	59.352
10	2.037	2.037	61.389
11	1.742	1.742	63.131
12	1.53	1.53	64.661
13	1.385	1385	66.046
14	1.367	1367	67.413
15	1.258	1.258	68.671
16	1.225	1.225	69.896
17	1.006	1.139	71.034
18	1.015	1.079	72.113
19	1.066	1.066	73.179
20	1.015	1.015	74.194
21	0.96	0.96	75.154
22	0.927	0.927	76.081
23	0.902	0.902	76.983
24	0.886	0.886	77.869
25	0.826	0.826	78.695

一方面，每一列都有相关的对照成分，每一个对照成分对照着相应的特征

值，这是相关矩阵的重要特点；另一方面，主成分关键的特点是相关矩阵的特征值。

表3-8中列出了因子分析的部分结果图。表中第一栏把主要成分显现，有一百个主要成分因素，第二栏把初始特征值显现，里面有特征值、解释方差和累积解释方差。因为第N个特征值与第N个主要成分取值的变动大小成正比关系，所以特征值越大，其相应的主要成分变动就越大，主要成分的重要性贡献率也就越大。计算得出相关矩阵中各成分的结果，特征值由此得出。特征值和该成分的贡献度成正相关的关系，重要程度也与之成正相关的关系。特征值超过的成分有二十个，其他部分却没有这样的数据结果。各主要部分所解释的方差占总体的百分比在解释方差栏表现出来，即各因子特征值在总体所占的百分比的值。各因子方差占总方差的百分比之和是积聚解释方差栏。

因子数量的确定重点是对数据进行统计分析。要确定因子数目，有两种常见方法：①学者 Kaiser 把准则标准提出来，先找出特征值比"①"大的因素；② Cattell 把特征值用碎石图表现，因素分析数目被标准确定。由于 Kaiser 的选取标准存在弊端，会出现抽取过多的因子，因此利用碎石图的图形来综合考虑是很有必要的。

用于计算因子数目的方法有很多，其中因子分析的碎石图与解释总方差是两种很好的办法，且其作用相同。用图中的每一个点表示一个因子，结果显示：大概是第十一个因子开始，之前的曲线与之后的曲线相比陡峭得多。我们有 Kaiser 的标准和 Cattell 的方法，利用表格（因子分析）和图形（碎石图）的内容，并借鉴"提取的因子应能概括超过百分之六十的总体信息"这一资料，可以得出在整体走势起压倒性作用的是这11个因子，也就是变化剧烈的局部。所以，把这一百个主题词分为十一类。

数目得到确定之后，要命名解释这11个因子。由于需要通过聚类分析和多维尺度分析的方法对因子类别和内容进行判别，所以命名解释具体的因子会在以下的分析中得到确定。

（二）聚类分析

100个被划分了因子数目的主题词通过因子分析判断下来后，把每一个因子所包含哪些主题词判断出来，通过 SPSS 的聚类分析方法来实现。"物以类聚"的原理，就是在事物本体特性的基础上研究个体的不同种类，在没有先验知识的情况下，通过在性质上的亲疏程度的差异，将一批样本或变量进行自动分类的方法。

这方法具有在同一类个体中有较高的相似性，不同类之间的个体差异性较大的原理，如图 3-2 所示。

有两种 SPSS 的聚类方法：① K-means 聚类；②系统聚类。前者是针对多样本一步步进行的聚类方法：首先，通过轮换的方式进行分析聚类；其次进行方差分析之前先确定类数，这样可以判断是否引入了特别明显的变量。其优势是快速处理多样本量。系统聚类，又叫层次聚类。聚类过程的不同方向把它们分成两种方法，一是合并法，二是分解法。前者的基本思路是合并，再聚类。开始时都是小类；然后，最"亲密"的部分被聚成另一小类；再次，最"亲密"的小类或部分再被聚为一类，不断循环以上的过程，当所有的部分和小类都被聚集成越来越大的类时，当所有的小部分都被聚为一个整体时，就完成这一方法了。而分解法则恰恰相反。系统聚类因为不能明确类数的原因，所以要逐渐聚合分层次。它的特点是具有强大的功能，能够较大地影响形象直观的树状图、冰柱图所提供的数据和所选变量的结果，但不提供方差分析的作用。

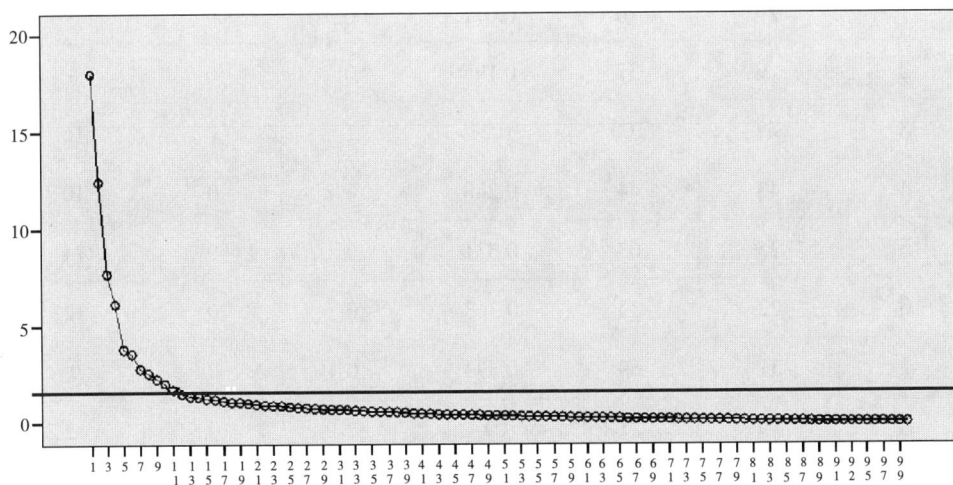

图 3-2　碎石图

本书采用最常用的系统聚类法对相关矩阵进行聚类分析，这样能够更科学形象直观地显示聚类的结果。在 SPSS 中，100×100 主题词相关矩阵被通过三个步骤——"分析""分类""系统聚类"，之后操作具体的聚类分析模块。100 个主题词被设置了变量入变量框，keyword 被用来作为字符型变量，标记个别案例的变量，分群个案聚类，设置以下参考数值：

（1）合计量：统一进程表（默认）。

（2）绘图：树状龙骨图——树状分析图（输出聚类分析）。

（3）手段：聚类方法（组间连接），组内个体（相似性较高、组间差异较大）

用组间连接法来处理这 100 个主题词，即先找出两个最小平均距离的部分，把两项合并为一类。两个部分或小类在何时被聚为一大类，通过系统聚类可以明确地显示出来，如表 3-9 所示。个体 29 和个体 70，因为是个体距离最小的 0.071，所以成为首个被聚为小类的部分；其次是样本距离为 0.195 的个体 19 和个体 37。在聚类表中，各个部分通过归并的方式，被一层层聚集起来，直到全部部分变量聚为一个大类。

表 3-9　聚类表（局部）

阶	群集组合		系　数	首次出现阶群集		下一阶
	群集 1	群集 2		群集 1	群集 2	
1	29	70	0.071	0	0	3
2	19	37	0.195	0	0	8
3	29	100	0.23	1	0	16
4	43	44	0.288	0	0	10
5	35	63	0.331	0	0	74
6	22	33	0.363	0	0	12
7	31	69	0.393	0	0	9
8	19	21	0.4	2	0	12
9	31	85	0.424	7	0	41
10	40	43	0.519	0	4	88

聚类分析的树状图也具有聚类表的同样功能，在聚类过程中，也能清晰地反映 100 个主题词的具体步骤和结果，被聚为一类时标签值与说明类间的距离成正比的关系。主题词之间的聚集分类的情况以及各主题词之间、各小类之间间隔的大小变化能够通过该图清晰明确地反映出来。

100 个主题词之间的关联度通过聚类分析结果的树状图直观显示出来，本书划分出的图书情报学的 11 个研究大类就是我们所确定的 A ~ K 类，反映这个主题的集中程度和学者对它们的关注程度是各个样本间的间隔，因为两者呈正相关关系，所以小间隔会较早被合成一类，两者就具有更加亲密的关联，关注程度同样被类的大小所影响。依据常识，存在理论性和研究方向指导性强的一些大类，更容易出现受重视的现象，而某个领域中则存在并集中着较小的类，如医学领域和社会学领域等就属于这种情况。

（三）尺度分析（多维）

尺度分析（多维），是市场调查、分析数据的统计方法，相似和不相似的多个事物间的区别就通过这一方法反映出来。为了表示这种相似或不相似程度，要通过适当的降维方法，经过确定点的空间方位来确定两点之间的关系。两个数据点间的间隔决定不相似性的值，进而在低维空间中描绘出相似或不相似的图形，最后对象关系的"空间"理解就能得到。SPSS 提供了两种多维尺度的分析方法：一是 ALSCAL，二是 PROXSCAL。前者走经典路线，提供五个分析模型；后者走高级路线，提供四个更高级的模型。此外，前者只能分析相似性不大的数据，后者则能克服这一弊端，不仅可以分析低相似性的数据，而且可以分析高相似性的数据，把更加具体多彩的模型诊断、设置和结果输出供给我们。因此，后者的多维尺度能更好地进行以下分析。

因子的个数和每一类别下主题词的内容通过因子分析和聚类分析阶段确定，用 SPSS 中的多维尺度分析（PROXCAL）的方法，描绘出图书情报学研究的多维尺度分析图，有以下具体步骤：

通过"分析""度量""多维尺度"，进入到具体的多维尺度分析模块，首先定义如下：

（1）数值样式：数据样式（近似值）、数据（用于直接分析的相似性测量值）。

（2）源的数量：矩阵源（一个）。

（3）一个源：近似值（跨越列的矩阵）。

定义之后，主要参数设置如下：

（1）模式：度量模型（恒等模式），采用相同的测量尺度分析所有部分，个体差异不被考虑。

（2）局限：不约束公共空间（不约束）。

（3）绘制：空间（公共）。

（4）呈现：空间坐标（公共）。

要得到各因素的公共空间的二维坐标和二维图，需通过设置。结合因子分析和聚类分析的结果，100个主题词所依据的聚类结果是结合因子分析和聚类分析的结果，并依据所划分的11个因子得来的，最终描绘出图书情报学研究的多维尺度分析图。

按照以上各种统计的解析，100个主题词的划分类别、数量和每个类别的范围被确定后，要命名解释各类别。命名依据大致有以下三点原则：

（1）各个类别主题词的内容和领域决定该类别的名称。例如，A类中的一个有关医学与医药方面的主题词，因为当中医学信息学的比例最大，所以A类在命名时被命名为医学信息学。

（2）如果是类目较多的主题词，又无法取舍其他时，为达到总的概括性，则需要研究这些主题词的上一次类目。例如，E类和K类，这是两个有较多主题词数量的类别，因为其中的主题词的比重差不多，且具有一定的独立性，所以要上溯到上一次类目。

E类是图书馆的人员、资源、服务和机构等主题词，它被命名为图书馆系统；K类主要涉及信息检索、存储、技术、资源管理等主题词，因此被命名为信息管理与信息系统理论。

（3）当主题差别较大时，以不同主题的共同点为出发点总结分析，最终完成命名。例如，D类中的主题词是计算机网络资源和在线社交网络，因为重复医学图书馆和医学的相关内容，又代表两个不同的主题方向，因此，对它进一步概括是很有必要的。

根据以上原则，得到十一类的图书馆情报学的研究大类（医学信息学、电子资源、信息计量学与出版、网络资源与医学图书馆、图书馆系统、数字图书馆、计算机技术与管理、教育与信息素养、网络信息资源、信息行为与信息共享、信息管理与信息系统理论），各类所包含的主题词及所占的比重如表3-10。

表3-10　图书情报学研究分类

类　别	比　例	主题词
A—医学信息学	2.56%	医学信息学、医药数据处理、医学记录、医疗保健

续 表

类 别	比 例	主题词
B—电子资源	3.07%	电子出版、电子出版物、电子期刊、电子书籍、数字媒体
C—信息计量学与出版	6.01%	文献计量学、引文分析、书目引文、学术出版、学术期刊学术交流、出版和出版人、开放存取出版
D—网络资源与医学图书馆	3.46%	计算机网络资源、医学图书馆、医学、网站评估、在线社交网络
E—图书馆系统	23.42%	图书馆、图书馆员、学术图书馆、公共图书馆图书馆用户、图书馆员工、图书馆管理、图书馆公共服务、图书馆财政、图书馆馆藏发展、图书馆参考服务、学术图书馆员、会议公约、图书馆与社区、图书馆资源、公共机构、书籍和阅读、资讯科学家
F—数字图书馆	6.43%	电子信息资源、数字图书馆、元数据、图书馆自动化、图书馆信息网络、编目图书馆材料数字化
G—计算机技术与管理	4.45%	计算机软件、计算机系统、通信方法、论技术创新、信息与通信技术管理决策制定
H—教育与信息素养	5.69%	教育、学生、网络教育、信息素养、英国图书馆学、信息专业人员
I—网络信息资源	17.06%	电子信息资源检索、数据库搜索、互联网搜索、网络搜索引擎搜索引擎、数据挖掘、Google 公司、万维网、互联网用户、网站网络博客、互联网、联机信息服务、在线数据库、数据库
J—信息行为与信息共享	2.42%	信息行为、信息检索策略、信息获取、信息共享
K—信息管理与信息系统理论	25.43%	信息组织、分类、索引、算法、信息检索、信息存储与检索系统信息科学、说明、文档、信息服务、信息资源管理、信息资源知识管理、信息技术、电子数据处理、信息理论

（四）战略坐标图分析

1988 年，Law 等人提出战略坐标，被用来描述研究领域内部关联情况和领域相互影响情况。战略坐标由二维坐标构成，横轴被用来表示中心度，纵轴被用来表示密度，坐标的原点被用来表示两轴之间的中位数或者平均数。密度被用来测量各个类别内主题词的亲密程度，而且还显示了该类保持自己、繁荣自己的能力，这是反映研究成熟度的概念。两个类别主题词之间的亲密程度和两个学科领域的相互感导的程度，是要用中心度来区别的。某个学科领域与其他学科领域联系的数目和强度与反映研究的核心度成正比。战略坐标具有概括性，能展现多个领域之间的结构优势。它首先把每一个研究热点放置到坐标的四个象限中，然后描述各主题的研究繁荣状况。

要想计算一个主题词出现的次数，内部连接的平均值算法可以满足这一要求，得出这个主题的密度。再采用各大类之间的外部连接的总和平均值算法，得出该主题的中心度。最后以中心度当作横坐标，密度当作纵坐标，把每个大类别中心度和密度的平均值作为原点，就可以绘制出战略坐标图，具体步骤如下：

（1）连接平均数（外部）：在共词分析表的根基上，计算某一类的中心度，每一行求和并计算加权平均所得出的数据是通过保留该类数据的横向行，删除该类数据的纵向列来实现的。

（2）连接平均数（内部）：在 100×100 共词分析表的根基上，计算某一类的密度，每一行求和并计算加权平均所得出的数据是通过保留该类横向和纵向的数据，删除其他类别的各项数据来实现的。

（3）内部连接平均数 + 外部连接平均数，计算得出总平均数。

（4）外部连接平均数、内部连接平均数 – 总平均数，得到各类的中心度和密度。

以 A 类为例，要知道 A 类的中心度和密度。在 100×100 共词表中保留 MEDICAL informatics、MEDICAL care、MEDICINE–Data processing、MEDICAL records 数据行，相应的数据列被删除，每一行被求和，得出 4 个求和项的平均数，A 类与其他类的外部连接平均数为 376。A 类所有的数据行和数据列被全部保留下来，再每行求和并计算得到平均数为 209，最后 A 类的内部连接平均数就能知道了。计算 A~K 类所有的外部连接平均数，得到外部连接总平均数为 657，内部连接总平均数为 255。A 类的外部连接平均数 – 相应的总平均数，即可得到 A 类的中心度为 –281，内部连接平均数 – 总平均数，得到 A 类的密度为 –46。

字词汇合成主题的关联强度，也就是该主题的内部强度，战略坐标图中的密度通过其显示出来，即该类保持自己和繁荣自己的能力。一般来说，密度与说明分类中的各主题词联系呈正相关的关系，两者增加会使研究趋势趋向成熟。某个主题和其他主题的相互影响程度用中心度来反映，一个主题与其他主题联系的数目和强度越大，这个主题在整个研究工作中就越趋于中心地位。要绘制出图书情报学研究的战略坐标图，必须根据密度和中心度的计算方法。

从战略坐标图可以看出，十一大类散布在四大象限中，具体分布如下：

（1）I、K（第一象限），表示网络信息资源、信息管理与信息系统理论，这些是图书情报学研究的核心，特别是成熟度最高的信息管理与信息系统理论研究。

（2）E（第二象限），表示图书馆、图书馆资源及图书馆管理人员，这些大类同样处于学科的研究重点与核心的位置，但是没有I、K成熟。

（3）A、B、C、D、G、J（第三象限），分别代表医学信息学、电子资源、信息计量学与出版、网络资源与医学图书馆、计算机技术与管理、信息行为与信息共享六大类，其比重超过总体的50%。所以，第三象限研究是处于不重要的位置，并且发展不够成熟。

（4）F、H（第四象限），这两大类分别是数字图书馆、教育和信息素养。如果它们有高密度，则表示其已成熟发展；如果是低中心度，则表示目前是不重要的研究。

唯物辩证法认为，任何事物的过程和规律都具有相对与绝对两个方面，二者不可分割，缺一不可。近些年，图书情报学研究的重点和热点，都是相应学科的研究核心。比较战略坐标图上各类的分布是相对的，区别和差距只有在比较分析时才显现出来，因此，核心与非核心、成熟与非成熟都是相对而言的。

第四章　图书情报知识图谱的数据来源与处理

在专业领域定量性要求严格时，文献数据是很重要的。系统规范的数据资料是计量学进行研究和分析的重要基础及前提，而研究成果是否足够科学、足够准确取决于其完善性和典型性。我国在各学科的研究期刊上已经重点集中了各种文献的数据，因此，整个图书情报学的发展研究过程需要通过一些极具学科代表性的期刊，才能得到确切的界定与判断。

第一节　图书情报学知识图谱的数据来源

图书情报学知识图谱的数据来源有 EBSCO 数据库及《中文社会科学引文索引》数据库（CSSCI）等。

一、EBSCO 数据库

Library，Information Science & Technology Abstracts 的数据出处是 EBSCO 数据库，可简写为 LISTA。EBSCO 是一家大型的关于文献服务的专业公司，已有六十多年的历史。总部设在美国，目前已在 19 个国家设有分部，提供期刊、文献定购及出版等服务。到目前为止，这个公司已经开发了涉及自然科学、社会科学、艺术和人文等多种学术领域的百余个在线文献数据库。EBSCO 现在提供15 个一站式检索的数据库，两个全文库——学术期刊集成全文数据库（Academic Source Complete）和商业资源集成全文数据库（Business Source Complete），以及传播学、艺术建筑学、医学、图书情报学等多学科学术和报纸资源。其中 Library，Information Science & Technology Abstracts（LISTA）收录了一些期刊，包括核心期刊五百余种，重点期刊五十余种，选择性期刊 125 种，还有研究型报告、专著和会议论文等。图书馆学、书籍装订术、在线信息检索及信息管理等内容是其中被收录的一些主题，甚至最早可以追溯至 1965 年左右的文章。

一些用户选择了运用 LISTA 数据库，主要原因是：第一，图书情报学科专业数据库的 LISTA，具有非常大且全面的数据量；第二，同其他数据库，如 SOCIAL CITATION INDEX（SSCI）等比较而言，其主题词表更具模范效果，经过规范化的标引，其文献主题也十分明了清晰，可以充分表达原文的研究方向和领域。

二、图书情报学期刊

针对图书情报学领域的知识图谱构建，选择合理并具有权威性的数据源是其工作前提。期刊全部收录于 Web of Knowledge 平台上的 SSCI 数据库的 INFORMATION SCIENCE & LIBRARY SCIENCE 类目中，SSCI 一共收录了 67 种图书情报学领域期刊，图书情报学核心领域的研究情况几乎可以通过这 67 种图书情报学领域期刊表现出来。根据这 67 种 SSCI 图书情报学期刊的 ISSN 号，本书在 LISTA 中对这些期刊进行了检索并选取出较为规范的主题词。因为 SSCI 数据库并没有标引文献的主题，且文献本身的关键词又不是十分规范，所以不能确切地体现其研究方向和领域。

主题词相关检索限定条件为：

（1）检索时间：2010 年 1 月至 2018 年 1 月

时间跨度为八年，几乎可以覆盖一个学科近期内的发展状况及热点。

（2）文献类型：Articles

因为期刊中有很多不同类型的文献，如 Entertainment Review，Proceeding，Product Review，Articles，Bibliography，Report 等，大部分文献类型同学术研究的关系较小，所以本书主要选择文献类型为 Article 的文章为研究对象。

限定并综合以上各种考虑及条件，在 LISTA 中选择 54 种图书情报学核心期刊的期刊名称、类别、ISSN、影响因子及检索时间段内收录的文献数。见附录 A：图书情报学期刊列表。

2010 年 1 月—2018 年 1 月，按影响因子排列的 54 种图书情报学核心期刊的基本情况，可以明显看出，共有 15 323 篇在 LISTA 中有关图书情报学的文献，本书的数据源就是由文献中提取出的主题词组合而成。值得我们关注的是，Library Journal 所贡献的文献占总文献的 24.4%，文献数量高达 3 735 篇。因此，这本期刊得出的研究结果产生了巨大的直接影响力和推动力。

Library Journal（简称 LJ）是由杜威建立，于 1867 年成立的。在 LJ 刊登的各种与图书馆有关的文章中，公共图书馆成为主要关注点。被誉为图书馆界的"圣经"的 LJ 在 134 年出版历史中成为图书情报界最古老、最受关注的出版物，有着广泛的读者涵盖面，包括图书馆的管理层和运营层，以及各种学术图书馆、公共图书馆、特殊图书馆的工作人员。LJ 对于图书馆员来说，是最全面的专业出版物，涵盖技术、政策及其他专业研究主题等领域。

三、中文核心期刊目录（CSSCI）

选择期刊文献数据作为研究数据。检索文献后发现，图书情报学领域论文成果集中地变成了图书情报类期刊，因此作为本书数据来源的刊物是通过严格筛选和过滤来确定的。目前看来，评判刊物质量的标准有很多，近期北京大学和南京大学中国社科研究评价中心发布的中文核心期刊目得到了广大学者的关注与赞同。因此，本书选择了具有典型代表性的南京大学中国社科研究评价中心公布的中文核心期刊目录（CSSCI），我国图书情报学的全部论文成果已在该核心期刊上发表，经过筛选，最终选取了 18 种图书情报学核心期刊（表 4-1）。

表 4-1　文献数据来源期刊目录表

期刊名	综合影响因子	期刊名	综合影响因子
图书情报工作	1.365	图书与情报	1.536
图书馆工作与研究	0.689	大学图书馆学报	1.829
图书馆论坛	1.094	图书馆学研究	0.599
情报科学	0.859	情报资料与工作	1.494
图书馆	0.861	现代图书情报技术	0.677
图书馆建设	0.906	中国图书馆学报	3.758
情报杂志	1.084	情报学报	1.347
图书馆杂志	1.036	图书情报知识	1.328
情报理论与实践	0.986	国家图书馆学刊	0.874

当前我国主要有五种学术文献数据库：一为中文科技期刊数据库（CQVIP），二为中国社会科学引文数据库（CSCI），三为中国科学引文数据库（CSCD），四为

中国科技论文与引文分析数据库（CSTPCD），五为中国期刊全文数据库（CNKI）。

通过对比可以知道，类似情报学报等个别期刊文献并没有被 CNKI 数据库收录其中，因为作为引文索引的 CSCD 数据库属于自然科学领域，而图书情报学不同，主要是人文社科方面，所以二者不是很合适，并且 CSSCI 数据库收录有 18 种核心期刊，数据信息量大而全，因此，本书的文献来源数据库采用的是中文社会科学索引数据库（CSSCI）。

另外，这种选择数据来源的方法还是具有局限性的，表现为二：其一，尽管图书情报学 18 种重要期刊得到了社会的高度赞同认可，但其数据来源只选取这 18 种期刊并不能完整地概括整个学科的研究情况，因为其他刊物也发表了部分图书情报论文成果。其二，这 18 种图书情报学期刊的文章数量和出版周期并不相同，所以有文献分布不均衡的现象，以致分析出的结果有出入。

第二节　图书情报学研究文献知识图谱数据处理

数据来自 2012 年至 2017 年度 CSSCI 图书情报学来源期刊，共有 18 种（表4-2）。在研究内容与研究方法两方面对原始数据进行人工筛选、剔除处理，最后得到情报学相关论文 18 024 篇。

表4-2　来源期刊

来源期刊	来源期刊	来源期刊
中国图书馆学报	情报学报	图书情报工作
大学图书馆学报	情报理论与实践	图书情报知识
情报杂志	情报科学	情报资料工作
图书馆论坛	现代图书情报技术	图书馆建设
图书馆杂志	图书与情报	图书馆
国家图书馆学刊	图书馆工作与研究	图书馆理论与实践

将收集的原始数据进行"UTF-8"编码并通过 CSSCIREC 软件转换成 CiteSpace 可以识别的数据。新建之后，将工程保存，导入转换后的数据；选择2000—2017 年的时间跨度，选择两年的单个时间分区长度，并在单个时间分区中

选择 30 篇高频文献，其他不变；然后选择知识单元进行分析，运行工程，对应的知识图谱即生成。

一、图书情报学研究文献知识图谱

（一）作者合著网络知识图谱

合作研究之所以越来越受学者们的青睐，很大程度上是因为科研条件的改善。思想碰撞让智慧的火花一直盛放，更能让优秀的研究成果如雨后春笋不断涌现。许多学者合作研究的关系共同体叫作合作网络，通过对该网络的分析可更好地优化合作模式，使科学合作得到决策上的支持。

图 4-1 展示了前 100 位高频作者合作网络，27 位作者的节点在图中没有得到显示，因为他们之间并没有合作关系。图中作者的点度中心性越高标识的节点越大，作者的合作频次越高则其节点之间的连线就越粗。点度中心性就是与一个作者共同出现的关联作者的数量，点度中心性或高或低由彼此联系的广度决定，点度中心性越高，彼此的联系随之就越广，那么该节点越接近网络的核心地位。图中点度中心性最高的是郑彦宁，他的关联作者有 13 位，邱均平、张新民等作者的点度中心性比较高，部分作者点度中心性为 1，部分点度中心性为零，也就是没有合作关系。总的来说，作者合作网络比较稀疏，情报学合作研究距发展完善还有相当长的一段距离。

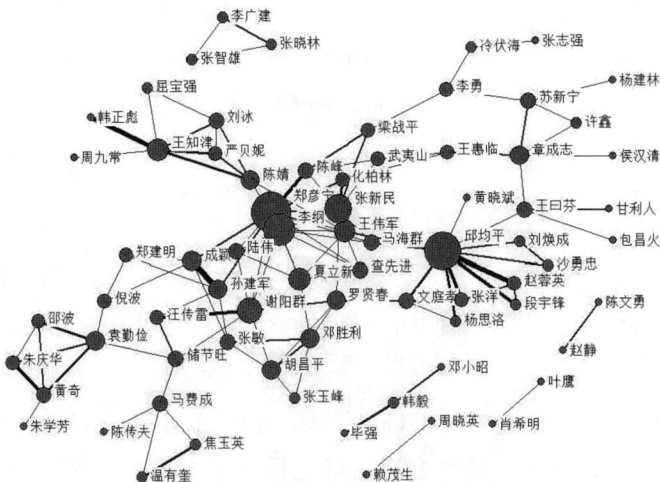

图 4-1　作者合作网络知识图谱

　　整体来说，武汉大学、南京大学、中国科学技术信息研究所作者合作研究比较突出，其他机构的合作研究群体并不突出。该图展示了武汉大学四大研究群体，群体一是指主要研究信息计量学、网络计量学、科学评价、知识图谱等的邱均平、张洋、赵蓉英、文庭孝、段宇锋；群体二是指主要研究智能信息系统、信息服务与用户、信息需求与利用等的张玉峰、胡昌平、邓胜利、罗贤春；群体三是指主要研究信息资源管理、网络信息组织与检索、文本知识挖掘、语义网等的马费成、温有奎、陈传夫、焦玉英；群体四是指主要研究信息资源管理、信息管理与信息系统的李纲。武大群体成员中有十分明了的师生关系，如邱均平和张洋、邱均平和文庭孝，情报学科研合作与科研绩效评价是一种非常值得探究的合作关系。

　　中国科学技术信息研究所研究群体由张新民、郑彦宁、陈峰、梁战平、化柏林、武夷山组成，南京大学研究群体由成颖、孙建军、郑建明组成，南京大学研究群体二由黄奇、袁勤俭、朱庆华、邵波、朱学芳组成，华中师范大学研究群体由夏立新、王伟军组成，南京理工大学研究群体由王口芬、甘利人组成。

　　总之，合作关系产生于同一机构成员之中更为容易，情报学科研中的主流合作模式是同机构合作，跨机构合作相对比较零散，较难形成合作网络。情报学研究的地域性特征也很明显，所以跨地域的合作就较少，除此之外就是一些导师与学生的合作。其中郑彦宁、李纲、王伟军、夏立新组成的四人合作网络和袁勤俭、朱庆华、邵波、黄奇组成的四人合作网络非常值得深入了解，四人彼此之间合作过，其研究领域具有较强的相似性与互补性，这样一来，集体智慧在合作研究中就能得到更好的发挥，优势便能得到更好的互补，才会有更多更精良的研究成果产出。

　　通过从作者合作网络中选取高合作频次的作者对，可整理出作者之间的合作关系，更容易了解合作关系背后的规律。表4-3列出了14个高合作频次作者对，从中可以看出邱均平首屈一指，共拥有五个合作对。邱老师之所以令人由衷敬佩是因为其严谨的学术作风、专注的治学精神、丰富的科研成果。张洋、文庭孝、杨思洛、罗贤春均是邱老师的弟子，他们学成后都在各自的研究领域施展了自己的才华，硕果累累。

表4-3　14个高合作频次合作对

合作对	合作次数	合作对	合作次数
孙建军/成颖	22	谢阳群/汪传雷	11

续　表

合作对	合作次数	合作对	合作次数
王知津 / 韩正彪	18	邱均平 / 杨思洛	9
邱均平 / 赵蓉英	17	王知津 / 严贝妮	9
邱均平 / 张洋	13	王知津 / 陈蟒	9
朱庆华 / 黄奇	13	邱均平 / 文庭孝	8
邱均平 / 段宇锋	12	毕强 / 韩毅	8
陈峰 / 郑彦宁	12	黄奇 / 袁勤俭	8

孙建军和成颖有着最高的合作频次，他们在信息素质和信息检索这两方面展开了深入研究，共同创作了《基于信息检索交互模型的相关性研究》《信息素质教育研究进展》《国外信息素质研究》《信息检索中的相关性研究》《基于整合理念的信息素质教育》《基于关联理论的信息检索相关性研究——信息生产，标引》等高质量的论文。

邱均平和张洋在知识管理、网络信息计量学方面进行了深入合作研究，共同著有论文《网络信息计量学综述》《网络信息计量学的兴起及其哲学思考》《论知识管理学的构建》《论竞争情报系统和知识管理系统》《知识管理中的人际情报网络研究》《网络信息计量学方法论》《网络信息计量学的应用研究》等。

黄奇和袁勤俭在数字鸿沟、电子商务方面进行深入合作研究，合著了《中国治理数字鸿沟问题的策略分析》《影响美国数字鸿沟的因素分析》《全球数字鸿沟现状分析》《电子商务的发展历程及其现状》等高质量论文。

王知津和韩正彪合作研究在竞争情报、情报学理论两方面，合著论文有《当代情报学理论思潮：信息哲学》《基于4P4C4S的市场营销竞争情报沙盘演练系统研究》《基于决策树算法的竞争对手识别模型研究》《当代情报学理论研究中的社会认识论思潮》等。

朱庆华和黄奇在数字鸿沟、网站评价方面进行了深入合作研究，共同创著论文《中国治理数字鸿沟问题的策略分析》《全球数字鸿沟现状分析》《国外数字鸿沟问题研究述略》《学术网站评价指标体系的构建与应用》《层次分析法在博客评价中的应用》等。

邱均平和段宇锋主要集中在链接分析、网站评价方面进行合作研究，共同创著论文《中美大学网站评价的比较研究》《基于链接分析的网站评价研究》《中国大学网站链接分析及网络影响因子探讨》等。

陈峰和郑彦宁在竞争情报方面进行深入合作研究，共同创著论文《赴湖南省调研竞争情报普及工程开展情况的若干发现》《从苹果汁案例看成功应对反倾销指控的竞争情报因素》《产业竞争情报的基本问题：内涵、特征及其多元化供给》《产业竞争情报的解析》等。

谢阳群和汪传雷在信息管理方面进行深入合作研究，共同创作了《从国际个人信息管理专题研讨会（ISPIM）看当前个人信息管理研究的热点》《科技型中小企业信息资源管理的问题与对策》《企业危机信息管理问题和对策研究——基于合肥市企业的调查分析》《企业CIO职位的设立与信息机构的建设》《关于企业危机信息管理研究的几个问题》等优秀论文。

邱均平和杨思洛在情报学研究、科学评价、引文分析方面进行深入合作研究，合作创作论文《改革开放30年来我国情报学研究的回顾与展望（一）——情报学研究论文的年度分布与期刊分布分析》《改革开放30年来我国情报学研究论文内容分析》《基于被引的学术网站评价探析》《中国高校"创新指数"的评价与分析》等。

毕强和韩毅在数字图书馆、知识组织方面进行深入合作研究，合作创著论文《语义网络环境下数字图书馆知识组织的语义互联策略研究》《语义Web门户知识组织的策略与应用研究》《国外基于网络技术的数字图书馆结构体系比较研究》《在知识环境下数字图书馆知识空间构建研究》《下一代数字图书馆知识组织》等。

邱均平和赵蓉英在科学评价、知识网络、网络信息计量学方面进行了深入合作研究，共著论文《知识网络研究（I）——知识网络概念演进之探究》《2012年中国高校创新能力的分析与评价》《知识网络的类型学探究》《期刊评价指标体系及定量方法研究》《中国高校科研竞争力评价的理念与实践》《世界一流大学及学科竞争力评价的意义、理念与实践》《网络信息计量学的学科体系研究》等。

现如今，时间、地域、学科等阻碍因素早已被现代科学战胜，科技发展不断出现新气象，科学交流与合作占据更高的地位。不与外界交流的研究者是不可能名列前茅的，每个学者都要与国外同行进行交流合作，因为闭门造车后果不堪设想，会导致贫穷落后，如果想得到迅猛发展、实现双赢，就必须加强合作研究。现在的国内学者都不断加强国内外的科研项目合作，促进共同发展，将科研合作模式加快更新，面对合作机遇更加开放，以便从容地对抗自然科学知识高速发展所带来的不平之路。

科研合作的程度通过合作度及合作率体现。合作度指的是单篇论文的平均作者数量，合作率则是指合作研究的论文数量所占百分比，两者结合则是科研绩效的评价，给制定科技政策与实施科研项目提供了莫大的帮助，如可供参考的信息量及量化指标。

从图4-2中可以看出，合作率和合作度在大部分时候是稳定上升的，但也存在一时波动下降的特殊情况。合作化程度和合作化趋势呈正相关的关系。合作率在2012年迈进60 000的门槛，2016年更冲破68 000的大关。大科学时代背景、信息技术发展、学科特点等都在一定程度上影响了情报学研究的合作率与合作度，预示了当前情报学的发展具有良好的势头。

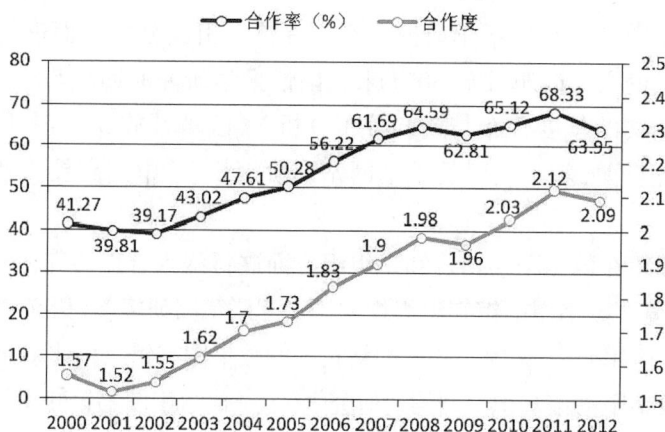

图4-2　合作率与合作度年度分布曲线

（二）机构合作网络知识图谱

图4-3展示了我国情报学研究机构共现知识图谱。有多个节点，各机构的名称在上面标注，节点越大则代表机构合作频次越高，节点中有各色的圆环，于上标注的是相应的机构合作年份。

通过分析节点频次信息，可知武汉大学信息管理学院、吉林大学管理学院、北京大学信息管理系、中国科学技术信息研究所、华中师范大学信息管理系、中国科学院文献情报中心、南京大学信息管理系、武汉大学信息资源研究中心、中国科学院国家科学图书馆、湘潭大学管理学院在全国位居前十。

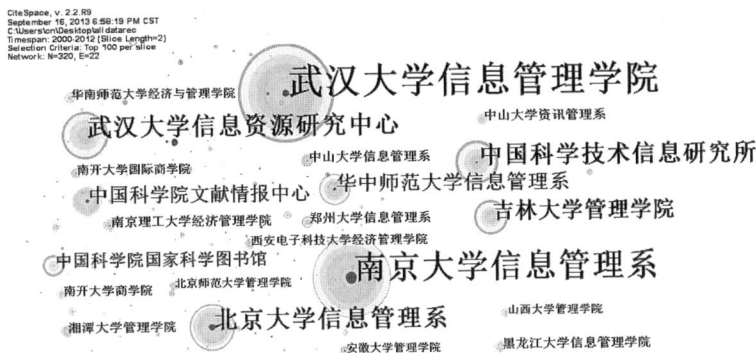

图 4-3 机构共现知识图谱

表 4-4 中都是高产机构的名称。这些机构的研究产出成果能力，甚至机构整体发展水平都在一定程度上通过其发文量明显地反映出来。位居我国前三的是武汉大学、南京大学和北京大学，此外，还有中国科学技术信息研究所、华中师范大学、吉林大学、南开大学、中山大学、中国科学院文献情报中心、湘潭大学，也都名列前茅。

表 4-4 高产机构统计

机 构	发文量	机 构	发文量
武汉大学	1701	中国科学院国家科学图书馆	197
南京大学	908	南京理工大学	191
北京大学	527	浙江大学	176
吉林大学	485	华东师范大学	170
南开大学	435	黑龙江大学	167
中国科学技术信息研究所	403	华南师范大学	160
华中师范大学	339	上海大学	158
中山大学	333	郑州大学	154
中国科学院文献情报中心	287	大连理工大学	154
湘潭大学	212	四川大学	147

武汉大学、南京大学和北京大学一直带动国内情报学研究向前发展。这其中有几个主要原因：第一，三所名校情报学专业早在 20 世纪七八十年代就已完成创建，情报学基础十分坚实；第二，三所名校均在师资队伍建设方面具有较高的要求及发展目标，有较大的学术带头人带动效应；第三，武汉大学情报学专业始建于 1978 年，在 2002 年的时候评为国家重点学科。当前武汉大学情报学已经具有特色优势的学术研究方向，主要包括数字化信息资源组织与检索、信息服务与信息保障、情报学理论方法、信息经济与信息资源管理、情报系统建设、科学评价和信息计量。近年来，武汉大学涌现出一批情报学学术带头人，如马费成、胡昌平、邱均平、李纲等，他们分别是信息服务与信息保障研究主要学术领头人、信息计量与科学评价研究主要学术领头人、信息经济与信息资源管理研究主要学术带头人、竞争情报与知识管理研究主要学术领头人。

南京大学情报学位居第二，2007 年被评为国家重点学科。

2000 年，中国社会科学研究评价中心在南京大学信息管理系成立，成功开发"中文社会科学引文索引"数据库。2011 年，南京大学信息管理系成功加入全球图书情报联盟，体现出南京大学强大的科研能力和雄厚的师资力量。同时，南京大学以积极的态度和全新的姿态融入国际学术交流与分工协作，不仅能够提升学校学术交流能力，还推动国内情报学科走向全球化。情报学的一步步发展，使南京大学情报学研究出现了沈固朝、苏新宁、朱庆华等领军人物。

出现于 1985 年的情报学专业由北京大学创建，现成为北京大学重点学术研究对象，也是重点学科。情报学专业从属于信息管理专业，北京大学信息管理系下设多个研究机构和学术专业研究场所，其中包括信息资源管理北京研究基地、北京大学信息传播研究所、信息管理研究实验室等。但该系中最具特色的还是"情报学与信息管理论坛"，近年来，北京大学情报学学术人才是层出不穷，赖茂生、李广建、陈建龙、李国新等人堪称情报学研究专家，作为北京大学情报学学术带头人，他们为学术研究做出了卓越贡献。

综合图 4-3 和表 4-4，高校管理院系和一流研究院所成为情报学研究的主要场所，是学术研究的核心力量。

高校管理院系通常下设管理学院、信息管理院两个院系。许多高校重视科学研发能力，为鼓励学术研发，建立起以信息资源为核心的科研机构。武汉大学信息资源研究中心是南方重要信息研究基地，中国科学技术信息研究所是国内一流研究所，中国科学院是国家科研的核心机构，文献情报中心、国家科学图书馆也是国内重要研究所。我国的情报学研究机构主要集中分布在四个地区，分别是华中、华北、华东、华南，研究实力相对薄弱的是西部地区，包括西南西北地区的研究机构。这体现出我国情报学研究的地域差异，情报学的地域特征从侧面反映出情报学的分布是与教育层面的不发达有一定联系的。如果西部地区的研究机构要想提高科研能力，一定要采取加强内外交流与合作的措施，借鉴东部发展优势，积极参与学术交流，共享优质资源，才能一步步推动学科发展，实现自身的大步前进。

（三）关键词共现知识图谱

图 4-4 是我国情报学研究关键词共现知识图谱，图中节点标识关键词，关键词出现频次与节点大小之间存在着一种正向分布关系，节点中的不同圆环标识着对应的出现年份。

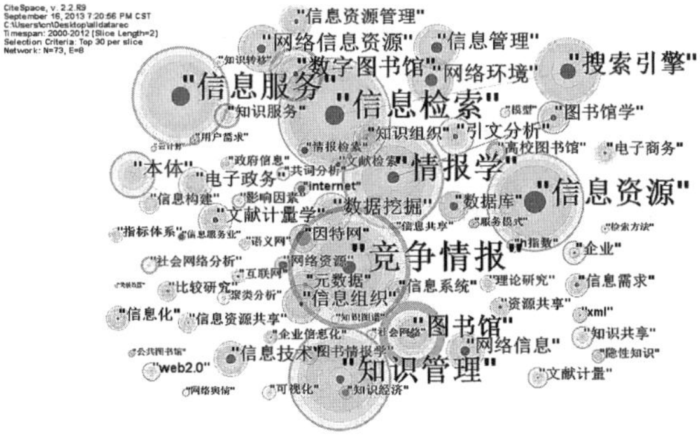

图 4-4　关键词共现知识图谱

关键词是获取信息的精炼词汇，关键词在不同地方具有不同意义。在一篇文章中，关键词成为文章凝练的精华，一定程度上体现文章的中心思想，反映了一篇文章的主题。

在情报学研究中，通过分析各类词的出现频率信息，可以抓住关键词，进而分析研究热点、识别出关键词与热点的关联信息，并对情报研究做出前沿性预测。根据 CiteSpace 的节点频次统计分析、根据关键词的出现频次对其进行顺序排列，排名前三的是竞争情报、信息检索、知识管理。除此之外，出现频次排名前列的有信息情报学、信息资源与信息服务、搜索引擎、图书馆、数字图书馆、网络信息资源，这些词出现频次均高于 300 次甚至更高，也可以纳入情报关键词研究。出现频次高于200次的关键词有网络环境、信息技术、信息资源管理、图书馆学、本体、信息管理、数据挖掘、网络信息、信息组织、引文分析、文献计量学、电子政务。

竞争情报作为本年度出现频次最高的关键词，涉及面广跨度大，与现代生活和社会热点领域都有千丝万缕的联系。竞争情报是关于竞争环境、竞争对手和竞争策略的信息和研究。许多现代社会组织为提高自身竞争能力、释放企业活力，常使用情报分析来调整企业战略、保持竞争优势，因此，竞争情报通常是组织用于监测竞争对手内外信息的统称。竞争情报活动具有竞争性特点，具体表现在竞争情报对外部环境的密切关注。此外，竞争情报活动针对性强，重在分析和关注竞争对手动向，但要注意的是，必须在法律许可条件下获取竞争对手信息，不能触犯法律。这样才能成功获得对手信息，让组织充分了解竞争对手，最终为组织的科学合理决策提供科学的情报依据和有力支撑。竞争情报一直以来都是情报学学者孜孜以求，不断创新发展的研究课题，因此其具有时代性和发展性两大特征。目前我国竞争情报学研究领域广泛分布在社会生活中，并集中表现在六个领域：一是关于企业竞争环境的情报研究，一般情况下，企业通过建立一套自身竞争情报系统来提升企业竞争力，促进信息资源完善，有助于解决企业自身危机管理工作；二是关于国家层面的竞争情报研究，是国家利益与现代大数据相连接的重大突破，主要包括国家内部的竞争情报研究，从经济利益方面来说，还包括国外贸易反倾销反补贴的调查研究；三是与竞争情报研究相反的反竞争情报；四是竞争情报系统分析与知识产权的管理研究；知识管理一方面有效保护知识，另一方面还能充分发挥其作用；五是关于一些智能测试方法，如竞争情报使用工具与使用方法的研究，在大数据时代召唤下，这些使用工具和运用方法研究备受人们关注。竞争情报工具中最受欢迎的是人际网络和SWOT分析，这两者都被人们频繁运用到现实生活中。人际网络可以拓宽人脉，SWOT分析则是对人自身进行科学合理的审视分析。除此之外，战争游戏、情景分析、专利地图、SPSS统计分析等都是竞争情报研究的工具。六是关于教育领域的情报研究。各行业由于研究对象不同，其主要侧重点也不同。企业竞争情报分析重在微观层面，产业竞争情报介于微观与宏观之间，而国家竞争情报常涉及国家利益，研究范围广，因此研究相对宏观。随着互联网技术的不断普及与应用，竞争情报已经成为社会各领域不可缺少的信息基础。目前Web日志挖掘、专利地图、技术路线图成为日益增长的热点话题，云计算、大数据、数据共享链接的研究分析已成为当前竞争情报研究的热点。随着竞争情报研究在社会各领域行业的持续发展，其研究范围和研究视野不断扩展，尤其是在移动互联网、大数据、自媒体等研究上，都离不开竞争情报分析。由于大数据环境下竞争情报与各领域行业间的关联性意义，情报分析方法与工具集成研究、情报数据融合与分析技术研究等成为当前竞争情报研究的前沿课题。

信息检索作为出现频率前三的关键词，同时也是情报学非常热门的一大研究领域。信息内容的复杂性和多样化，信息检索内容跨度大、涵盖范围广，决定了信息检索与信息资源的其他领域有着密不可分的联系，包括多媒体检索、语言信息检索等，涉及信息资源、信息技术、信息组织、信息服务等多个方面。信息检索发展也引出了一些鲜活的热点研究与课题，如搜索引擎、信息检索模型与算法、多媒体信息检索、跨语言信息检索、智能信息检索、自然语言处理与语义本体组成了近年来信息检索研究的热点。信息检索中用户建模和推荐系统、协同检索行为、交互检索、社会检索构成当前信息检索研究的前沿课题。

知识管理是情报学中的重要研究领域，知识管理不是一个单一体，它与知识共享与服务、知识组织存在一定关联性，是知识管理在信息化时代发展的产物。知识管理是把社会各方信息转化为知识内容，把知识内容整合转化为一种资产，最终目的是把知识转化为一种现有资产，实现资产价值的最大化，这是知识管理中资产转化的有效途径。由于知识管理的有效性和重要性，其被普遍运用到现代组织管理中。知识管理也是对知识的一种规划与整理，所以知识的发现与挖掘是知识管理的重中之重，在此基础上的知识转移、知识共享与集成成为近年来知识管理研究的热点研究对象。大数据背景下，知识的组织模式体系、知识应用的方法研究和知识内部组织的机制研究是当前知识管理研究的重要课题。在社交网络中关于用户的知识组织研究、产业中信息消费、个人知识产权的研究是目前备受关注的研究对象。

通过关键词的整合梳理可以观测我国情报学研究的发展方向，在网络技术不断发展的时代，表现为信息与网络的紧密结合。从信息资源到网络信息资源的过渡，从信息管理到网络信息资源管理的过渡，是管理学具有跨时代意义的一个过程。随着互联网的不断发展变化，情报学一直处在变革之中。网络信息资源管理是研究视角的转变与内容的拓展，互联网与信息技术的发展对情报学研究的影响越来越大，对情报学研究的塑造作用不断加强。

情报学与图书馆学出现混合交叉的现象是情报学研究的又一契机。由于大数据时代对数据分析的依赖性，数字图书馆研究在图书馆学研究中逐渐盛行，数字图书馆目前是图书馆学的研究热点，也成为情报学的研究热点。虚拟经济成为现代社会经济的重要组成部分，电子商务、电子政务的兴起和发展不仅推动虚拟经济的繁荣，还进一步推动了情报学研究的电子化和信息化。现代情报学研究主要关注终端信息用户，用户的信息需求和终端的信息服务是情报学研究一直努力改进的地方。充分了解用户需求，提供良好的服务始终成为情报学关注的问题，向用户开展信息推送是一个典型例子。计量学计量方式不断发展变化，从文献计量到信息计量，再到网络信息计量学的计量，可以看出网络对计量学的影响和塑造作用，网络对情报学研究具有重大意义。计量分析方法从一开始的数据建模，到对关键词的词频分析，再到利用数学统计方法进行引文分析，最后发展到链接分析，这都归功于网络。

高频关键词是指在某个时间段出现次数最频繁、频次最高的关键词。对高频词的分析能更加准确反映社会研究热点，表 4-5 是对年度高频关键词的统计。

表 4-5 高频关键词年度统计

年 份	高频关键词
2000	信息检索、信息资源、信息服务、竞争情报、搜索引擎、因特网、情报学、信息技术、网络环境、网络信息、网络资源、信息管理、知识经济、情报检索、图书馆学、Internet、信息服务业、网络信息资源、信息资源管理、数据库
2001	信息资源、信息服务、搜索引擎、信息检索、因特网、情报学、竞争情报、网络环境、信息管理、知识管理、网络信息资源、数据库、图书馆、网络信息、Internet、数字图书馆、引文分析、知识经济、图书馆学、元数据
2002	搜索引擎、信息检索、知识管理、网络环境、信息服务、情报学、图书馆、网络信息资源、因特网、数据库、数字图书馆、信息技术、竞争情报、信息资源、企业、图书馆学、网络信息、Internet、元数据、信息资源管理
2003	信息检索、信息资源、信息服务、情报学、竞争情报、网络信息资源、知识管理、搜索引擎、数字图书馆、信息组织、网络环境、信息管理、数据库、网络信息、图书馆、数据挖掘、图书馆学、信息技术、因特网、文献计量学
2004	信息检索、信息资源、知识管理、信息服务、搜索引擎、竞争情报、情报学、网络信息资源、网络环境、网络信息、信息组织、数字图书馆、元数据、数据挖掘、信息管理、信息资源管理、信息构建、数据库、图书馆、文献计量学
2005	信息检索、情报学、知识管理、信息资源、竞争情报、信息服务、搜索引擎、数字图书馆、信息管理、信息资源管理、网络信息资源、电子政务、信息组织、数据挖掘、图书馆学、网络信息、图书馆、网络环境、信息化、信息技术

年　份	高频关键词
2006	竞争情报、知识管理、信息检索、信息资源、信息服务、本体、情报学、搜索引擎、电子政务、信息组织、网络信息资源、数据挖掘、数字图书馆、信息管理、图书馆、文献计量学、网络环境、信息化、知识组织、元数据
2007	知识管理、竞争情报、情报学、信息检索、信息服务、本体、信息资源、搜索引擎、信息管理、数据挖掘、电子政务、数字图书馆、Web2.0、知识组织、引文分析、信息系统、知识共享、信息组织、信息资源管理、信息可视化
2008	竞争情报、知识管理、情报学、信息检索、信息服务、信息资源、本体、电子政务、数据挖掘、文化信息资源共享工程、图书馆、搜索引擎、信息资源共享、知识共享、信息化、网络信息资源、Web2.0、数字图书馆、信息共享、政府信息
2009	竞争情报、情报学、知识管理、本体、信息资源、图书馆、信息服务、引文分析、信息检索、Web2.0、理论研究、信息资源管理、h指数、信息组织、文献计量学、信息共享、研究进展、社会网络分析、知识服务、电子政务
2010	竞争情报、知识管理、信息服务、信息资源、情报学、本体、引文分析、图书馆、企业、电子政务、知识管理、数据挖掘、知识共享、h指数、信息检索、Web2.0、数字图书馆、模型、可视化、网络舆情、知识图谱
2011	情报学、竞争情报、社会网络分析、知识管理、图书馆、数字图书馆、共词分析、信息服务、本体、聚类分析、知识共享、模型、引文分析、信息检索、企业、知识转移、信息资源、文献计量学、知识服务、h指数
2012	图书馆、竞争情报、高校图书馆、数字图书馆、情报学、信息服务、社会网络分析、知识服务、本体、知识管理、信息资源、公共图书馆、企业、网络舆情、知识图谱

表 4-5 按时间顺序对 2000—2012 年的年度高频关键词进行统计，通过对关键词的对比研究和统计分析，可以发现 2000 年至 2012 年研究热点的变化。从高频词汇统计分析来看，竞争情报、信息检索是历年来出现频次最高的词汇，另外还有知识管理、信息资源、信息服务，这些一直是学者重点研究的领域，已逐渐成为热点研究话题。2005 年电子政务成为一个新兴的高频词，成为社会各界的关注热点；2006 年出现本体研究，并迎来热潮；2007 年信息与知识共享、信息可视化、数字图书馆研究备受关注，Web2.0 也受到追捧；2008 年出现一个新的专有词汇——文化信息资源共享工程，这是一个新的研究方向；2009 年 h 指数、社会网络分析、电子政务成为关注热点；2010 年网络舆情、数字图书馆、知识图谱脱颖而出，成为

情报学研究的一大亮点；2012 年公共图书馆开始吸引人们的眼球，十分引人注目。

随着社会需求的不断变化，一些关键词也日新月异，2004 年出现信息构建，2006 年开始了本体研究，2007 年情报学引出 Web2.0 分析，随后又有了知识共享、信息可视化、文化信息资源共享工程、h 指数、社会网络分析、网络舆情、知识图谱、公共图书馆等一系列词汇，这些词汇研究不断丰富发展，可以看出学者们对情报学做出的卓越贡献。正是他们对情报学的执着追求与不懈探索，才能取得令人瞩目的研究成果。从信息演变过程来看，网络起着重大作用，一开始主要是零碎信息的拼凑和零散信息的整合，最后发展到共享信息、可视化信息，这些都体现出互联网的繁荣发展对信息的塑造。这个塑造功能还体现在信息用户上，信息用户从一开始被动接收信息到主动接收信息，从此看出情报信息不断改善自我信息服务水平，逐渐满足了用户日益增长的信息需求。

要构建良好的信息平台，信息展示方式占有重要地位。信息展示方式即信息呈现方式，信息构建强调提高信息清晰化和服务便利化，一方面能提供清晰度较高的信息，使用户更好地理解信息，另一方面能够提供便利的后台信息服务。信息构建的服务宗旨在于方便用户获取和使用信息，信息构建体现一种"以人为本"的服务观念。信息构建研究体现在信息组织、信息检索、信息挖掘多个方面，信息构建对知识管理、信息内部的生态环境建设等诸多方面都有重要影响，极大地拓展了情报学研究领域。

本体作为一个哲学中的抽象名词，被运用到情报学研究，其本身具有结构化特点，逻辑性比较强，具有明显的概念层次，能够满足用户对信息和知识的深度需求，能够为学者提供方法论研究。本体作为一种知识表达形式，被广泛运用到信息检索、人工智能、软件工程、数字图书馆等多个领域。

Web 2.0 的最大特点是注重人机交互，一定程度上突显了人的主体地位。信息的用户主体可以不局限于通过浏览器获取信息，还可以在信息平台上发表意见施展才华，在网络上形成自己的独特信息可以在很短时间内传播分享信息，这样促进了信息的交流与贯通。

h 指数具有制衡被引频次和发文量的优点。它巧妙地将数量指标和质量指标结合在一起。由于 h 指数的优越性，它受到人们的追捧，被运用到科研论文质量评测上，这样进行的论文评价相对科学合理。

网络舆情是在网络上流行的对社会问题的不同看法，是社会舆论的一种表现形式。用户之间可以通过网络进行信息传播、交流和表达，所以在网络中必然会产生人与人之间的思想碰撞与摩擦，网络舆情是基于互联网发展起来的，是现代互联网发展的重要产物。网络舆情具有自由性和交互性特点，人与人之间可以相互交流自由发表言论，这是网络舆情的优势特点。由于网络社会的虚拟性决定了网络舆情的随意性和突发性，网民随意发布消息、网络媒体的舆论炒作使得网络生态常出现失衡现象，这时进行网络舆情监测具有重大意义。网络舆情监测是通过互联网对网络舆论进行跟踪监测，做出正确的舆论引导，是维护互联网信息生态平衡的重要环节。

"十二五规划时期"是国家致力于推进城乡一体化的重要历史阶段，城乡公共图书馆基础设施的规划建设是推进城乡服务体系一体化的重要组成部分，具有建设性意义。公共图书馆服务体系建设有助于促进信息资源共享，是文化资源共享工程中非常重要的环节。公共图书馆的建设能够让信息走进城乡、走入千家万户，可以缩小城乡间的"数字鸿沟"，使图书馆作为满足人们文化需求的重要阵地。从社会功能来说，能够保障社会信息公平、促进信息资源共享，是提高全民族文化素质、促进文化繁荣发展的重大举措。

（四）关键词突现知识图谱

利用 CiteSpace 软件中提供的膨胀词探测（burst detection）技术和算法，进一步从主题词中提取频次变化率高的词。通过分析词频的时间分布规律和变化情况，根据词频高低起伏的变动趋势和时间变化规律，从而确定出情报学研究的前沿领域。

从图 4-5 中可以看出频次变化率较高的一些主题词。知识图谱、网络舆情、知识服务、知识转移、关联数据、公共图书馆、信息行为、产业竞争情报、结构方程模型、专利、信息生态系统、学科服务、科学计量学是近几年频次变化率较高的，通过这些突现词可以预测情报学未来的发展趋势与研究方向，探索情报学研究的前沿课题。

网络舆情是由于社会各种事件的刺激而产生的社会群体性舆论，这种舆论通过网络媒体传播产生，是人们对于社会突发事件或重大现象所持有的意见、态度、情感和行为等表现的总和。网络舆情在一定程度上体现网络信息的传播规律，是互联网发展的必然结果。作为 Web2.0 下情报学研究的一个崭新领域，网络舆情应加强网名信息行为监督，完善信息服务与信息公开同时并举，这一系列都与竞争情报有着密切联系。由于网络舆情对日常生活有严重影响，我们应该有效进行网络舆情引导、不断净化网络环境。根据新媒体时代网络舆情传播的新特点、新舆情引导机制，在完善新媒体时代我国政府信息公开制度的同时，努力提升政府舆论监督能力，加强政府网络执政能力，提升舆情危机的应急处理能力。

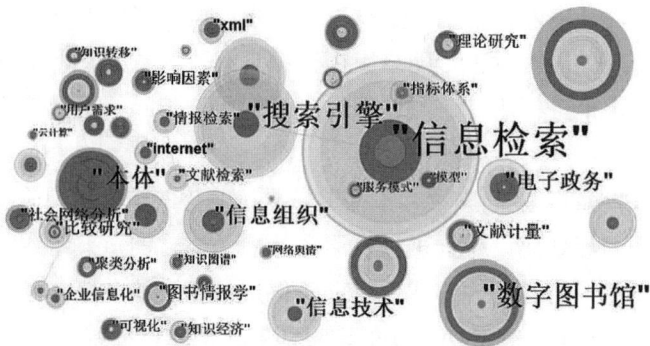

图 4-5　关键词突现知识图谱

从信息服务走向知识服务是情报学发展的重大历史跨越，是情报学研究者不断把握发展机遇、拓展发展路径的结果，在情报学研究中具有历史性意义，是情报学发展取得的重要成就。用户行为研究、知识检索、数据挖掘方法、信息分析与决策、信息系统开发与知识推荐、信息可视化、知识管理等研究都是未来情报研究的重要方向。知识服务技术是最近几年才出现的，包括移动计算、社会计算、云计算、大数据四项颠覆性技术。2014 年，万方数据作为国内信息服务行业的先行者，坚持以信息服务为核心，提出"以数据为核心的智慧化信息服务成为未来信息服务业的发展方向"，这一理念指明了信息服务行业发展前景，这是对未来大数据环境下信息行业发展做出的方向性论断。大数据环境下，企业信息资源需求量大且信息需求多样化，信息资源的管理面临挑战。企业在发展过程中面临许多问题，渴望信息服务产品向资源集成、资源整合方向转变，希望资源提供商能够提供专业化、个性化、高质量的行业信息服务产品。基于这些问题，万方数据近期推出自发研究的企业知识服务平台，此平台是万方数据有限责任公司在企业方向上提出的研发成果，致力于企业信息资源建设领域所取得的阶段性成果，受到业内广泛关注和用户青睐。

知识经济在时代发展中发挥着重要作用，知识管理已受到越来越多人的重视与青睐，其最核心的部分就是知识转移。促进知识的有效安全转移，不仅是知识管理主体备受关注的地方，更是企业组织值得重视的对象。知识转移是一种知识的流动与传播，目前知识转移被引用到社会组织群体中，这缘于知识转移的可传达性。运用知识转移可以促进知识资源的共享，进一步提升组织成员对知识的管理能力，把个人或群体的隐性知识资源转化为组织的无形资产和财富，不断优化和提升组织的知识结构。影响企业内知识转移的因素包括知识的隐性特征、知识发送方的能力、知识接收方的吸收能力。企业可以通过以下几种方法促进知识转移：在企业组织内建立知识转移的多种渠道、积极建立知识交换机制、丰富知识共享的企业文化、及时对知识转移活动做出评价。在法国，不管是正式组织还是非正式组织，都广泛应用了知识转移。而国内情报学者对知识转移的研究主要针对图书馆和企业两大主体。

关联数据就是通过网络将以前没有关联的相关数据连接在一起，它允许用户发现、关联、描述并再利用各种数据，明显降低现有关联数据的门槛。在关联数据基础上的知识发现、知识资源聚合及相关技术和应用的研究成为热点。关联数据在各个领域都有发展优势，关联数据图书馆资源体系中的数据关联机制研究、数字图书馆动态服务的组合研究等是前沿研究课题。

公共图书馆是进行教育传播、促进文化传播和信息共享的重要场所，是帮助人们汲取知识、获得精神文化体验的基础单位。公共图书馆是政府为保障人民群众基本文化权益而举办的公益性文化事业单位，是群众开展公共文化服务的重要场所，人民群众可在公共图书馆共享信息资源，学习文化知识。公共图书馆建设在许多地方任重道远，要实现公共图书服务平台在社会上的全覆盖，政府作为建设的主体应当提高对公共图书馆的投资力度，让更多人了解图书馆的免费开放政策，将现代信息技术与公共图书馆建设相结合，加强公共图书馆创新，提升图书馆公共服务能力，打造具有亲和力的公共图书馆，这是社会大势所趋，更是人心所向。我国图书馆的发展方兴未艾，但图书馆建设不能满足人民群众的精神文化生活需求，尤其在文化需要不断丰富的新时代宏观背景下，政府需要大力推进文化体制机制改革，推动公共图书馆文化产业建设研究。在东西文化资源发展不协调的文化环境下，公共图书馆建设为弱势群体服务是促进文化公平的重要举措。目前公共图书馆中政府政务信息公开，公共图书馆阅读量统计和书本的营销与推广、公共图书馆资源优化与建设等是情报学研究者关注的对象。

大数据环境下，对信息用户的关注成为一个发展趋势。把握用户的信息需求，首先需要深入了解用户信息需要、用户信息获取内容与信息利用范围。信息用户研究关键是把握用户信息行为与用户心理。只有做到准确把握用户信息行为，才能进一步深入用户内心，才能方便了解用户潜在的信息需求，从而有利于企业改进服务水平，优化用户信息体验的同时提升用户信息满意度，为企业发展提供契机。因此，关于用户的一系列研究，如网络中用户的信息搜索、用户认知模型研究、互联网用户行为研究、信息利用方向、网络信息资源中用户评价都成为研究热点。

虚拟社区中，信息传播与演化规律是当前情报学研究的前沿课题。微博作为互联网发展的新兴产物，成为当前信息传播的主要媒介。微博作为一个现代社交网络平台，承担虚拟社区的交流与传播重任。随着虚拟社交网络的不断发展，网络舆论压力不断增大，网络谣言和网络评论对网络生态环境造成了严重影响。网络舆情的监测愈演愈烈，网络恶意传播虚假恐怖信息不仅是道德问题还上升到了法律高度，会受到法律制裁。随着微博涉及领域的不断扩大，政务微博已经发展起来，目前中国政府网腾讯官方微博上线，许多国家下属机构开始在政务微博上进行公开庭审，这是虚拟网络发展的一大进步。随着微博信息服务的公开化，微博致力于构建一条信息共享的人际关系网络，微博用户共享信息和共享行为成为微博发展的优势。由于网络媒体的公开开放特点，网络信息污染与信息生态成为情报学中重点探讨的问题。

产业竞争情报属于竞争情报，是竞争情报中的一支重要力量。产业竞争情报不属于企业情报，但与企业竞争情报有着密切关系，同时产业竞争情报研究不能脱离国家情报。基于产业情报的重要地位，我国许多省份都建立了专门的产业竞争情报研究场所和研究中心。通常根据竞争情报理论，利用竞争情报分析方法对当地产业进行宏观把握，进而围绕新型工业化重点产业，直接利用网络平台采集竞争情报信息，根据产业竞争对手的信息采集整合，开展市场环境及政策形势的分析与研究，并提出适合自身经济发展的对策与建议，有助于促进产业的转移与升级换代。这种产业情报信息分析与研究能做到"知己知彼"，在认清自己的基础上，看到其他产业发展的优势，不断转变经济发展方式，促进产业发展。

结构方程模型是一种模型使用方法，其逻辑结构关系较强，它在分析各项指标的关系中发挥独特作用，能够理顺整体指标与部分指标的关联关系，去粗取精、去伪存真，抓住信息本质，让信息评价回归本来面目。结构方程模型在社会情报领域应用广泛。在日常生活中可以运用结构方程模型方法对使用对象进行满意度测评，如图书馆满意度测评、对精品课进行满意度测评、信息系统管理的满意度测评、政府信息公开满意度测评、电子政务满意度测评等。

　　专利情报是对专利文献的跟踪和分析，能够及时把握社会各领域前沿技术的发展趋势。专利情报分析有助于企业做出正确的战略决策，利用专业知识发现挖掘专利技术和专利信息，不但促使企业做出技术性调整，而且为企业的产业发展开启了机遇的新门窗。随着专利情报技术的发展，许多国内外专利情报学者和研究者十分关注专利信息的搜索、研究与分析，分别从专利的多个方面进行综合研究，如专利影响力、专利综合评价系统。对专利技术生命周期和发展趋势的研究可以充分把握专利技术发展方向，目前专利技术分布、专利情报分析指标体系、专利情报分析方法、专利情报工具研究、专利情报应用逐渐成为情报学专利学者的研究热点课题。

　　专利情报分析方法与分析工具的研究是最前沿的研究课题。

　　目前信息生态失衡影响到社会的总体发展，企业在信息化建设时经常遭遇企业信息生态失衡，主要表现为企业会遇到信息孤岛、业务系统与流程管理不兼容的问题。优化信息生态系统才能更好地塑造良好的信息生态环境。只有抓紧优化信息生态系统，才是维护信息生态平衡的关键。信息生态系统建设应当遵循生态平衡的自然法则，这是由吉林大学教授靖继鹏提出的。他谈到系统本身需要良好的扩展性，并且还要与组织功能兼容，以便系统内环境实现良性循环。其实企业自身的合理布局与规划才是企业内部良性循环的重中之重，政府的政策引导也很关键。这就需要在系统运转中把人性化突显出来，同时，还要加固顶层的设计，加强系统集成，推广信息共享，提高知识转移的速度，合理地优化系统内部结构，协调好系统各要素为组织服务。

　　学科服务是图书馆优化用户服务体系、提高服务质量的重要举措之一，这是图书馆革新服务形式的一次成功探索。学科服务以用户为中心，坚持以人为本的核心理念，学科服务类型多样化，根据用户要求提供不同服务类型，帮助用户更好更快地获得所需信息，服务显示出人性化和个性化，从而受到广大用户的喜爱。为了建立"学科馆员—信息教授"的交流服务模式，图书馆在分析读者需求后，不断优化文献的结构，强化数字图书馆建设；革新接收信息的现代化服务方式，积极推介各种文献信息，开展服务读者理解图书的文化知识活动；不仅发展人机互动，还抓紧方便教学科研的服务。为了让科研人员随时跟踪和掌握科研发展的最新动态，实时了解自身的科研成果被关注的程度，需要在学科特色和重点用户上加紧服务。联合高端人才即学科带头人、科研人员、教师、博士和硕士研究生队伍一同开展科技项目咨询和成果查新，对优秀论文收录及引用开展查证，提供专题或定题检索等高层次的信息服务；为了符合学校重点学科建设的要求，使文献信息服务更加靠拢读者，使其更加贴近教学科研，为科研教学提供方向性的指导与服务，需要创立一种特色数据库。

由于国内外学者的一直坚守，科学计量学在多年的理论与应用研究基础上，在分析方法的革故鼎新后，已建立了自身新的结构体系，目前是科学研究中常用的分析工具之一。透过侯海燕、刘则渊、栗春娟绘制的知识图谱，已经界定出七大科学计量学前沿课题：引文理论、科学交流与基础科研评价；科学知识图谱；科学合作；文献计量学经典定律和信息计量学；科学活动评价和科学计量指标；科学与技术的关系；科学研究的动力。

二、图书情报学研究被引文献知识图谱

（一）期刊共被引知识图谱

现代的网络环境中，深受我国情报学研究者青睐的是《计算机工程与应用》《计算机工程》《计算机应用研究》《计算机研究与发展》《计算机科学》《科学学研究》等计算机类代表性期刊。其实情报学学科的外延是不断拓展的，学科交叉融合更加明显。我国情报学研究期刊共被引知识图谱如图 4-6 所示。情报学共被引期刊主要是在图书情报学、计算机科学、科学学方面有影响力的知名期刊。图中节点标识期刊名称，文字大小与期刊被引量成正比。

图 4-6 出现的主要是四种国外高质量的图书情报学期刊，其中包括世界科学计量学的顶级权威刊物 Scientometrics（科学计量学）。该期刊对于计算机领域和图书情报领域的影响巨大。Journal of the American Society for Information Science and Technology（美国信息科学与技术学会杂志）一般是显示计算机技术、运筹学、图书馆学、通信、管理、信息的存储与检索、复印和系统设计等方面研究发展最新动态的杂志，主要是探讨信息科学的理论与应用。Information Processing And Management（信息处理与管理）通常是登载一些研究论文、评论和简讯，在信息处理、传播、贮存、利用、检索和管理，计算机和自动化技术在图书馆信息工作中的应用以及信息政策等方面的文章最为主要。

第四种是 Journal of Documentation（文献资料工作杂志）。该期刊包括所有涉及记录信息的学术和专业学科，涵盖了信息科学的广大领域。

期刊被称作学科研究中举足轻重的媒介。期刊载文量是期刊论文发表数量的表征之一，还是期刊论文被引数量的表征。不过期刊载文量和期刊被引量是有分

别的，后者可以明显地看出期刊论文的质量高低与影响力大小。

图 4-6　期刊共被引知识图谱

表 4-6 显示《情报学报》《图书情报工作》《情报科学》是被学者引用率最高的三个期刊，而且情报学期刊和图书馆学情报学两种期刊是我国情报学论文发表的集中营，《中国图书馆学报》和《大学图书馆学报》则是吸引学者引用最多的两个图书馆学期刊。

表 4-6　高载文期刊与高被引期刊统计

期　刊	载文量	被引量	期　刊	载文量	被引量
情报杂志	3 374	2 483	中国图书馆学报	385	2 193
图书情报工作	3 104	3 117	图书馆理论与实践	315	527
情报科学	2 883	2 743	图书馆论坛	302	805
情报理论与实践	2 136	2 629	图书馆杂志	282	826
情报学报	1 409	3 198	图书馆工作与研究	226	370
现代图书情报技术	1 019	1 419	图书馆	138	575
情报资料工作	994	1 195	大学图书馆学报	133	1 178
图书情报知识	704	1 211	图书馆建设	77	546
图书与情报	469	611	国家图书馆学刊	30	2

（二）作者共被引知识图谱

我国情报学研究作者共被引知识图谱如图4-7所示，图中节点标识作者，节点大小与作者被引频次成正比，节点中各色圆环标识相应的作者被引年份。

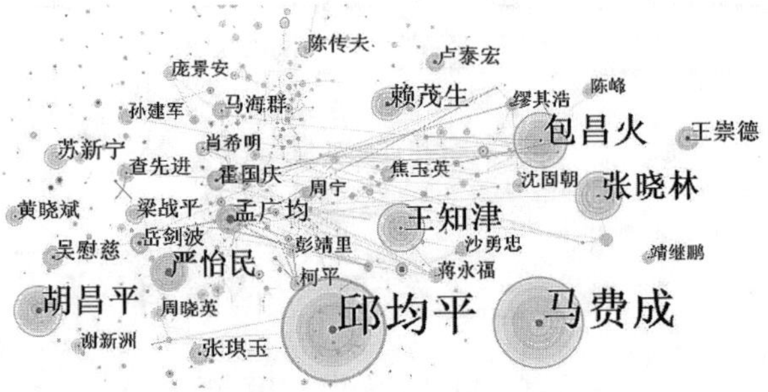

图4-7　作者共被引知识图谱

衡量作者学术水平的重要参考因素主要是作者发文量和被引量。图4-7和表4-7清楚地凸显了我国情报学研究的杰出学者，分析CiteSpace统计的节点频次，排行前10位的分别是邱均平、马费成、包昌火、胡昌平、张晓林、王知津、严怡民、赖茂生、孟广均、苏新宁（表4-7）。表4-7中武汉大学占据5席，分别是邱均平、马费成、胡昌平、严怡民、张玉峰。

表4-7　高产作者与高被引作者统计

作　者	发文量	作　者	被引量
邱均平	197	邱均平	789
王知津	135	马费成	706
张玉峰	92	包昌火	431
毕强	90	胡昌平	395
朱庆华	84	张晓林	381
马海群	81	王知津	380
马费成	69	严怡民	300
冷伏海	64	赖茂生	257

续　表

作　者	发文量	作　者	被引量
孙建军	63	孟广均	233
苏新宁	62	苏新宁	206

邱均平作为武汉大学信息管理学院的教授、博士生导师、《图书情报知识》杂志副主编和中国科学评价研究中心主任有很多代表作，主要有《信息计量学》《文献计量学》《网络数据分析》《大学评价与科研评价》《知识管理学》等。尤其是在文献计量学、科学计量学与网络计量学、科学评价和大学评价、信息管理和知识管理、经济信息和竞争情报等多方面有很深的造诣。

马费成在信息经济、信息资源管理等方面研究颇深，他是武汉大学信息管理学院教授、博士生导师、教育部人文社会科学重点基地武汉大学信息资源研究中心主任，其代表著作有《信息资源管理》《信息经济学》《信息管理学基础》等。

胡昌平的代表著作有《信息服务与用户》《信息管理科学导论》《信息服务与用户研究》等。他在研究信息服务与用户研究、以信息需求与利用为导向的信息管理理论领域有很高的建树。他被任命为国家"985工程"哲学社会科学创新基地、武汉大学信息资源研究创新基地项目负责人，而且还是教育部人文社会科学重点研究基地武汉大学信息资源研究中心副主任。

严怡民主要研究情报学理论，取得过卓越的成果，他的代表著作有《现代情报学理论》《情报学基础》《情报学概论》《情报系统管理》《情报学研究导论》等。他是武汉大学信息管理学院的教授、博士生导师。

张玉峰研究的领域主要是智能信息处理和知识管理的基本理论与技术，智能信息系统设计、开发、应用案例方面，都取得了优异的成果，他走在国内该领域研究的前沿，还开拓了智能信息系统教育的新天地。从1989年开始，在本科专业开设了相关课程，其代表性著作有《智能信息系统》和《智能情报系统》。《世界名人录》（中国卷）大型权威辞书中记载了其显赫的学术成就和辉煌业绩。他还是武汉大学信息管理学院的教授、博士生导师。

除以上几位，我国杰出情报学研究者还有包昌火、张晓林、王知津、赖茂生、查先进、孟广均、苏新宁、毕强、朱庆华、马海群、冷伏海、孙建军、王崇德、谢新洲、吴慰慈、张琪玉、岳剑波、梁战平、秦铁辉、霍国庆、黄晓斌、卢泰宏、陈传夫、柯平、焦玉英、周晓英、肖希明、缪其浩、沙勇忠、陈峰、蒋永福、黄如花、娄策群、吴建中、温有奎、刘军等。

包昌火是我国情报研究方法论建设与竞争情报应用的关键倡导者之一，他主要研究国防科技和情报的关键技术和发展战略。他主编了《竞争情报丛书》《情报研究方法论》《信息分析丛书》等多部著作，专著有《企业竞争情报系统》《竞争对手分析》和《竞争情报应用战略：企业实战案例分析》（译）等。他还担任中国科技情报学会竞争情报分会名誉理事长的职务。

张晓林主要钻研数字图书馆技术、元数据、知识管理、信息检索、数字信息资源建设、图书馆自动化系统、图书馆学情报学基础理论方向，他是中国科学院文献情报中心研究员。

王知津主打竞争情报与竞争战略、战略信息管理、信息管理与信息系统的研究方向，他的代表著作是《竞争情报》《信息存储与检索》《知识组织理论与方法》《企业竞争情报作战室》等。

赖茂生被聘为北京大学信息管理系教授，在情报检索、信息资源管理、信息政策与法律方面取得了卓越的成果，他拥有一些代表著作，分别是《科技文献检索》《文献概念与方法》《索引工作手册》《计算机情报检索》《科技文献检索指导》《21世纪的信息技术》等。

孟广均被看作从实践中走出来的基础厚实的图书情报学家，他全面从事过一、二、三次文献情报工作，代表著作有《国外图书馆学情报学研究进展》《信息资源管理导论》等。他还是中国科学院研究生院教授。

苏新宁发明且制造了我国第一部社会科学引文索引《中文社会科学引文索引》（CSSCI）。作为南京大学信息管理系首席学科的领头羊，在信息处理与检索、信息分析评价、信息系统开发方面成就杰出，其代表著作有《信息检索理论与技术》《中国人文社会科学学术影响力报告》《企业知识管理系统》等。

毕强在信息资源管理、知识管理、电子政务、企业信息门户方面有很优秀的成果，作为吉林大学信息资源研究中心的副主任，他的代表著作有《数字信息资源开发与利用》《数字资源建设与管理》《超文本信息组织技术》等。

朱庆华在网络信息资源管理、信息分析与评价、信息政策法规研究上取得了出色的成果，他的代表著作有《信息分析基础、方法及应用》《网络信息资源评价指标体系的建立与测定》《现代知识产权管理》等。他是南京大学信息管理系情报学教授。

马海群在信息法学、知识产权、信息管理方面拥有很多卓越的成就，他是黑龙江大学信息管理学院院长，代表著作是《信息法学》《信息资源管理政策与法规》《面向数字图书馆的著作权制度创新》等。

冷伏海主要研究的是竞争情报与高科技信息分析，作为中国科学院国家科学图书馆总馆的教授，其代表著作有《市场信息资源与市场信息行为》《信息组织概论》《中小企业的信息管理与咨询服务》等。

孙建军主要研究信息资源管理与网络计量方面，是南京大学信息管理学院教授，代表著作是《基于 TAM 与 TTF 模型的网络信息资源利用效率研究》《网络信息计量理论、工具与应用》等。

王崇德是我国早期研究科技情报学理论与方法、情报科学计量学教学与研究的工作者，还曾研究我国文献计量学，《情报学引论》《文献计量学引论》《图书情报学方法论》等是其代表著作。

（三）文献共被引知识图谱

我国情报学研究文献共被引知识图谱如图 4-8 所示，图中节点标识被引文献，节点大小与文献被引频次成正比，节点中各色圆环标识相应的文献被引年份。

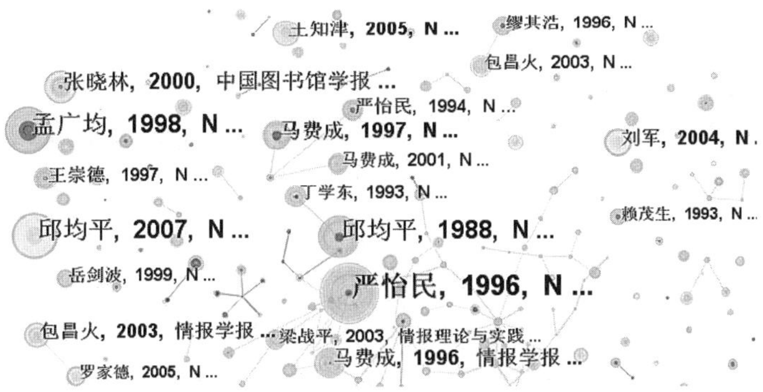

图 4-8　文献共被引知识图谱

文献共被引可以显示出作者的引用偏好和习惯，而且能看清各学科知识间存在的内在联系。不仅如此，文献的内外特征指标也能被分析出来，能梳理清楚学科研究领域的知识基础及学术共同体，以此来促进研究学科的进程。

我国情报学研究的一些经典文献可以从图 4-8 和表 4-8 中展示出来，高被引文献的前 30 名大部分是图书，但其中有 7 篇论文，笔者经过研究发现，在情报学基础理论及研究进展、文献计量学及信息计量学、信息资源管理、竞争情报、信息经济学五大方面通常出现我国的情报学高被引文献。由此可见，纸质图书是早期情报学研究的主要传播媒介。

表 4-8　我国情报学研究的一些经典文献

被引量	发表年份	作 者	出版文献
133	1996	严怡民	现代情报学理论
101	1998	孟广均	信息资源管理导论
97	2007	邱均平	信息计量学
95	1988	邱均平	文献计量学
78	2002	包昌火	企业竞争情报系统
74	2000	张晓林	走向知识服务：寻找新世纪图书情报工作的生长点
71	1996	马费成	情报学的进展与深化
66	1997	马费成	信息经济学
63	2005	王知津	竞争情报
61	2003	包昌火	人际网络分析

严怡民、马费成、孟广均、梁战平是情报学基础理论及研究进展方面的主要代表人物。1996 年，严怡民主编的《现代情报学理论》出版后荣获了第二届中国高校人文社会科学研究优秀成果奖二等奖。在业界中《现代情报学理论》是部非常经典的开启研究大门的读物，是推广现代情报学理论最关键的媒介，本书介绍了情报学理论的研究进展、情报学方法论、情报学理论基础、情报政策与法规、用户情报行为研究、信息交流与"栈"理论、情报交流中的对数变换、社会经济信息化、信息产业的结构与发展策略、信息系统基础理论研究。本书在探讨情报学基础理论后，还联系我国信息服务业发展的实际介绍了主流学术观点和学术成果，所以拓宽了情报学研究的领域，极大地推动了我国信息产业的发展。1996 年，马费成发表的《情报学的进展与深化》牢牢把握住获得知识信息组织的理论方法的目的，分析出在微观角度可以实现情报学深化的突破口，而且信息表达、组织需要从文献单元改进到知识单元，信息计量需要从语法层次过渡到语用层次。再次分析情报学发展历程及主要成果后，发现情报学方面的当务之急是要苦练内功，

深化内涵，马费成提出的许多建议为信息资源的管理、利用、开放点燃了指明灯，情报学也被设为了专门的学科，此举可以优化学科建设，增强学科的威慑力。20世纪末，孟广均编著的《国外图书馆学情报学研究进展》出版了，情报科学理论研究、网络信息资源的选择与组织、信息资源管理理论研究、信息资源的共建共享、信息检索技术的现状和发展趋势等是其主要研究内容。21世纪初，梁战平在《情报理论与实践》发表了《情报学若干问题辨析》，在这篇文章中他直接提出了"信息链"的概念，并且使用了"三个世界"理论信息、知识、情报之间的关系来分析。

孟广均和马费成因其杰出的成果，成为信息资源管理方面的关键人物。孟广均主编的《信息资源管理导论》在20世纪末第一次出版，之后又多次被修订出版，目前已是第三版。本书突出表现信息化进程加速、信息资源的战略资源意义这一背景，该书谈到需要在网络环境中找到容身之地，全面系统地突出资源特色，以学科集成和综合的视角研讨了信息资源管理的理论与技术基础、信息资源管理的概念和发展、信息资源管理的学科体系、信息资源的网络管理、信息资源的过程管理、信息资源的宏观政策管理以及社会信息化与信息化社会等内容，为我国的信息管理教育和信息化事业指明了发展之路。马费成主编的《信息资源管理》被教育部指定为普通高等教育"九五"的重点教材之一，于21世纪初出版了。该书主要阐述了信息资源管理的改革与发展，研究了信息资源的优化配置和信息产权、讨论信息资源管理的任务目标和内容，探讨了企业、网络和政府的信息资源管理，在产业组织方面研究了信息资源的管理和控制，最后探究评价了信息资源的经济收益。

在研究文献计量学及信息计量学中，邱均平和王崇德是其主要代表人物。1988年，邱均平编著的《文献计量学》出版，本书主要探究了引文分析等主要的定量分析方法，论述了文献计量学的基本定律和理论基础，详细地描述了文献计量在图书情报学及定量管理等方面的实际应用。该书被认为是情报学研究和教育的奠基之作，其开创了理论、方法和应用三结合的学科体系，推动了我国该领域的快速发展。邱均平编著的《信息计量学》在2007出版，该书从各个方面系统地探究了信息计量学六大基本规律（文献信息的增长规律、老化规律、引证规律、布拉德福定律、齐普夫定律、洛特卡定律）和理论基础。首次从理论、方法、应用三个维度构建信息计量学的内容体系，不仅讨论了信息计量在信息资源管理、图书情报学、科学学与科技管理、科学评价与预测等学科领域及其定量管理等方面的实际应用，而且非常细致地讲述了 4 种主要定量分析方法，即文献信息统计分析法、数学模型分析法、引文分析法和计算机辅助信息计量分析法等。1997 年，王崇德编著的《文献计量学引论》堪称文献计量学研究领域理性思维的硕果。本书总结的逻辑体系流程和内容开启了国内在文献计量学研究领域的大门，这是中国的创新，同时，对中国该领域的发展具有实用的效果。

马费成是信息经济学方面的重点典范人物。马费成编著的《信息经济学》于 20 世纪末出版，这是我国信息经济学研究进入一个更为成熟阶段的标志。书中包括信息经济学的核心精华，将信息资源管理融入信息经济学的研究范围，该书对于学术界影响巨大，革新了我国传统的"盲人摸象"的低效信息经济学研究方式，首次展示了信息经济学的真实全貌。

包昌火、王知津、缪其浩是竞争情报方面的代表人物。由包昌火和谢新洲主编的《企业竞争情报系统》在 21 世纪初出版。本书以构建企业竞争情报系统的基本框架与总结企业竞争情报系统主要模式为基础，讲述了竞争情报系统的信息平台，深入介绍了竞争情报收集、分析、服务子系统的工作模式和运行机制，竞争分析工具和分析方法被推介，分析了未来竞争情报系统发展方向，为了使其具备重大的理论意义和实用价值，极大地推进竞争情报系统的研究方向步入应用发展。21 世纪初，包昌火、谢新洲、申宁在《情报学报》上发表的《人际网络分析》中提到，为了在竞争情报的应用中提供方法与理论，提倡构建和分析人际网络，再使用社会网络分析方法建立以自我为中心的网络，该文首次将竞争情报与人际网络结合起来，指明了在情报学中社会网络分析的应用方向。包昌火主编的《竞争对手分析》在 21 世纪初出版，这是迄今为止国际上关于分析竞争对手最全面和最系统论述的书籍。其利用点面结合从纵和横上分别阐述了竞争对手分析重要意义、理论基础、基本程序、主要方法和综合案例，着重地探讨了常用的七种竞争分析方法，即竞争对手跟踪和竞争态势分析、价值链分析、战略与绩效分析、定标比超分析核心竞争力分析和业务组合分析、关键成功因素分析、情景分析等，还提出了合作竞争和人际网络这两种与竞争对手分析密切相关的新理念。2005 年出版的王知津编著的《竞争情报》主要介绍的是包括企业竞争、竞争情报、竞争情报系统、竞争情报搜集与整理、竞争情报分析方法、竞争环境情报研究、竞争情报处理技术、竞争对手情报研究、专利竞争情报分析、竞争战略情报研究、竞争情报产品与服务竞争情报法律规范与职业道德、反竞争情报在内的竞争情报的内容。20 世纪末出版的缪其浩编著的《市场竞争和竞争情报》主要分为四大部分，分别是导论篇、方法篇、案例篇和附录篇，站在现代竞争理论和市场竞争的大视角，讲述了国际上常用的评价国家竞争力的指标体系和二十多种竞争分析方法，竞争情报的基本内容、发展动向和主要方法也有涉及，一些竞争的分析和策略制定的操作案例也包含其中。

第三节　图书情报学知识图谱研究引文数据处理

一、中文社会科学索引数据库的数据处理

文献数据收集的具体操作方法为：首先分开选择这 18 种核心期刊，通过检索中文社会科学索引数据库，找出 2006—2017 年间的成果论文，检索条件为："类型＝论文、学科＝图书情报文献学、时间为 2006—2017 年"，这样就共计检索出 48 291 篇论文。然后将下载的数据改为纯文本格式后保存，将其都放在相同的以"download"为首命名的文件夹中，因为 CSSCI 数据库导出的文本格式只能间接地被应用于 CiteSpace 软件中，所以要先用格式转换器将 CSSCI 格式转换为 WOS 格式才行。最终通过分析，论文的"作者、题目、关键词、作者机构、发表时间、期刊名称、参考文献"等题录信息基本上都被包括在每一条文献数据中。

二、中文社会科学索引数据库搜索关键词的处理

目前，我国图书情报学有了更好的发展，随着知识图谱热点的加入，关键词搜索频率逐一提升。有些研究者，利用自编的计算机程序分别统计出 6 320 篇论文和 8 527 篇论文中关键词出现的频率，再按照频次由高到低把这些关键词排序，最后分析结果得出两阶段降序排列的关键词词频分布表。

目前在分析科学计量学原理的基础上，主要有两种方法来确定高频词：第一种是具有一定主观性地结合了研究者的经验后，平衡选词个数和词频高度的方式。高频词的阈值在我国有关共词分析的文章中，一般稳定在 40% 左右；第二种是为了保证共词分析的效果而利用齐普夫第二定律来辅助判定高低频词的界限。

尽管 CSSCI 已经开始人工进行标引规范，但还有些不规范的词汇在数据处理中存在，如因特网、互联网与 Internet，本体、本体论与 Ontology，大专院校、高等学校与院校，网络信息资源、网络资源和信息，大学图书馆和高校图书馆，版权与著作权，信息管理与资源管理，虚拟参考咨询与数字参考咨询，参考咨询和

咨询服务，信息素养与素质，信息资源共享和信息共享，个性化服务和个性化信息服务，藏书建设和馆藏建设，图书馆自动化和现代化，虚拟图书馆和电子图书馆等。为了规范和方便处理，整合了类似性质的同义词汇，第一阶段的关键词就被简化为 100 个、第二阶段的关键词被简化为不到 130 个。据此制定了两个阶段的 100 个和 129 个高频关键词表，把这两个关键词表作为共词分析我国图书情报学科研究热点的基础。

第五章 中国图书情报学科知识图谱的应用软件

图书情报学科知识图谱需要绘制相应的图形，因此，计算机应用软件就成为主要工具。一般来说，应用于图书情报学科知识图谱的软件主要包括两大类：统计分析系列软件和信息可视化系列软件。统计分析系列软件主要是将数据进行分析，而信息可视化系列软件是将分析的结果图表化，使人观看分析结果时更加一目了然。

第一节 统计分析系列软件

一、管理参考文献软件：EndNote

（一）EndNote 介绍

EndNote 是美国科学信息所研制开发的一款专门用于科技文献中管理参考文献的软件。这款软件有多种功能：①创建个人所需的各种参考文献，文献包括文本、图像、表格和方程式，并根据个人所需重新排列显示文献，以投稿期刊要求格式，自动调整引文格式。②形成新的文本库，即检索互联网上的多种数据库并将结果存入本地计算机，进行二次检索、重新排列修改。

Endnote 中存储 LISTA 数据库中导出的所有文献数据，利用工具栏中 subject bibliography 模块，完成对全部文献关键词析取和累计统计，这有利于为关键词分类完成数据准备工作。

（二）EndNote 主要功能

EndNote 软件有如下主要功能：

（1）文献可在线搜索：EndNote 文献库中的文献是从网络搜索相关内容直接导入的。

（2）拥有文献库和图片库：可以对个人文献和图片、表格进行收藏、管理和搜索。

（3）文稿的可定制性：通过 Word 格式化引文和图形形成模板，直接书写，即可符合杂志社要求。

（4）引文编排：可以自动编辑参考文献的格式。

（三）运用 EndNote 如何进行搜索

Endnote 能够轻松进入世界范围内的大部分文献数据库，将这些数据库沟通的信息用 "Connection Files" 的形式设置，可创建修改直接提供给用户。

（1）进入 EndNote，在菜单 "Tools" 中寻找 "Connect" 并单击。

（2）之后，会出现 "Choose A Connection File"，选定 "Choose A Connection File" 后再次单击 "Connect"。

（3）单击 "search"，按照布尔逻辑设定搜索词。

（4）把搜索出现的结果存入指定的文献库。

二、统计产品与服务解决方案软件：SPSS

统计产品与服务解决方案软件是一个大型社会科学统计软件包，1982 年由美国 Statistical Package for Social Science 公司开发，简称 SPSS。这一软件具有一套完整的系统，首先对数据进行录入，之后进行编辑，这两步结束后即可对其进行统计分析，最终形成完整的报表或图形。它不仅适用于社会领域，还适用于自然科学各领域的统计分析。更重要的是，这一软件作为一种多元统计分析工具对科学图谱绘制有重要作用，目前已成为世界上流行的三大统计分析软件之一。

三、数据挖掘软件：Thomas Data Analyzer

Thomson Data Analyzer 是 Thomson 科技集团基于 Vantage Point 技术开发的一种数据挖掘软件，可用于跟踪竞争对手，俯瞰整个技术背景，发现新的趋势，从不同角度考察某一主题等。在绘制知识图谱过程中，该软件常用于绘制基础的图谱，常用的功能有数据清理、列表功能、矩阵功能、图功能。

四、计量软件：BibExcel

BibExcel 是由瑞典科学计量学家 Persson 开发的一个计量软件，可帮助用户分析文献计量数据以及任何以相似模式存储的数据。BibExcel 的功能包括文献计量学分析、引文分析、共引分析、引文耦合分析、聚类分析、科学知识图谱的绘制等，它可以和 Pajek、Netdraw 结合起来使用。

第二节　信息可视化系列软件

知识图谱绘制软件多种多样，如 Sati 是一款计量分析软件，CiteSpace 是一款图谱绘制工具，Ucinet 是一款社会网络分析软件。

一、计算量分析软件：Sati

（一）Sati 软件介绍

Sati 是一个对文献题录信息进行统计分析的软件，它的工作过程大致如下：首先对期刊全文数据库题录信息中的字段进行抽取，接着对频次统计和共现矩阵进项构建，最后就是利用各种分析方法，如一般计量分析、聚类分析，达到数据可视化效果。Sati 支持的五种数据格式分别为：Web of Science，EndNote，NoteExpress，NoteFirst 和 CSSCI。此款软件具有简单易学的优点，相较于 Excel 处理数据的效率更高。例如，当人们导入 CSSCI 样本数据时，机构、作者、关键词、中文文献、作者合作矩阵等统计信息可以被快速获取。

社会网络分析软件 Ucinet、科学计量学研究软件 BibExcel、文献可视化信息分析软件 Citespace 等在国外已经出现，证明国外关于文献信息统计分析的技术方法和应用软件相对较为成熟。但是，这些软件需要专门的数据输入格式，并且主要针对国外数据库平台开发，对于国内期刊的全文数据库的题录数据只能进行间接处理。为了解决这一问题，本书开始尝试设计开发一个可以对国内外期刊两种数据库进行文献题录信息统计分析的软件。这一软件需要对数据库所导出题录数据兼顾处理，数据库包括国内和国际期刊全文。它的设计思路分为如下步骤：首先，把数据格式全部转换为一种格式，即 Sati 处理的 XML 格式。其次，在字段信息中抽取指定字段得出一个统计文档，这一文档有关于条目元素的频次统计。再次，对知识单元间的共现关系和频率分布进行分类，发现可以生成三种矩阵，即共现矩阵、分布矩阵和文档词条矩阵。最后，达到接近全部文献信息的定量分析，并达到可视化呈现的效果。

按照上述思路，首先，找出三大主流输出格式的字段信息特征。这一过程的实现需要通过对国内三大期刊的题录数据格式进行细致的分析，这三大期刊主要是全文数据库知网、万方和维普。其次，把用于区别不同字段的标识符和词条的分隔符分别提取出来。由于不同数据库平台和期刊会稍有不同，所以需要进行特殊处理。以 NoteExpress 为例，其所有字段中的关键词字段标识符是"{Keywords}："，这些关键词之间的分隔符是"；"或"；；"。再次，转换生成 Sati 软件专用的 XML 格式文件。通过上述过程可以实现不同字段信息的抽取，从而，得出词条频次统计文档。这需要在抽取出相应字段信息的基础上自动导入转换后的 XML 文件，再利用频次统计算法得出词条频次统计文档。最后，构建出许多种图类，如知识单元聚类图、多维尺度分析图、共现关系网络知识图谱和战略坐标图。这一过程实现需要首先制成一个知识单元，主要由频次降序排列表中相应数量的条目元素构成，还需要三大矩阵——共现矩阵、分布矩阵和文档词条矩阵的构建，按照适当的算法模型构建即可成功。接着通过后期数据的进一步处理和可视化呈现的需要，软件可同时生成 Excel 格式矩阵和 .txt 文本格式的矩阵。最后只要进行导入即可，主要是将共现矩阵文档导入相应的数据分析软件，这些软件以 Ucinet、SPSS 为主。

（二）Sati 软件功能

1. 题录格式转换

支持各种导出格式，其中主要格式有两种，判断依据为不同导出平台。第一种平台是 WOS 数据库平台，输入这一平台可以导出 HTML 格式；另一种平台是国内期刊全文数据库平台，通过这一平台可以导出的格式有 EndNote 格式、NoteExpress 格式和 NoteFirst 格式题录数据。而数据文件题录又分为两种：第一种，提前对文本进行处理，需要对英文题录出其关键词、中心词、标题以及摘要字段。第二种，同时还要对中文题录标题、摘要进行中文分词和停用词的处理。题录完成后生成数据文件——将其自动转化为 XML 格式（Sati 专用数据文件），这样做的目的是提供便利，因为后期题录数据需要存储、交换和分析。Sati 专用数据文件（XML 格式）具有简洁的三层树状结构的优势，用户不仅可以生成专用文件，还可以根据自身的实际需要转化为自身所需模式。例如，将相关数据文件自行转换为 Sati 处理所需格式。

2. 字段信息抽取

选择抽取各种字段的信息在"Options"面板可以实现。文章标题、文章作者、文章第一作者、文献来源、文章出版年、文章的关键词、主题词、摘要、机构、地址、文献类型、引文、语种、DOI 和 URL 等，以上均为字段信息，这些信息不

仅可保存为 .txt 文本文件，还可利用另一个面板——"Refine"，根据出版年和文献来源为分类标准进行分类，并以此为基础进行统计分析。

3. 词条频次统计

对词条的频次统计有两种方法：①需要对条目元素的频次进行统计和降序排列。这些词条主要是一些以字段信息为基础的词条。例如，文章关键词、文章主题词、文章作者、文章引文、出版机构、文章发表年、期刊种类、文献类型等。②为了生成相应频次统计文档，可以以时间和期刊的限定为基础，生成之后保存为 .txt 文本文件。

（三）举例一：应用 Sati 统计国内作者合著知识图谱

利用 Sari 软件统计功能得到以下结论：2008—2017 年，论文合格率较低，其中有国内 1 568 位作者发表了 1 518 篇论文，发表 1 篇论文的作者有 1 207 人，合格人数仅为 103 人；其中发表 10 篇论文及以上的作者有 23 人，高产作者群体较大，占总人数的 77%。王知津发表 48 篇、彭靖里发表 40 篇、陈峰发表 35 篇、吴晓伟发表 32 篇，这四位作者是发表论文最多的，且年均发表论文 3 ~ 5 篇（表 5-1）。

表 5-1　国内图书情报领域竞争情报研究高产作者

作　者	发表论文数 / 篇	作　者	发表论文数 / 篇
王知津	48	黄晓斌	15
彭靖里	40	郑彦宁	15
陈峰	35	杨斯迈	15
吴晓伟	32	赵筱媛	14
张玉峰	26	陈维军	13
周常	22	邓艺	13
陈婧	19	刘冰	13
严贝妮	17	徐揭缘	12
秦铁辉	16	盛小平	12
昭波	16	李艳	11

作 者	发表论文数 / 篇	作 者	发表论文数 / 篇
刘玉照	16	张收棉	10
刘建准	15		

共现矩阵是通过对字段进行统计生成的，这个过程需要 Sati 软件的帮助，可保存为 .xls 文件。打开 Ucinet 软件后，选择"data>importvia spreadsheet>full matrix w/multiple sheets"，保存这一文件并命名为 .##d 或 .##h 文件。打开"Net-draw"，从中选择"open>ucinet dataset>network"，并选择之前保存过的文件，此时图谱生成，但仍需要去掉独立节点，还要稍加修饰。国内图书情报领域竞争情报研究的 100 位作者，其合著网络实现可视化的成果就基于这一图谱的制作成功。从图谱中有以下几点发现：第一，相互独立合作团队较多，因为国内图书情报领域竞争情报研究比较分散；第二，主要是师生合作和单位同事合作团队。重要节点有王知津、彭靖里、陈峰、吴晓伟、张玉峰等 5 个；第三，在国内具有影响力的五大团队为南开大学的王知津师生团队、中国科技信息所的陈峰同事团队、云南省科技情报研究所的彭靖里师生团队、上海商学院的吴晓伟师生团队和武汉大学的张玉峰师生团队。

（四）举例二：应用 Sati 统计国内关键词共现知识图谱

Sari 软件统计功能显示：2008—2017 年，有 2 502 个关键词出现在国内图书情报领域竞争研究论文中，其中占总数 72% 的关键词有 1 804 个，其研究领域广泛且较为集中，而它们仅出现 1 次。而出现 969 次的竞争情报、131 次的企业、127 次的竞争情报系统、90 次的知识管理和 60 次的企业竞争情报，是出现次数最多的 5 个关键词。而国内图书情报领域的竞争，情报研究中的重点，企业竞争情报的关注，竞争情报系统、挖掘数据、专利情报、知识管理、反竞争情报、竞争对手、技术竞争情报、电子商务、电子政务、中小企业竞争情报、竞争优势、产业竞争情报和社交网络等方面，出现 20 次以上的关键词共有 25 个（表5-2）。

表 5-2 国内图书情报领域竞争情报研究高频词

关键词	频　次	关键词	频　次
竞争情报	969	高校图书馆	30
企业	137	中小企业	29
竞争情报系统	127	数据挖掘	29
知识管理	90	半月刊	37
企业竞争情报	60	图书馆学情报学	25
情报学	58	专利分析	25
图书情报工作	41	竞争优势	23
反竞争情报	39	产业竞争情报	22
竞争对手	35	情报分析	22
技术竞争情报	33	图书馆	21
电子商务	33	人际网络	21
知识组织	32	栏目	30
电子政务	32		

　　共现矩阵是通过对字段进行统计生成的。这个过程需要 Sati 软件的帮助，可保存为 .xls 文件。打开 Ucinet 软件后，选择 "data>importvia spreadsheet>full matrix w/multiple sheets"，保存这一文件并命名为 .##d 或 .##h 文件，则可视化的网络图谱即可生成，并且这一图谱包括生成的 100 个关键词，它们是国内图书情报领域竞争情报研究范围内的，去掉独立节点并修饰后得到国内图书情报领域竞争情报研究关键词共现知识图谱。从中可以发现：第一，居于网络中心，具有较高中心性的关键词有竞争情报、竞争情报系统、企业竞争情报、知识管理、技术竞争情报、数据挖掘等；第二，国内研究领域涉及竞争情报的比较广；第三，国内竞争情报研究领域可以从竞争情报入手分为理论、技术和情报应用三个方面。

二、可视化软件：CiteSpace

　　美国陈超美（华裔）通过应用 Java 语言开发了一款可视化软件——CiteSpace

软件，这款软件以探寻学科领域演化的关键路径作为研发目的，对特定领域的集合以及以关键论文为代表的知识点进行计量分析，形成对学科演化潜在动力机制的分析和学科发展前沿的探测就需要可视化图谱的参与。这款软件包括知识图谱，其中主要是有关具有绘制科学和技术领域发展的知识，这些知识帮助我们看到全部信息，这些信息大多为科学知识领域的信息。接着需要识别这一科学领域中的关键文献、研究热点和前沿方向，科学知识的宏观结构及其发展脉络等功能，其中科学知识的宏观结构需要利用分时动态的可视化图谱展示。

（一）CiteSpace 介绍

CiteSpace 可以识别、显示科学发展新趋势和新动态，可以应用于科学文献。它能够在一个时期显示出这个科学领域或者知识领域的发展趋势和动向，形成这个领域的演进历程。简单概括，就是找出学术文献中文字与文字之间的关系，然后将其表示出来，表示方法主要以可视化呈现出来。这个软件的实施过程可以帮助人们对整个知识领域发展的状况实现完整的认识与分析。

（二）CiteSpace 的数据来源

因为 WOS 数据是 CiteSpace 软件的基础，所以国外网络链接分析数据大多选择 WOS 数据库为数据来源。具体检索表达式为："主题 =（competitive intelligence）；精炼依据：Web of Science AND 文献类型 =（ ARTICLE ）类别 =（ INFORMATION SCIENCELIBRARY SCIENCE ）；时间跨度 =2010 –01–01 ~ 2017–12–31；词形还原 = 打开"；数据库 =SCI–Expanded，SSCI，CCR–Expanded，IC，共检索到 388 篇论文。

（三）举例一：应用 CiteSpace 统计国外作者合著知识图谱

利用 CiteSpace 的统计功能得到以下结论：2008—2017 年期间，国外图书情报领域共发表了 388 篇竞争情报研究论文，共有 1 017 位作者，其中有 262 人合格，论文合作率较高；但高产作者少并且只是一个小的群体，仅有 14 人，其中他们发表论文数在 2 篇及以上；还有 975 人，占作者总数的 12% 发表了一篇论文。Liwen Vaughan 发表了 4 篇、KL Choy 发表了 3 篇、HCW Lau 也同样发表了 3 篇，他们是发表论文数最多的，但是发文数量仍然偏低，平均 2 ~ 3 年发表 1 篇论文，（表5–3）。

表 5-3　国外图书情报领域竞争情报研究高产作者

论文数 / 篇	作者姓名	论文数 / 篇	作者姓名
4	Liwen Vaughan	2	Ludo Cuyvers
3	KL Choy	2	Patrick de Pelsmacker
3	HCW Lau	2	Andrea Saayman
2	WB Lee	2	HQ Wang
2	Esteban RomeroFrias	2	Marc Jegers
2	Craig S.Fleisher	2	Wilma Viviers
2	John R.Koza	2	MH Wang

　　点击 CiteSpace，打开后选择关键路径的（pathfinder）算法，时间切片（years per slice）为 2 年，interpolation 为（2，1，5），（2，1，5），（3，2，5），节点选择 author，可视化图谱即可绘制成功，同时合著的网络关系是国内外图书情报领域竞争情报研究作者构筑而成的。在合著网络关系可视化的图谱里表示发表论文数量的是节点圆圈大小，表示有合著关系的是连线，代表合著关系强度的是连线精细。经分析后人们获得如下信息：

　　第一，研究方向是可以体现的，主要是各年代出现的合作密切的学者群体及其研究方向。其中共有 4 个小的合作研究群体，其研究方向主要分布在竞争和模式两个领域。

　　第二，了解每个节点的文献需要两个条件：①左击查看节点信息。②右击查看文章具体详细信息，了解最新研究进展。

　　第三，节点也存在并不明显的现象，主要表现为在国外图书情报领域竞争情报研究核心中，作者合作不顺利，整体合作松散，只形成 4 个小的合作群体。其中 MarcJeger、Wilma Viviers、Ludo Cuyvers、Andrea Saay-man、Patrick de Pelsmacke 是最大的合作群体，其合作最密切，而其他 3 个群体只限于 2 个人间的合作。

　　（四）举例二：应用 CiteSpace 统计国外关键词共现知识图谱

　　利用 Citespace 的统计功能可以发现：在 388 篇中外图书情报领域竞争情报研究论文中共有 1 240 个关键词，其中有 1 068 个关键词只出现了 1 次，研究领域比较大但有很强的分散性。其中有 29 个关键词词频在 10 次以上，而 intelligence 出现 34 次，performance 出现 30 次，competitive advantage 出现 29 次，management 出现 29 次，competitive intelli gence 出现 27 次，model 出现 27 次，这是词频出现最多的 6 个关键词。其中竞争情报与智能、绩效、管理、竞争优势、系统、创新、信息、知识和知识管理等密切相关（表5-4）。

表5-4　国外图书情报领域竞争研究高频关键词

频次 / 次	关键词	频次 / 次	关键词
34	Intelligence	14	knowledge management
30	performance	13	competitive strategy
29	management	13	classification
29	competitive advantage	12	optimization
27	competitive intelligence	12	framework
27	model	11	matket orientation
22	business intelligence	11	algorithm
21	behavior	11	impact
21	system	11	perspective
20	system	11	neural networks
20	innovation	10	search
17	information	10	particle swarm optimization
17	artificial intelligence	10	tion
16	swarm intelligence	10	design
15	knowledge	10	strategy

点击 CiteSpace，打开后选择关键路径的（pathfinder）算法，时间切片（years per slice）为 2 年，interpolation 为（2，1，5），（2，1，5），（3，2，5），节点选 keyword，首先绘制两种图谱，即国外图书情报领域竞争情报图谱和研究关键词共现网络关系可视化图谱；其次绘制共现网络关系可视化图谱。这些图谱中，节点

圆圈大小代表关键词出现频次；节点圆圈颜色表示关键词出现年代；连线表示共现关系；连线精细代表共现关系强度；紫色圈的节点代表当前仍在使用的热点关键词。人们从中还可获得如下信息：第一，反映了两个方面：一方面，各年代出现的高频关键词；另一方面，其分布在国外图书情报领域竞争情报研究发展历程；第二，上文中提过的 6 个关键词分别代表了竞争情报研究的 6 个重要方向的重要节点，在这些关键词中我们可以分析出来不同年代的热门关键词和前沿研究领域及其演变。

三、多格式数据处理软件：Ucinet

可以处理多种格式的数据软件是 Ucinet，这一处理软件使数据来源成为 CNKI 数据库，这一数据库是由国内网络链接分析数据选择得来。它的具体检索表达式为："数据库选择：中国期刊数据库；来源期刊：核心期刊 &CSSCI 主题 = 竞争情报"；时间跨度 =2010-01-01 ～ 2017-12-31，共检索到 1 518 篇论文。

四、社会网络分析软件：Pajek

Pajek 是一个社会网络分析软件，这一软件主要是以 Windows 为基础，可以实现大型网络的可视化。之后又利用图论、网络分析、可视化软件的发展形成了 Pajek 的设计，这个设计的主要功能是将一个大型网络分解成一些相互展示关系的小型网络。

第六章　图书情报学科知识图谱在 CSSCI 中的研究

中文社会科学引文索引（Chinese Social Sciences Citation Index，简称 CSSCI）。它的作用是检索中文社会科学领域的论文收录和文献被引用情况。利用知识图谱分析 CSSCI，可以发现图书情报的诸多问题。本章主要介绍图书情报知识图谱在 CSSCI 中的研究。

第一节　我国图书情报学科研究机构

我国图书情报学领域科研机构形成了整体系统的布局，重要的标志就是实现了科研机构的整体分布、机构合作网络和机构研究领域分析。该布局妥善调和了各重点研究领域的关系，使得我国科研机构加强相互的合作，以求共同发展。

一、科研机构类型分布

研究 2010 年至 2017 年的图书情报学 18 种期刊的文献数据后，图书情报学科研究机构分析绘制出该学科研究机构的知识图谱。知识图谱绘制需要使用 CiteSpace 软件来实施，以研究机构为节点，按照软件默认的设置，这样才能从中选取 top50 作为 nodes。

通过统计数据利用 CiteSpace 分析后，发现武汉大学、北京大学、南京大学、中国科学技术信息研究所以及吉林大学是图书情报学发表论文数量排名前五的机构。其中武汉大学是所有机构中出现频率最高，并且中心度最大的。结果显示，在这 48 291 篇文献中，各地图书馆机构有多于 10 000 篇的文献，科研所机构有 5 000 篇以上的文献，全国各地高等院校机构还有超过 30 000 篇的文献。各类机构排名前三的单位如图 6-1 所示。

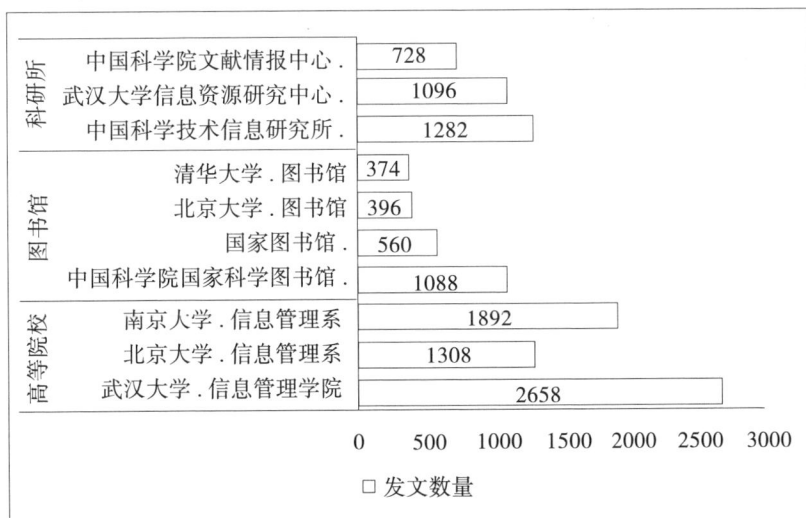

图 6-1　图书情报学各类机构排名前三的科研机构图

　　分析数据我们可以发现因为高等院校学术实力极强、科研氛围极好，且具备庞大而优秀的科研团队，所以在武汉大学、南京大学、北京大学这几所高等院校中最为突出。从图书馆机构来看，中国科学院国家科学图书馆的发文量居于最前列，其次才是国家图书馆。虽然在图书馆机构中高校图书馆的发文量所占的比重最大，但是对于高等院校，图书馆机构的科研实力仍然有缺失，特别是公共图书馆发文量仅占了所有图书馆机构发文量百分之十几的比重。图书情报学人才在图书馆工作是理所当然的，而在图书馆学习图书情报学基础理论以及对于技术的应用也是很必要的。不过尽管图书馆的科研环境具有天然的优越性，但其研究能力还有待提高。为了从根本上强化图书馆机构的科研水平，需要在图书馆适当地引进专业性的图书情报学人才，合理地提高图书馆的科研能力，加快改进科研机制，只有这样才能达到目的。对于科研所机构，中国科学技术信息研究所倚仗着其独特的优越条件，在发文量比较中夺得第一名，但其他高等院校的科研所（除了武汉大学信息资源研究中心和中国科学院）实力几乎相当，因此在科研所机构中，我国图书情报学需要提高高等院校科研水平，而且还要发掘研究所以及各类图书馆巨大的科研潜力，这样才能和谐发展。

二、科研机构区域分析

　　为了了解每个科研机构论文的产出量，笔者根据绘制的知识图谱，再次对论文量高产的科研机构进行了地区分析。经过分析数据，进行统计，发现北京、江苏、广州、湖北、上海、吉林、山东、河北、福建、浙江、天津、辽宁、安徽、四川、河南、黑龙江、湖南等地区的论文产出排名是靠前的，如图6-2所示。

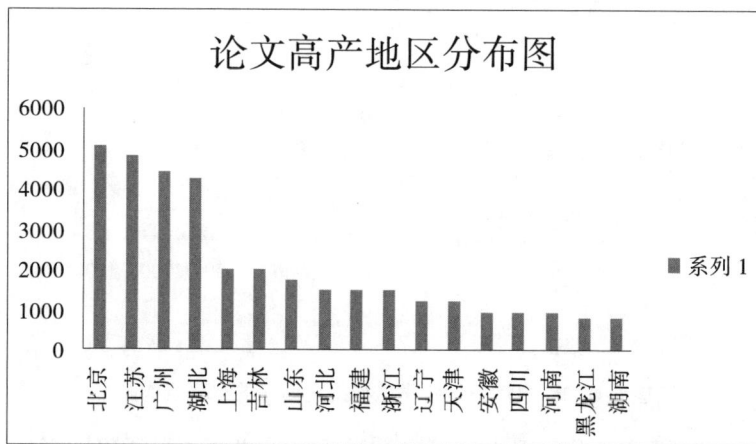

论文高产地区分布图

图6-2　论文研究机构所处的地区分布情况

经分析，图书情报学文献的16个高产地区，也是图书情报学学术氛围浓厚的城市。其中，北京市发表的论文总共达到5059篇，且其论文产出水平也最高。不容怀疑的是北京还是国内图书情报学研成果产出最优秀的城市，江苏省仅次于北京，而江苏省的主干成分是南京地区的高等院校以及南京图书馆的论文产量。第三名与第四名的广州和湖北地区的数量则大大超过了剩下的12个省份，这展现了图书情报学学术研究水平在地域上分布不平衡的弊端，这将会是影响整个学科可持续发展的绊脚石。

三、科研机构合作分析

研究机构在我国的图书情报领域一般是学术合作，它们的论文会被当作衡量研究机构学术生产力的一个关键标准。因此一般通过集中分析机构间的论文合作状况后，整个学科的科研机构合作情况就会显示出来。前面章节的研究作者通过在网络分析上合作，发现图书情报学的主要科研团队也是把本节选取的2010—2017年的文献数据导入CiteSpace软件中，就生成"图书情报学科研机构"知识图谱，对高产论文的科研合作机构进行合作网络分析，之后再选择聚类功能，而所有的核心机构被聚类分析后，又能绘制出一个图书情报学科研机构合作知识图谱。图谱中的颜色就是类，一个颜色的节点代表一个类，结果会显示出每个类之间的科研机构联系最密切。

比较 CiteSpace 生成的中心度后，中国科学院国家科学图书馆的中心度拔得头筹，在 0.45 左右。之后的四个依次是武汉大学信息管理学院、吉林大学管理学院、南京大学信息管理学院、北京大学信息管理系。经过图谱分析，发现与中国科学院国家科学图书馆合作最密切的是各地的分馆。不过它也和部分高校和部分地区图书馆有合作，如上海图书馆、上海师范大学图书馆、北京师范大学图书馆、四川大学、西安电子科技大学等科研机构；南京大学信息管理学院与南京农业大学、安徽大学、东南大学、华南师范大学、广州大学等机构的合作也相对多一些；武汉大学信息管理学院与武汉大学信息资源研究中心、华中师范大学、华中科技大学、中国科学院武汉研究中心等机构的合作也还算紧密；吉林大学管理学院与黑龙江大学、东北师范大学、郑州大学、湘潭大学等科研机构聚为一类；北京大学信息管理系与清华大学、国家图书馆、中国人民大学、南开大学等科研机构关系也较亲密，所以自动聚为一类。

经过统计，发现机构间合作呈现以下四个特点：一、"邻近合作"，突出体现在两个方面：一个是某一地区与另外一个地区相邻，这些相邻地区的机构间的合作就较多一些，如江苏省与安徽省、黑龙江省与吉林省科研机构间的合作；第二个是由于不同科研机构处于同一个地区，所以选择就近合作，如武汉地区内部的研究机构间的合作。二、"强强合作"，主要表现在核心的研究机构之间合作的频率较高，它们之间喜欢互相合作，不过它们和一般性机构合作频率较低，很少合作。虽然学科的优势资源将被这种整个学科科研机构形成的"强者愈强，弱者愈弱"的两极分化局面集合起来，学科知识更快地实现了向纵深发展，但是一般性的研究机构则很难实现快速发展。三、"同类合作"，表现为科研研究所等机构通常更加倾向于内部合作，内部合作远多于和外部机构之间的合作。四、"地域性差异"，这些机构主要集中在东部及沿海城市。参与机构间合作的科研机构大部分来自于中国的发达地区，特别是北京、上海、武汉、南京等东部沿海发达地区，所占的比重较大，但是西部地区极少。依此可以分析出，地域性差异现象在发文数量上也同样存在。

第二节　CSSCI 中的数据来源与文献分析

下面利用 CSSCI 检索图书馆学，设置搜索年限，得出符合条件的文献，并对文献进行分析。

一、CSSCI 中的数据来源

下面是 2013 年 11 月在南京大学开发的中文社会科学引文索引数据库（CSSCI）中检索的数据。在 2006 年至 2012 年，CSSCI 来源库中，图书馆学被列为二级学科，其检索表达式为：LY06、LY07、LY08、LY09、LY 10、LY 11、LY12，XK= 图书馆、情报与文献学，XW=120501$。其中符合条件的文献就被检出了超过 9 000 篇。删去那些不相关的论文和会议通知、纪要、讲话、重复发表的论文以及期刊目录文摘等文献，剩下的就都是有效的文献，其中论文被下载数据并进行格式转换后，一般分析时利用 Excel、CiteSpace Ⅱ 等工具，最终发现有效文献被用于统计的有 9 062 篇（论文）。

二、CSSCI 文献分析

对论文的引文进行文献共引分析是使用 CiteSpace 软件，以 9 062 篇论文作为分析对象。为了得到图书情报学论文的文献共被引知识图谱，当原始数据导入 CiteSpace 后，选择 Cited Reference 这种节点类型，就可以显示出学科知识的基础和前沿的研究成果。

知识基础分为两种类型的文献，一种是早期的基础文献（包括被引专著）；第二种就是被引频次及中心性都比较高的关键节点文献。239 条引文文献（图中每个节点代表一篇文献）被从生成的文献共被引知识图谱得到 99 部专著、十几篇英文期刊文献和 120 多篇中文期刊文献构成了这 239 篇文献。分析中文期刊的分布状况后，发现大部分是图书馆学类期刊，《图书馆》(30 篇)、《中国图书馆学报》(27 篇)、《大学图书馆学报》(13 篇)、《图书馆建设》(7 篇)、《图书情报工作》(7 篇) 位居前 5 位，范并思、蒋永福、吴慰慈、程焕文的论文数量位居前 4 位。根据年代分布分析发现，1980 年以前的文献有 55 篇，1990—2000 年的文献为 34 篇，2000 年后的文献为 100 多篇。

率先聚类了图书情报学的各知识领域，又因为在研究主题上同一聚类内的文献是相似的，所以这 230 多篇文献需要分布在 30 个聚类中。其中 20 号的聚类文献数量占据首位，共包含 56 篇文献。邱均平的《信息计量学》（2007 年）因为被引频次最高而被称为研究我国信息计量学方面的奠基之作。

　　知识图谱中节点的大小和颜色的深浅可以通过文献的被引信息突显出来。被引频次不小于 50 次的 5 篇文献是关于图书馆学方面的 4 本专著和 1 篇论文。于良芝编著的《图书馆学导论》被引次数达到 70 多次，拔得头筹。新时期图书馆学的至关重要的教材就是这本书，它概括总结了我国和世界图书馆学的卓越研究成果，提供给图书馆职业队伍新的关于图书馆职业和图书馆学的总结性介绍。范并思发表在《中国图书馆学报》2004 年第 2 期上的《公共图书馆精神的时代辩护》居于其下，该文从信息知识的立场上说明了维护社会公正的重要性，认为公共图书馆精神已成为促进图书馆事业发展的催化剂，保障社会成员拥有获取信息的平等机会是公共图书馆精神的实质。如今维护社会信息公平依旧离不开公共图书馆机构制度。本篇文献从突显度的大小方面看，因为短时间内就被引用多次，所以突显度超过了 3.6。王子舟的《图书馆学基础教程》则处于第三名的位置，该书站在读者立场上，帮助读者整体上把握各种现代图书馆学理论和实践的综合性问题，依照知识论论述了图书馆学所涉及的基本原理，而且对许多图书馆学的理论问题进行了深入的探究。吴慰慈编著的《图书馆学概论》排在第四名，21 世纪高等学校核心课程教材就是这本书。它广泛吸收了国内外图书馆工作实践与理论研究的最新成果，反映了作者长期以来对图书馆理论与图书馆实践问题的独立思考。我国图书馆学界的一部开拓性著作是黄宗忠编著的《图书馆学导论》，排名第五。该书率先以系统理论为指导，系统论方法、控制论方法和信息论方法等先进的科学方法被用来研究图书馆系统并取得了成功，多次获得荣誉奖项。

　　7 篇文献的点的中心性（量化点在网络中地位重要性的图论概念）大于 0.15。蒋永福的《维护知识自由：图书馆职业的核心价值》（《图书馆》2003 年第 6 期）居于榜首，其中心性超过了 0.2。排行其次的是宓浩编著的《图书馆学原理》，中心性为 0.18（由于软件原因从图中无法看出。以下类似情况，同此）。之后稳居第三名和第四名的两篇文献中心性均为 0.16，它们分别是范并思发表在《图书馆杂志》2002 年第 11 期上的《维护公共图书馆的基础体制与核心能力——纪念曼彻斯特公共图书馆创建 150 周年》和蒋永福发表在《图书馆》2005 年第 4 期上的《制度和技术哪个更重要——关于图书馆制度的思考》。这两篇文献是处于同一个聚类的"公共图书馆制度研究"这一主题范围内的至关重要的文献。再之后的 3 篇文献也属于同一个聚类，全是对图书馆学理论研究对象的探讨，中心性都是 0.15，分别是王子舟发表在《中国图书馆学报》2000 年第 4 期上的《知识集合初论——对图书馆学研究对象的探索》、李国新发表在《图书馆》2000 年第 4 期上的《日本的"图书馆自由"述论》和蒋永福发表在《中国图书馆学报》2003 年第 5 期上的《客观知识·图书馆·人——兼论图书馆学的研究对象》。图书馆学研究的对象之一就是王子舟和蒋永福阐述的知识；中国图书馆法治建设、推进图书馆制度化的先驱者就是李国新，图书馆自由权利及公共图书馆立法研究是他的关注点。

第三节　CSSCI 中的知识图谱分析探索

因为科研机构是科技革新的骨干，是产生学科人才的重要摇篮，而领先的科研机构除了具有卓越的成绩外，还应当在热点与前沿领域保持自己的竞争优势，以取得领先的地位。

一、载文期刊分析

236 种期刊发表了 9 062 篇论文，每种期刊平均载文不到 39 篇。表 6-1 列出了图书馆、情报与文献学（以下简称"图书情报学"）载文量排名前十的期刊。从每种期刊的总载文量上看，载文量大于 100 篇的 20 种期刊（占发文期刊数的 8.48%）发表的论文总载文量不到 90%，共刊载了 8 075 篇论文。从表 6-1 中可以发现《图书情报工作》《图书馆理论与实践》《图书馆》《图书馆工作与研究》和《图书馆论坛》的载文量位居前五名。仅这 5 种期刊载文量就占总论文量的 43% 多，可以看出这 5 种期刊是图书情报学论文载文量最高的"核心期刊"。

表 6-1　2006—2012 年图书情报学论文期刊（前 10 名）

来源期刊	载文数量（篇）	来源期刊	载文数量（篇）
图书情报工作	1006	图书与情报	360
图书馆理论与实践	923	情报杂志	315
图书馆	696	中国图书馆学报	260
图书馆工作与研究	685	大学图书馆学报	229

来源期刊	载文数量（篇）	来源期刊	载文数量（篇）
图书馆论坛	604	图书情报知识	192
图书馆杂志	457	情报资料工作	155
文献	448	敦煌研究	150
现代图书情报技术	424	情报理论与实践	149
情报科学	390	图书馆学研究	137
图书馆建设	389	国家图书馆学刊	106

二、发文机构分布分析

有 10 家机构发文 100 篇以上，其中武汉大学拔得头筹，其在我国图书情报学研究中雄厚的研究实力和人才优势显露无遗，如表 6-2 所示。

表 6-2　2006—2012 年图书情报学发文机构（前 10 名）

第一机构	载文数量（篇）	第一机构	载文数量（篇）
武汉大学	363	中山大学	164
北京大学	269	国家图书馆	159
南京大学	229	浙江大学	122
南开大学	197	北京师范大学	118
中国科学院国家科学图书馆	165	吉林大学	102

三、发文地区分布分析

从地区分布状况分析中可以看出，尽管 9 062 篇论文在全国各个省（区、市）都有分布，但表现出聚集少数几个省（市）的特点。表 6-3 显示：载文量在 200 篇以上的十四个省（市）的论文占论文总数的 80% 以上，其数量共有 7 347 篇。其中北京市以发文超过 1 540 篇的极大优势领先；广东、江苏、湖北三省发文均超过了 500 篇。北京大学、中山大学、南京大学和武汉大学分别是这 4 个发文居前的省（市）的代表性机构。

表6-3　2006—2012 年图书情报学发文超 200 篇地区

省（市）	载文数量（篇）	省（市）	载文数量（篇）
北京	1546	上海	432
广东	841	山东	423
江苏	789	湖南	401
湖北	560	陕西	257
天津	489	四川	245
浙江	485	甘肃	216
河南	444	河北	215

四、基金资助情况分析

从基金资助情况看，我国图书馆情报学论文受基金资助比例偏低。现今我国各级部门对于图书情报学研究的支持不积极，9 062 篇论文中只有 2 350 篇论文得到国家的资助，这些论文连总数的 30% 都不到。表 6-4 中显示，占据比例最高的是省（区、市）级基金项目，其次才是教育部和国家社科基金项目，反正无论是在资助范围上，还是资助力度上都有待进一步加强。

表6-4　2006—2012 年图书情报学论文接受资助基金

基金类别	载文数量（篇）
国家自然科学基金	94
国家社科基金	441
国家级其他基金	258
教育部基金	374
中科院基金	44

续　表

基金类别	载文数量（篇）
省（区、市）级基金	814
其他	325

五、研究热点知识图谱分析

为了生成图书情报领域可视化研究热点知识图谱，得到 136 个关键词以及关键词间的 41 条连线，词频高于 100 次的高频关键词，需要通过设置合适的阈值，运行 CiteSpace 软件来完成。关键词虽然在论文中所占的比例不是很高，但是其高度概括了一篇论文的研究重点，是作者对论文的高度提炼，因而一般把高频关键词用于确定某研究领域的热点。

（一）数字图书馆及其相关领域

我们通过使用 CSSCI，在其中检索关键词包括"数字图书馆"的论文可以发现，我国在 20 世纪 90 年代中期开始对数字图书馆进行研究，直到 2009 年达到顶峰。近年来，数字图书馆相关的研究领域包括：数字资源的组织和管理、新技术环境下（云计算、Web2.0、图书馆 2.0、本体）的图书馆、数字图书馆信息服务模式（资源共享、个性化服务、数字图书馆联盟）、数字图书馆的知识产权（机构知识库、特色数据库、开放存取、著作权、版权）等。

（二）图书馆学相关理论

在图书馆学理论研究上，图书馆精神是其中的热门话题之一。在 2003—2006 年形成了图书馆精神的四大代表性观点，而且图书馆精神的理论研究成果也在此期间荟萃。这四种代表性观点分别是：程焕文的"事业精神、职业精神和科学精神"，在"社会信息公平和信息保障制度"基础上的公共图书馆精神，肖希明的"科学精神"和"人文精神"相融合的图书馆精神，以及蒋永福的"以人为本"的人本主义图书馆精神。研究人员在 2006 年后由理论转到了实践，在人文与技术、制度与权利、图书馆服务与职业精神、知识自由与知识公平等方面进行了创造性的分析和讨论。

（三）知识管理

最近几年来，图书情报学界的热门话题还有知识管理。何南洋使用可视化技术分析了国外的知识管理领域后，认为知识管理的研究主要把握住五个方面内容，即知识管理的基本技术和理论、企业组织应用、共享与创新、知识服务、组织与检索和信息素养。邱均平等人对国内 2001 年至 2010 年期间的知识管理论文进行了计量分析，发现知识管理和图书馆、知识管理和企业、知识管理、创新、共享等是知识管理研究的主要聚集领域。所以该领域的研究热点包括知识创新、共享、服务和图谱、信息可视化和检索技术、信息化平台、隐性知识显性化等。

（四）信息服务和知识服务

图书馆就是服务机构，而其迄今为止坚持的主题其实也是服务，所以国内图书情报学研究的热点一直是信息服务和知识服务的关系。陈建龙对知识服务和信息服务之间的区别和联系进行了深入剖析，分别从服务者、服务对象和服务工具三个方面进行了分析。在当前大数据信息发展的环境下，拓宽和纵深数据分析后，信息服务正在发展一种具有个性化和嵌入式特点的科研创新合作交互型知识服务模式。虽然大量非结构化的数据更增加了大数据的复杂性，但是大数据为图书馆信息服务发展带来了前所未有的机遇，数据源和数据类型日益多样化，这将极大地推动图书馆服务技术变革、服务模式创新和服务能力提升。

六、图书情报学论文突现词分析

为了展现出该领域研究的最先进成果，分析前面确定的 2006 年至 2012 年间发表的原始数据后，一般是利用 CiteSpace II 软件中的膨胀词探测（Burst Detection）算法，把图书情报学领域频次变化率高的词，从大量的主题词中查出来。之后按照从大到小将突现度量度指标排序，结果显示突现度超过 10 的突现词共 14 个，如表 6-5 所示。

表 6-5　2006—2012 年图书情报学论文突现词及突现度

突现词	突现度	年份	突现词	突现度	年份
数字图书馆	47.76	2006	图书馆核心价值	12.59	2008
文献学	32.77	2006	图书情报工作	12.24	2006
云计算	23.8	2009	公共图书馆	12.01	2006
文献考证	20.2	2006	h 指数	11.41	2009

续　表

突现词	突现度	年份	突现词	突现度	年份
关联数据	17.33	2011	敦煌写本	11.32	2006
移动图书馆	16.53	2012	图书馆服务	11.19	2006
版本学	13.15	2007	图书馆建设	10.95	2012

其中，在 2006 年突现度最高的突显词是"数字图书馆"。我国自 20 世纪 90 年代以来，以中国国家数字图书馆工程、中国高等教育数字图书馆、中国科学院国家科学数字图书馆等项目为经典示范，开始研究与实践数字图书馆。21 世纪初，数字图书馆的发展取得了巨大的进展，出现了很多关键问题和关键技术并进行了广泛讨论和实施。

"图书馆服务""图书情报工作""公共图书馆"和"图书馆建设"等相关突现词也在 2006—2007 年出现。信息网络技术社会化及数字图书馆的繁荣发展，对图书情报工作以及图书馆服务产生了更深层的影响。因为有了实现从传统的信息服务模式到知识服务模式转变的举措，所以对于图书情报工作者及图书馆的建设提出了全新的要求。

从表 6-5 中可以看出，2006 年到 2007 年间还有一类研究主题是文献学及文献考证，"文献学""文献考证""敦煌写本"是其相关的突现词。

图书馆核心价值的研究，本就是图书馆学理论建设的最基础问题。美国图书馆协会于 21 世纪初发布了《图书馆工作核心价值》，中国图书馆学会随后于 2007 年把图书馆核心价值纳入年会的征文选题，并且设置了专项资金项目，突出了开展图书馆核心价值研究的关键性，此后几年的研究就进入了多元化的成熟阶段。之后的 2008 年出现的突现词，就是"图书馆核心价值"。

"云计算""关联数据""移动图书馆"的相关突现词在 2009 年至 2011 年出现。在新兴的信息技术中，云计算、关联数据、移动图书馆和图书馆联系很紧密。21 世纪初，国外学者预测了未来几年图书馆界的技术趋势，将云计算列为十大技术趋势的领头羊。OCLC（联机计算机图书馆中心）于 21 世纪初设计出了基于云计算的网络级图书馆管理方案。这将创造出云计算在图书馆领域的广泛应用的天地。书生公司将云计算技术和 3G 技术相结合，书生移动图书馆的解决方案从云端把图书馆资源径直送到了读者掌心，所以 2010 年 6 月被率先推出。在此背景下，图书情报界研究者广泛研究了云计算环境下的资源共建共享、图书馆管理、图书馆服务、移动图书馆的建设等。云计算对构建自由、个性、多元的移动数字图书馆影响巨大。

2009 年到 2010 年一年间出现的突现词还有"h 指数"。美国 Hirsch 教授在 21 世纪初首次提出 h 指数后，图书情报学领域的研究热点就包括了 h 指数。2006 年我国的学者就开始利用 h 指数对图书情报学期刊的问题进行探讨并评价。h 指数目前已经被推广应用到了科学家个人或群体的学术绩效评价以及学术期刊的学术绩效评价方面。

中国知识基础设施工程（China National Knowledge Infrastructure，CNKI），其中文简称为中国知网，是一项信息化建设项目，目标是实现全社会知识资源的相互传播、共同享有与增值利用。

它在 1999 年 6 月的时候，由清华大学、清华同方发起和建立。经过近 20 年的努力和发展，CNKI 成为我国大型的数据资料搜索网，内容涉及学术论文、期刊、图书等多种类型，专业范围广泛。因此，CNKI 也成为中国权威的图书情报学数据采集与分析工具。

第七章　图书情报学科知识图谱在 CNKI 中的研究

第一节　CNKI 中的数据来源与数据分析工具

一、CNKI 中的数据来源

利用共词分析法有很多步骤，首先我们需要获取数据。目前获取数据的方法主要有两种，一种是使用相关软件从论文中找到可用的数据，然后进行词与词的相关关系分析。另一种是在全文数据库的基础上，查找相关文献里的数据，如题名、摘要、作者、关键词、刊名或作者单位等，然后分析文献内容和关键词的关系。同时我们也不能忽视词与词之间的关系，因为在共词分析法中，主要研究这对关系。当然不是针对所有词，我们应该找到关键词，选取文献资料中的关键词或主题词直接进行研究分析。国内很多专家学者都会从一些代表性期刊论文中找到相关数据，然后进行数据采集。采集出来的数据可能有相近关键词，它们往往存在重复、无效以及无实质意义的问题，是无用的关键词，我们这时候就需要去除这些数据。中文数据库选择的全文期刊数据库、学位论文数据库大都是中国知网所收录的，而在外文数据库里，Emerald 期刊则是"常客"。目前大多是统计某个学科在某个年限内发布的论文数量或者某个相关资料里的高频关键词，最后利用共词分析法来研究这一学科的热点以及它的发展趋势。

我们采集中国知网中的《中国学术期刊网络出版总库》的相关数据，对近 15年（1999—2013）的资料进行模糊检索，以"高校图书馆研究"为主题，总共检索出 7 933 篇文献是关于"高校图书馆研究"方面的。然后经过统计整合，一共剔除 317 篇文献，其中包括报纸、通知和会议资料等，最终共得到 7 616 篇有效论文。这次的统计检索时间为 2014 年 1 月 15 日。

二、CNKI 中的数据分析工具

（一）BICOMB

中国卫生政策支持项目（HPSP）资助的书目共现分析系统（Bibliographic Item Co-Occurrence Matrix Builder，BICOMB），是中国医科大学医学信息学系的崔雷教授开发的。他在开发时，采用了数据库语言，这种数据库语言比较成熟，使用的人也多。它的主要功能是准确提取生物医学文献数据库中的各种有效信息，然后归类存储、统计计算、矩阵分析这些文献信息。这样一来，就为下一步研究提供了有效的基础数据。

BICOMB 的主要功能有：

（1）共现矩阵生成功能：共现矩阵的生成有两个步骤，首先统计文献数据库中存在的多个条目的字段，然后生成共现矩阵字段，如作者合著、引文同被引、主题词共现等。

（2）文献计量分析功能：在进行频次统计的时候，需要遵循常用文献计量分析的原则。这些常用文献包括来源文献和被引文献。对于来源文献，可以包括作者、期刊、主题词、发表年代等；在被引文献里，可以有引文、作者、期刊、年代等。

BICOMB 处理分析步骤：

第一步，抽取字段：我们需要抽取指定统计分析的字段（如主题词），主要在数据库下载的文献记录里查找。

第二步，频次统计：有三个步骤，首先统计第一步抽取出来的条目（如具体的主题词）出现的频次，其次根据频次分布情况来确定阈值，最后确定并截取要进一步分析的部分条目，如高频主题词。

第三步，共现矩阵生成：统计第二步截取出来需要进一步分析的条目在同一文献记录中共同出现过的次数，生成共现矩阵。

（二）数据统计

关键词是一种自然语言词汇，常常被我们用来表达文献的主题内容。科技论文、科技报告以及学术论文经常使用到。它可能被用于文献的题名、摘要和正文中，具有实际意义，用来表达文献的主题。我们平时在研究学科领域的方向和发展程度时，和某种关键词的多少息息相关。我们利用这种词频统计，能够客观地得出该学科的发展情况，如它的研究热点和发展趋势。总之，关键词的重要程度不言而喻。

我们利用该软件系统，将检索出的相关文献导入书目共现分析系统（Bibliographic Item Co-Occurrence Matrix Builder, BICOMB）软件中，然后实施三个步骤。第一，将关键词提取出来；第二，从这些关键词中获得高频关键词；最后获得高频关键词表。统计出关键词词频频次 ≥ 65 的前 30 个关键词，如表 7-1 所示。

表 7-1　高频关键词表

序号	关键词	频次	序号	关键词	频次	序号	关键词	频次
1	高校图书馆	4213	11	对策	126	21	建设	76
2	图书馆	1215	12	知识服务	124	22	读者	76
3	信息服务	393	13	资源共享	121	23	文献资源	69
4	数字图书馆	244	14	个性化服务	104	24	服务创新	68
5	网络环境	195	15	电子资源	98	25	参考咨询	67
6	读者服务	192	16	知识管理	96	26	文献资源建设	67
7	学科馆员	180	17	创新	93	27	研究	66
8	信息资源	157	18	数字资源	92	28	服务质量	65
9	大学生	142	19	图书馆管理	84	29	信息需求	65
10	服务模式	134	20	学科服务	77	30	信息共享空间	65

将 CNKI 数据库中的相关期刊论文作为基础，然后进行关键词词频统计分析。这时候我们就可以利用 SPSS 中的因子分析、聚类分析和多维尺度分析以及社会化分析软件 Ucinet 等技术，构造出共词矩阵和相关矩阵。最后分析这些高频关键词之间的关系。在分析时，我们可以通过可视化的两两关键词间的亲疏关系来进行判断分析。最终通过分析，不仅可以得出我国高校图书馆领域的研究热点，还能预测未来的发展趋势。

第二节　CNKI 中的知识图谱发展历程分析

从宏观上看，CNKI 的发展历程经历了三个阶段：光盘版时代《中国学术期刊（光盘版）》、网络版时代《中国期刊网》、知识服务平台时代《中国知识资源总库》。

我国的图书馆知识图谱也随着 CNKI 的发展而不断成长。图书馆学的研究对象包括图书馆的发展、管理以及服务。它是一门发展中的学科。图书馆学在我国的发展历史悠久，已有百余年。近几年，一些论文的创作者，已经开始关注我国图书馆学的研究热点，并且不断创作出相关论文。研究结果表明，图书馆学的发展呈现上升发展的态势，随之而来的是许多研究热点，如高校图书馆发展、信息资源共建共享、馆际合作、信息资源建设等。相关的图书馆学方面的研究文献数量也在逐年增加。社会信息技术在不断发展，图书馆学持续发展，在研究领域和研究深度方面都有进步。各大高校里的图书馆都不能缺失，它们的作用有以下几点。第一，它能够为这些高等院校的科研学者在进行研究时提供信息；第二，它能为学科带头人提供科研上的帮助；第三，高校图书馆有着各种丰富的资源，如期刊全文数据库、硕士（博士）论文数据库等，学生写论文时可以从中获得信息。从这一点可以看出，高校图书馆给大学生的学习以及生活提供了很大的帮助。高校图书馆还能满足在校师生的更多更高层次的需求，专门为广大师生提供相关服务，给在校师生带来了极大的便利。

2011 年，美国的《美国高等教育纪元报》上刊登了一篇文章，各界图书馆学者都很惊讶，它名为《"2050"年高校图书馆尸检报告》。为什么会这样呢？原来是因为在现在的网络环境里，新媒体技术得到了发展，手段也有所提高，因此实体图书馆遭受了重创。随之而来的是"高校图书馆灭亡论"，以及越来越少的高校师生使用学校图书馆。针对这个问题，我们应该同时利用定性与定量的方法，分析近 15 年来我国高校图书馆的研究热点。这样一来，以后进行研究的时候，就有了参考依据，不仅如此，还能提供参考和借鉴，帮助我国高校图书馆完善服务工作，进而增强我国高校图书馆的竞争力量。

目前在图书情报研究领域里，用共词分析法研究比较可靠，因此也引起了我国图书情报研究人员的关注。为了得出我国高校图书馆领域里的一些研究热点，国内一些专家如冯璐和董伟等做出了重大贡献。一方面，冯璐等人系统地讲述了共词分析法的理论发展过程；另一方面，董伟等人在利用共词分析法分析我国数字图书馆中的热点时获得了重要发现。

一、通过 CNKI 查看知识图谱分析

通过分析一些资料得出，目前国内大部分学科研究都只对研究学者、研究机构、关键词等内容感兴趣，较少学科研究会涉及国家基金。针对这一现象，本节

要从三个方面入手，分析学科研究情况：一是对国家基金资助图书情报学的情况进行分析；二是对在图书情报学领域进行研究的研究者进行分析；三是对专门从事研究图书情报学的研究机构进行分析。通过以上三个方面的分析，来了解图书情报学当前的地位，以及这方面的权威代表人物和权威机构等，从而可以深入了解我国图书情报学的发展情况。

（一）分析图书情报学国家基金资助情况

我国最高科学基金项目是指国家社会科学基金项目和国家自然科学基金项目（以下简称社科和自科），它用于培养国家人才，促进学科发展，推动我国科研进程。本节根据近十年来图书情报学在国家基金立项项目上的概况，采用多样化的角度，对图书情报学的地位及发展状况进行分析。

其中自科基金项目的数据来源于"国家自然科学基金委员会网站"，检索条件为：申请代码"G031（信息资源管理）"和"G030701（科学计量学与科技评价）"，时间跨度为 2006—2015 年。社科基金项目的数据来自"全国哲学社会科学规划办公室网站"，检索条件：学科分类为"图书馆、情报文献学"，时间跨度为 2006—2015 年。需要说明的一点是，以"图书馆、情报文献学"为学科分类检索结果还包含档案管理方向的项目，因其所占比例较小，且有些课题还与图书情报学有关，所以本研究假定最终的检索结果都归属于图书情报学领域。

1. 分析立项基本情况

通过查阅两个国家基金相对应的网站，得到 2008—2017 年图书情报学在国家基金项目上的立项数据，如表 7-2 所示。

表 7-2　图书情报学 2008—2017 年国家基金立项情况统计表

基金类别	项目类型	2008	2009	2010	2011	2012	2013	2014	2015	2016	2017	合计	比例
社科	西部项目	13	4	11	7	16	14	15	14	7	11	112	11%
	重点项目	0	1	3	2	6	9	6	10	11	9	57	5%
	一般项目	35	32	42	37	50	49	59	68	75	83	530	50%

基金类别	项目类型	2008	2009	2010	2011	2012	2013	2014	2015	2016	2017	合计	比例
社科	青年项目	10	14	17	30	27	41	49	53	47	39	327	50%
	后期资助项目	0	0	0	6	3	3	0	6	4	0	22	2%
	成果文库	0	0	0	0	2	2	2	0	0	0	6	1%
	重大项目	0	0	0	0	0	0	3	4	5	0	12	1%
	总计	58	51	73	82	104	118	134	155	149	142	1066	100%
自科	面上项目	8	6	6	9	12	11	17	20	16	15	120	52%
	青年科学基金项目	1	0	6	4	5	10	10	13	16	18	83	36%
	地区科学基金项目	1	0	1	1	0	2	1	3	2	3	14	6%
	国际（地区）合作与交流项目	1	1	0	1	1	3	0	0	3	0	10	14%
	重点项目	0	0	1	0	0	1	0	0	0	1	3	1%
	重大研究计划	0	0	0	1	0	0	0	0	0	0	1	0%

基金类别	项目类型	2008	2009	2010	2011	2012	2013	2014	2015	2016	2017	合计	比例
自科	专项项目	0	0	1	0	0	0	0	1	0	0	2	1%
	总计	11	7	15	16	18	27	28	37	37	37	233	100%

注：因检索条件较单一，可能导致数据统计不完整，仅供参考。

通过对立项数量的分析和总结，发现图书情报学在社科和自科两个方面的立项数目都呈现递增趋势。其中近十年共有 1 066 项社科项目和 233 项自科项目，而一门学科在某个发展时期，政府会通过各种各样的方法促使该学科的进步与发展，改善其发展情况，如设立科学基金。在学科发展进步的过程中，提供该项目所需资金，从而促进学科的发展创新。这说明国家政府不断地加强对图书情报学的重视程度，使得图书情报学地位提升，快速发展。除此之外，如果我们比较图 7-1 的社科基金与自科基金数量，就会发现在图书情报学中，社科项目所占的比重远远大于自科项目。虽然图书情报学在本质上属于人文社科领域，但是如果从学科以后的发展角度来看，图书情报学则同属于文理，是一门综合学科。根据两者在立项数量上的差异，图书情报学仍然需要在自然科学研究方面下一番功夫，以此缩小差距。针对这个问题，图书情报学在以后的创新发展中，应该在理论研究的基础上，大力发展技术和应用，以此解决图书情报学研究范围狭小的状况，推动学科的全面可持续发展。

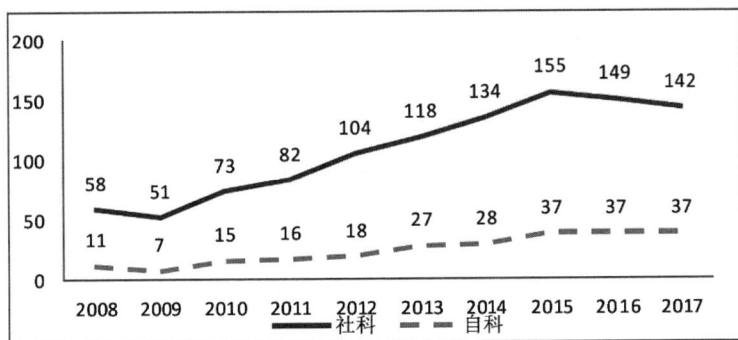

图 7-1　图书情报学在社科和自科两大类基金立项数量对比图

根据表 7-2 可知，在 2014 年以后，图书情报学成功申请到三个重大项目，在 2015 年和 2016 年都增长了不少，并且在 2011 年以后，后期在资助项目和成果文库中也取得了很大的进步。由此得知，我国图书情报学在完善自身的时候，政府也出资帮助。比如，设立地区科学基金项目，旨在帮助该地区的研究员进行研究工作，激发他们的创新思维。在基金资助的计划里，使科学研究取得进步，最终推动该地区的经济发展。在自科立项中，我们需要重视最重要的面上项目。经过统计，图书情报学的面上项目和青年科学基金项目都有所增加。据统计，面上项目有 120 项，青年科学基金项目有 82 项，但是这些远远不够，因为社科青年项目多得多。最近十年以来，图书情报学项目只有 14 项，但在国际合作交流项目中很多，共有 10 项。它主要用于扶助从事科学研究的技术人员，让他们处于最顶尖的国际科学环境中，合理利用国际资源，平等、友好、互助地同国际科学人员进行交流与合作，提升自己的科学素质，进行更优质的科学研究。这样一来，也提升了我国科学研究在国际上的形象，增强了我国科学研究方面的国际竞争力。但是在图书情报学中的自然科学研究领域，我国还处于一个发展较弱的情况，如有 3 个重点项目，2 个专项项目，1 个重大研究计划，所以图书情报学的研究人员在这方面还得努力强化。

2. 分析立项项目机构

我们调查研究了一部分分布在我国图书情报学的机构，首先了解了哪些机构科研实力比较强，更重要的是还了解到我国的哪些省份活跃在图书情报学的研究中。根据统计，我们发现社科项目近十年共 1 066 个项目，并且调查了这 1 066 个项目分别来自哪里。其中高等院校最多，占比 83%，共 887 个项目。另外，有 35 个立项出自各级党政机关，21 个立项出自军队系统，余下的 123 个来自各科学院和各地图书馆；自科项目近 10 年有 233 个项目，其中有 204 个出自高等院校，占比 87.6%。我们从这些数据中可以得出高等院校是学科发展的最主要的根据地，因为图书情报学大部分课题研究都依托于高等院校。接下来对社科立项和自科立项数量排名前十（由于社科第十名有并列情况，因此实际是排名前十二的机构）的机构进行调查研究，如表 7-3 所示。

表 7-3 国家基金立项排名靠前的项目机构（部分）

机构名称	自 科	机构名称	社 科
武汉大学	47	武汉大学	43
中国科技信息研究所	15	南京大学	32
中国人民大学	9	上海大学	28
南京理工大学	9	中国科技信息研究所	27
南京大学	8	中山大学	27
中国科学院	8	北京大学	25
大连理工大学	8	中国人民大学	21
浙江大学	7	中国科学院	17
西安电子科技大学	7	国家图书馆	16
北京大学	6	华中师范大学、郑州大学、黑龙江大学	16

由表 7-3 可知，近十年来，武汉大学在国家基金立项数量方面名列前茅，远远超过其他高等院校。不仅如此，中国科技信息研究所也在研究院方面有着不可比拟的优势，这说明图书情报学的主力军和风向标分别是高等院校和研究院。究其原因，有两个方面。一方面是这些机构大多位于学风优良和经济发展比较快的城市，如北京、上海、南京、武汉等；另一方面是这些机构学科建设历史悠久，信息管理系教育体系发展较为完善。正是因为有了这些条件，大批的图书情报学的"领头羊"和优秀的研究团队都加入其中，因此这些机构发展较快。此外，我们还比较了社科立项和自科立项的发展情况。在排名靠前的机构中，更多地选择了社科项目。比如上海大学，它在社科立项中排名第三。而选择自科项目的可以说是少之又少，甚至有的大学在这方面的数量为零，如郑州大学和黑龙江大学。理工类院校在自科立项中排名靠前，如南京理工大学、大连理工大学以及西安电子科技大学。虽然它们在自科立项中表现比较突出，但是在社科立项方面却有些力不从心。所以我们得出一个结论：不同的机构，立项也不同。

3. 分析立项负责人

通过一些数据表明，我国已经拥有了庞大的图书馆情报科研群体。例如，2008—2017 年间，社科项目共有 967 人立项 1 066 个，其中近十年立了 3 个项目的有 4 人，96 人立项 2 个，其余的每人立项 1 个；在自科项目中，共 195 人立项 233 个，其中 1 人立项 4 个，4 人立项 3 个，33 人立项 2 个，其余每人立项 1 个。下面对立项 3 个以上的负责人进行分析，如表 7-4 所示。

表 7-4　图书情报学近 10 年立项大于 3 项的学者统计表

基　金	作　者	单　位	项　目
社科	程焕文	中山大学	中国图书馆学史专题研究（重点项目）
			图书馆权利研究（成果文库）
			20 世纪中国图书馆学思想史研究（重点项目）
	丁延峰	聊城大学	汲古阁藏书、刻书、抄书研究（一般项目）
			海源阁藏书研究（成果文库）
			中国私家藏书个案研究——海源阁藏书研究（一般项目）
	贾君枝	山西大学	基于关联数据的中文名称规范档语义描述及数据聚合研究（重点项目）
			叙词表与分众分类系统的集成研究（一般项目）
			汉语框架网络知识本体构建研究（青年项目）
自科	肖希明	武汉大学	公共数字文化服务中的资源整合研究（重点项目）
			信息资源共享系统绩效评估研究（成果文库）
			文献资源共享系统的绩效评估研究（一般项目）
	胡昌平	武汉大学	信息服务的社会监督（面上项目）
			数字图书馆社区的知识聚合与服务研究
			国家创新发展中的信息服务跨系统协同组织
	马费成	武汉大学	基于 Web2.0 的信息自组织与有序化研究
			基于生命周期理论的数字信息资源深度开发与管理机制研究
			知识网络的形成机制及演化规律研究
			大数据环境下的知识组织与服务创新研究

续　表

基　金	作　者	单　位	项　目
自科	谢新洲	北京大学	互联网信息传播机制与社会影响评价研究
			"互联网与社会：挑战、转型与发展"国际会议
			基于互联网网民言论信息的口碑监测、分析与管理研究
			社会化媒体用户行为模式及管理机制研究
	叶鹰	浙江大学	专利 h 指数与专利信息网络测度研究
			h 指数和类 h 指数的机理分析与实证研究
			h 型指数与信息计量机理研究
	张玉峰	武汉大学	基于数据挖掘的企业竞争情报智能采集机制研究
			企业竞争情报智能分析模型与方法研究
			基于动态数据挖掘的物流信息智能分析研究

　　图书情报学活跃的科研人员都集中在中青年学者中，这说明在中青年学者中，有不少人都活跃在图书情报学研究上。在社科项目立项较多的学者中，4 个人中就有两个不是毕业于 211 和 985 的高校，这说明非 211 和非 985 院校越来越关注图书情报学，相比较以前，大力提高了重视程度。另外，通过分析学者立项的课题，我们发现了一大批优秀的学者。比如，中山大学的教授程焕文，他重点研究图书馆史，有一定的建树。还有聊城大学的丁延峰，则在藏书方面下了不少功夫，付出了不少辛苦。另外浙江大学的叶鹰教授也致力于 h 指数的研究，而武汉大学的张玉峰教授则研究数据挖掘……这些优秀学者用自己严谨的科学态度、扎实的基础知识，在自己的领域里开创了一片天地，同时为科研做出了杰出贡献。另外，正是因为他们的努力，吸引了大批有为青年加入科研的行列中来，壮大了他们的研究团队。他们就和这些新生力量共同改善图书情报学当前不理想的状况，以推动图书情报学向更好的方向发展。

　　4.分析立项主题

　　研究基金"立项主题"旨在找出学科目前的研究热点，探究未来学科研究的前沿性课题。因此，利用近两年的图书情报学资源，对国家基金立项进行词频分析，根据 2016 年和 2017 年的立项项目出现频次，提取基金项目中出现频率最高的关键词，进而对立项高频关键词进行立项主题分析。这一方法能够在一定程度上揭示该学科现阶段的研究状况、预测该学科的未来发展趋势。

首先通过本书在"国家自然科学基金网站"和"全国哲学社会科学规划办"查找到关于 2016—2017 年图书情报学立项基金的资料，然后发现在 2016—2017 年间，社科基金立项共 284 个，自科立项共 72 个，最后总结高频关键词汇，分析它们的立项名称，如表 7-5 所示。

表 7-5　2016-2017 年国家基金立项名称高频关键词统计分析表

关键词（社科）	频次	关键词（自科）	频次
图书馆	60	情报	7
大数据	28	大数据、电子政务、计量、知识服务、技术	6
情报	14		
信息资源	13	本体、文本挖掘、引文分析、知识组织	4
公共图书馆、关联数据、社会化、阅读	10	社会网络、数据挖掘、信息检索、图书馆、信息资源、社会化媒体、群体、知识发现	3
舆情、模型	9		
微服务（信息、服务）、预警	5	移动、专利	5
数字图书馆、信息服务、移动互联网、学术期刊、挖掘、信息行为、民国时期图书馆、社交媒体、社交网络、群体	4	多元信息融合、核函数、开放获取、生物医学、网络信息资源、信息共享、信息聚合、信息质量、竞争情报、学术评价	2
社会网络、知识组织、图书馆服务、科学数据、情境、公民阅读、农村、计量、竞争情报	3		
电子文件、学科服务、信息扩散、信息素养、情景	2		

据表 7-5 可知，图书情报学在社科中的研究主题主要表现为四点。第一，图书馆出现的频次最多，这说明图书情报学关注的重要研究领域一直是围绕图书馆开展的相关研究。近几年来，该学科对图书馆的相关研究，主要针对服务和资源两个方面，这表明向客户提供最好的信息服务和资源依旧是图书馆的核心业务。另外，随着信息化和网络化的发展，图书馆的研究也需要进步与发展，以此来应

对新的时代背景的挑战。如今进入移动互联网时代，很多学者都开始转向研究这个时代背景下的图书馆，所以在最近两年，立项项目较多地运用移动互联网。而他们这么做都是为了向用户提供更好的服务。另外，近两年也出现了新的研究热点。例如，关于公民阅读权利和民国时期图书馆的研究。其中包括保障公民阅读权利的研究、民国时期图书馆学者群体研究等，这些都反映了图书馆研究领域的研究热点在不断地创新与扩展。第二，情报学科的研究重点一直都是信息资源，它出现的频率也很高。信息资源不仅在提高国家竞争力和创新力方面起着非常重要的作用，并且大家一直很认同它的重要性。"政府"和"大数据"出现的频率也较高，这一方面说明信息资源与政府密切相关，另一方面说明在大数据热潮的环境下，学者不断创新，试图将图书情报学的研究主题与大数据相结合，希望能够推动图书情报学的新型发展。第三，仅次于图书馆和大数据的是情报出现的频次。当然情报研究也进入了大数据时代，而情报研究一直都是图书情报学的重点研究领域，其中包括竞争情报、专利情报、危机情报，尤其以竞争情报研究为重。第四，当今时代信息越来越重要，再加上网络无处不在，由此出现了网络舆情，也就是社会民众对社会上发生的各种突发事件发表不同的言论，从而形成一定规模的社会舆论。从事图书情报学研究的学者越来越重视网络舆论的研究。两年来，有9个立项都是关于舆情方面的研究。由此得出一个结论，舆论研究在图书情报研究学科中越来越占据重要地位。而学者一般是通过结合突发事件来研究它的监测、预警、应急机制。

通过观察分析图书情报学在自科立项中关键词的情况，我们发现它的研究主题主要集中在：

（1）情报研究：竞争情报是重点，它主要从情报采集、情报机制、情报分析、情报提供等方面展开研究，其中研究学者主要采用本体、语义网、数据挖掘等技术。

（2）计量学研究：计量学研究的主要目的是为决策提供辅助以及服务社会，主要着重研究科学、文献、情报等方面的计量。计量学目前的主要研究内容为，包括学科结构、发展现状、研究热点、发展趋势在内的学科分析；包括科研机构、政府、企业、高校在内的机构分析；包括论文、期刊、专利等在内的文献分析。由此可知图书情报学核心主题已逐渐由计量学来充当。

（3）知识服务与知识组织研究：以知识研究为主要方向，是图书情报学领域学者们最喜欢的。与此同时，在知识方面，关于服务与组织的研究也成为热门。

这都是因为知识是我国重要的战略资源和最重要的生产要素。另外通过立项名称可知分析主题主要结合数据挖掘、语义分析以及计量学方法分析。

（4）电子政务研究：图书情报学研究与政务相结合并日趋紧密。据预测，在接下来的一段时间内，图书情报学领域研究将以电子政务为主，这是因为政府政务在不断地适应大数据时代的来临。根据立项名称的主题词分析，大数据与电子政务共现次数为3，这就是强有力的证据。

根据上述对社科与自科立项关键词的分析，可以知道：立项的基本特征保持一致，基本不变。最近几年随着图书情报学的快速发展，社科倾向于研究图书馆，而自科更倾向于研究情报学。由于受到国家基金项目研究期限的限制（大致是两年、三年甚至是五年），我们就可以将现在和未来几年内的研究热点看作是一致的，也就是近期的立项主题。基于以上的观点，我们就可以理解：信息资源、信息服务、信息素养、信息行为、网络舆情、公民阅读、民国时期图书馆、微服务（信息、服务）、知识组织等是社科基金研究的重点和热点；而计量学、电子政务、竞争情报、本体、数据挖掘、知识服务、信息共享、开发获取、信息聚合等是自科基金研究的重点和热点。

（二）图书情报学研究学者分析

社会在不断发展，我国图书情报学也需要快速发展，需要大量的前进新动力，应这个需求，大批青年人已经积极投入到这个行列当中去。从另一方面来说，在学科发展过程中，优秀的研究队伍是至关重要的，当然睿智英明的学科带头人更是制胜的关键。

1.高产作者界定标准

利用崔雷博士开发的数目共现分析系统，我们将48 291篇文献数据导入Bicomb软件中进行详细统计，结果表明2008—2017年间，在18种重要的期刊上共有27 436位作者发表过与图书情报相关的论文。这就从侧面说明了在未来十年的时间，将有一支庞大的研究队伍活跃在科研界，其人数有将近3万，并且这支队伍对我国图书情报学的发展将起到不可忽视的作用。

本节对科研学者的研究是条理明确、层次清晰的，首先是总体分析各个科研学者，其次是在上一环节的基础上筛选有代表性的高产作者，最后是优中选尖，在高产作家中以权威作家为最终目标进行挑选。

表7-6是2008—2017年18本图书情报学重要期刊上的论文篇数和作者人数的统计结果。在27 436位作者中，有15 989人发表了一篇论文，约占3/5，发表

两篇的有 4 496 人。根据洛特卡定律，可以发现仅有一篇论文的作者数大约是发表 n 篇的 n^2 倍，通过平方反比律，可知仅发表一篇论文的作者大约是整个学科作者总数的 2/3。根据表 7-6 的数据计算，可知发表一篇论文作者的数量是符合洛特卡定律的，但同时也表明发表一篇和发表两篇的人数差别最大，这也是一个显著的问题所在。这就启示作者，虽然突破一篇的瓶颈是困难的，但也是成为高产作家所必需的。换句话说，就是所有的作家都应该尽可能地发表更多的论文。但是发表多少篇论文才是高产作者的一个标准呢？针对这个问题，笔者将通过文献计量学的经典定律——普拉斯定律来定义高产作者的标准。

表 7-6　2008-2017 年论文篇数和人数的统计结果

发文数排名	人　数	发文数排名	人　数	发文数排名	人　数
1	15 989	7	401	13	89
2	4 496	8	280	14	89
3	2 142	9	218	15	76
4	1 270	10	205	16	60
5	787	11	141	……	……
6	497	12	108		

学者与论文数量之间的关系，和不同层次、水平的学者的定量关系，这些都是以洛特卡定律为基础的普赖斯定律的研究内容。在他的著作《小科学，大科学》中，他提出，"研究学者的总数目，大概是按照高产学者人数的平方关系而不断增加"。普赖斯定律公式可表示为：

$$\frac{x(1, n_{max})}{2} = x(m, n_{max}) = x(1, m) \qquad (7-1)$$

其中，全部学者所发表论文总数可以记为 $x(m, n_{max})$，n_{max} 代表论文发表数量最多的学者发表论文的篇数，m 为常数，个人发表论文篇数超过 m 的学者，他们所撰写的论文总数目恰好是所有论文的总数目的一半。当然，可以看出公式（7-1）中刚好体现总数 50% 的论文。而本节的主要的目的是确定 m 值，前人学者根据普赖斯定律推导得出：

$$m = 0.749 \times \sqrt{n_{max}}$$ （7-2）

在上述推论的基础上可得出，m 的取值由普赖斯定律公式来确定。在这个研究中，邱均平共有 190 篇有关图书情报学的论文，由 $0.749 \times 190 \approx 10$ 可以得出结论：高产作者是指在科研团队中发表了 10 篇以上的研究作者。换句话说，10 篇论文是成为高产作者的最低标准。经过分析发现，在 27 436 名作者中，只有 1 356 人可称作高产作家，其论文达到了 10 篇以上。

2. 核心高产作者分布

在 BICOMB 软件中，一个时间切片定义为一年，按照系统默认的设置，节点选取为 Author，把 2008—2017 年 CNKI 数据输入到 BICOMB 软件中，可生成知识图谱，显示近 12 年图书情报学研究主流学术群体及其代表人物，该图谱主要由节点和连线组成。在图谱中，选取高产作者（文章选取出现频次大于 10）。由于高产作家人数较多，大约有 1 356 个，由相关文献数据生成的图谱较密集，每个点的分布情况并不能清楚地分辨出来，所以我们就调整筛选条件，把论文篇数提高到 60 篇。把图谱上呈现的作者称为核心高产作者，其中，作者节点的大小与其在整个学科中所占的比重成正相关。

本节统计每个核心高产作者的相关信息，包括这段时间的发文数量和其他信息，更加全面地研究核心高产学者的特点。在统计中，发文数量由图谱分析得到，他们的基本信息包括所属机构、年龄以及其他相关信息由搜索引擎找到，最后，在百度中可以检索出每个学者的 h 指数，（检索时间为 2017 年 2 月 28 日）如表 7-7 所示。

表 7-7　图书情报学 2008—2017 年发表 CNKI 大于 60 篇的核心高产作者（部分）

作　者	发论文量	机　构	h 指数	年　龄
邱均平	190	武汉大学	51	69
朱庆华	168	南京大学	32	53
毕强	155	吉林大学	23	62
苏新宁	133	南京大学	28	61
马海群	132	黑龙江大学	28	52
侯汉清	124	南京农业大学	21	73

作　者	发论文量	机　构	h 指数	年　龄
郑建明	123	南京大学	25	56
冷伏海	118	中国科学院国家科学图书馆	14	53
孙建军	112	南京大学	18	54
张智雄	110	中国科学院	21	45
韩毅	108	西南大学	18	40
张晓林	106	中国科学院	45	60
靖继鹏	102	吉林大学	22	74
张志强	101	中国科学院	11	52
黄国彬	100	北京师范大学	14	37
胡昌平	99	武汉大学	30	70
谢阳群	99	安徽大学	18	52
柯平	97	南开大学	31	52
张玉峰	97	武汉大学	17	70
马费成	97	武汉大学	35	69
盛小平	97	华南师范大学	31	58
郑彦宁	95	中国科技信息研究所	13	57
王知津	93	南开大学	28	69
祝忠明	92	中国科学院	16	54
肖希明	92	武汉大学	36	61
赵捧未	89	西安电子科技大学	13	68
张文德	88	福州大学	13	54
贾君枝	86	山西大学	10	44
邓胜利	85	武汉大学	17	37

　　注：数据源于 2008—2017 年 CNKI 收录关于"图书情报学 18 种核心期刊"的文献，检索条件为：文献类型＝论文，时间"2008—2017"，期刊名称＝"（18 种期刊里任意一种）"。

以上共有 5 828 篇论文，它们一共来自 67 位学者，可知人均发文 86 篇。这些作者以高学历为主，包括大学教授和图书馆研究员等，并且其中博士生导师占绝大多数。通过对图书情报学领域具有代表性的期刊数据的分析可以发现，这些学者已经可以称之为该领域的专家，这是因为他们已经在图书情报研究领域取得相当多的成绩和成果，且这些成果正在被大量的学者参考和引用。

据表 7-7 可知，邱均平在 2008—2017 年间共发表 190 篇 CNKI 论文，他是以第一作者身份发表论文最多的教授，信息管理、科学计量学、竞争情报、知识管理等都是他的主要研究方向。朱庆华教授紧随其后，朱教授在 2008—2017 年间共发表 168 篇 CNKI 论文，网络信息资源管理、信息分析与评价、信息政策法规等是他的主要研究方向。

在作者机构分布方面，大数据显示有 10 人的包括武汉大学、中国科学院，有7 人的包括中国科技信息研究所、南京大学，有 3 人的包括南开大学、吉林大学，有 2 人的包括北京大学、黑龙江大学、华中师范大学、安徽大学和湘潭大学。由此可知图书情报学的核心高产作者几乎都来自高等院校或科学研究所。通过分析，还可以发现个别高等专科院校也同样可以培养出优秀的学者，并非高产作者只来自重点大学，如来自郑州师范高等专科学校的硕士研究生、副研究馆员袁红军，通过 CNKI 检索发现，他已发表论文 140 多篇，最高被引频率为 44 次，有 65 篇为近十年发表的 CNKI 核心论文。由以上的分析可以得知：高产作者大都来自高等院校，所以可以得知高等院校对高产作者的培养起着至关重要的作用。高等院校应该有自己的社会责任感，自觉地为研究提供良好的环境，为未来科研学者的成长保驾护航。总的来说，不论是高等院校还是其他学校都有责任来营造科研氛围，自觉推动未来科研界人才的成长，弥补我国在这方面的欠缺。

在年龄方面，吉林大学教授靖继鹏是 67 位高产作者中年龄最大的，而南开大学博士韩正彪是年龄最小的。51~60 岁的高产作家有 28 人，是各个年龄层中人数最多的，所占比重约是 41.8%。由以上的数据可知，中年学者是科研组织的主体，为了图书情报学的长足发展，必须依靠这些学者的学识与经验，只有这样才能不断取得优秀成果。在高产作者中，有两位 70 岁以上的，占 3%；有 8 位年龄在30~40 岁之间的，占 12%；有 14 位年龄在 41~50 岁之间的，所占比重约是 20.9%，这表明图书情报学领域仍然充满活力与生机，并没有向"老"的趋势，也就是说青年学者正在崛起，中青年队伍正在不断壮大，他们将成为图书情报学领域的顶梁柱。因此我国应该有完整的、详尽的安排方案，不浪费每个年龄层该发挥的重要作用。首先，一定要有统筹观，从大局着眼注重各个年龄段的人才；其次，重点把握每个年龄段的优势，如中老年研究学者经验的积累，发挥他们的带头作用，还有青年学者的创造力及先进性，充分发挥他们的才能，重点培养他们的活跃思维。除此之外，还要与时俱进，把握新时代的脉搏，把对青年学者的培养放在重中之重的位置，把握住未来的希望。可以适当地将项目、经费等资源向青年学者倾斜，让图书情报学的发展有新鲜的血液注入。如图 7-2 所示，从年龄方面考虑，可知"储蓄型"的人才结构类型，是恰好符合学科发展特点的。

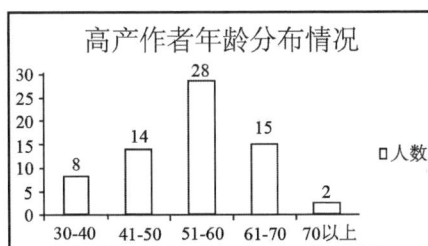

图 7-2　高产作者年龄分布柱形图

3. 权威作者的确定

研究成果发表数量的多少以及发表后被引用次数的多少，是判断一个科学研究人员学术成就和影响力大小的标准。在 2005 年的时候，Jorge Hirsch，来自美国加利福尼亚大学的物理学家提出了"h 指数"（量化科研人员作为独立个体的研究成果）。我们用它来反映学者研究成果产出的数量和该作者学术论文影响力的大小，评估学者的学术水平，以达到对学者的了解。可以说 h 指数是一种评价学者的混合量化指标。一个人的 h 指数和他的学术论文的影响力具有一致性。*Nature* 杂志编辑称 h 指数一经问世，便获得广大学者的好评，因为它是对科学家做出公正排序的指标。h 指数的广义定义是：h 代表学者的发文数量，当他的被引文次数≥他的发文数，且其余论文的被引次数都小于发文数时，则把 h 值看作该评价对象的 h 指数。

图 7-3 是两者的走势图，是通过分析高产作者发表论文的数量以及与其对应的 h 指数得到的。根据发表论文的数量来评价学者的研究成果，这是传统评价的唯一方法。但根据图 7-3 可知，高产作者的作品数量与 h 指数大小的关系是不确定的。所以在评价学者研究成果时，要"质"与"量"相结合，不单单通过量来考虑。因此图书情报学领域的权威代表人物的界定可以采用 h 指数。

根据百度学术，查询所有高产学者的 h 指数。高产作者中的核心作者的界定是 h 指数 ≥ 25 的高产作者，最后成为图书情报学界的权威代表人物。通过筛选得到权威作者，并且通过检索得到这 15 位学者所有的成果数以及成果的被引频次总次数（检索时间：2017 年 2 月 28 日），如表 7-8 所示。

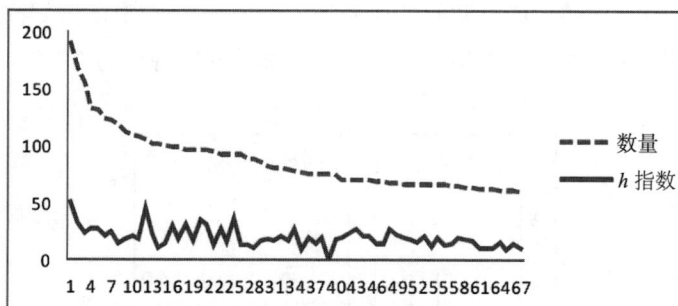

图 7-3　高产作者发表论文的数量以及 h 指数走势图

表 7-8　h 指数大于 25 的图书情报学权威作者

作者	被引频次	成果数	h 指数
邱均平	11 989	645	51
张晓林	7 682	249	45
蒋永福	5 569	156	45
肖希明	3 824	196	36
马费成	4 569	203	35
朱庆华	3 697	271	32
柯平	3 235	224	31
盛小平	2 729	145	31
胡昌平	2 681	179	30
苏新宁	2 624	225	28
马海群	3 415	329	28

续　表

作者	被引频次	成果数	h 指数
王知津	3 964	340	28
刘兹恒	2 528	149	27
黄晓斌	2 817	156	27
郑建明	2 393	200	25

其中 51 是最高的 h 指数，武汉大学邱均平教授发表了 645 篇学术论文，被引用 11 989 次，他的论文成果数量和被引用次数都是最高的；张晓林教授次之，他有 249 篇成果，被引频次 768 次，h 指数为 45。这 15 位权威作者的学术成果是"质"与"量"的高度结合，带给图书情报学的是指向标的作用，引领了学科发展方向，他们都是图书情报学领域的"领头羊"。

4. 学者合作网络分析

了解图书情报学学者合作是本书重点研究的内容之一。这是因为合作是科学研究的一种手段或方式，它在各种研究性学习中都是不可缺少的，而学者科研合作就是图书情报学的研究手段。通过合作研究可以拓展学科纵向研究、突破和加强学科研究的难度、获取更多的科研成果。为了分析整个学科学者的合作情况，我们对 2008—2017 年间发表过图书情报研究文献的作者进行比对整合，利用大数据和互联网构建合作网络知识图谱，并进行直观、清晰的分析。由于知识图谱中作者较多，图谱容量有限，情况复杂，但同时又要考虑合作网络的简约化问题，就只好选取有代表性的部分，即仅选取发表论文排名前 200 的学者进行分析，由他们的数据生成图谱来研究近些年的学者合作情况。

我国图书情报学研究学者非常注重合作在学科发展中的重要作用，他们之间的合作关系非常紧密。我们将生成的合作网络知识图谱与之前研究得到的该学科权威核心作者进行汇总，发现该学科目前有以下几个主要的研究团队。

（1）武汉大学研究团队——邱均平团队，以杨思洛、文庭孝、赵蓉英、张洋、余以胜等学者为主要成员，该团队研究领域主要包括信息计量与科学评价、知识管理与竞争情报、网络计量与信息管理。

（2）中国科学院情报中心——张晓林、张智雄团队，主要合作作者包括黄国彬、祝忠明、刘细文、吴振新、孙坦、马建霞、吴新年等学者，其中张智雄和吴振新联系最紧密，孙坦与黄国彬联系最紧密，主要研究主题是数字图书馆、开放获取、知识服务、信息抽取、本体、数字长期保持等。

（3）南京大学——苏新宁团队，主要合作人员包括王昊、邓三鸿、章成志、许鑫、杨建林、王东波等，主要研究领域为知识组织与知识管理、信息分析与科学评价、电子政务。

（4）中国科学技术信息研究所——武夷山、俞立平、潘云涛三个学者合作非常紧密，然后再与郑彦宁、成颖、孙建军等学者形成一个研究团队，其目前的研究方向主要是信息分析、科学计量学、竞争情报。

（5）南开大学情报科学研究所——王知津、韩正彪和周鹏为首的团队，主要成员有刘冰、严贝妮等研究学者，该团队研究的主要方向是竞争情报与竞争战略、信息管理与信息系统、战略信息管理等。

（6）武汉大学——胡昌平研究团队，主要合作作者包括邓胜利、赵杨、罗贤春、胡吉明、张敏、谢阳群等，研究方向为信息服务、信息管理等。

（7）吉林大学——毕强为首的研究团队，主要合作作者包括韩毅、牟冬梅、滕广青、李贺等，主要研究方向是数字图书馆、知识管理与组织、信息资源管理、电子政务等。

（8）南京大学——朱庆华为首的团队，主要包括袁勤俭、赵宇翔、朱学芳、刘漩等学者，其中与赵宇翔合作最密切，主要研究方向为网络信息资源管理、信息分析与评价等。

（9）武汉大学——马费成为首的团队，主要团队成员包括焦玉英、夏义塑、王玉林、黄如花、吴振新等，主要研究方向为信息经济、信息资源管理与规划、情报学等。

（10）武汉大学——肖希明为首的团队，主要团队人员包括司莉、黄如花、叶鹰、盛小平等学者，研究方向是信息资源建设、图书馆管理、公共数字文化资源等。

（11）华东师范大学——李国秋和吕斌两个学者，形成独立研究团队，主要研究方向是情报学，如竞争情报、情报检索、情报学理论与教育等。

二、通过 CNKI 查看主题演化分析

网络、大数据等信息化工具逐渐出现在人类生活的方方面面，信息时代的到来已是不可扭转的趋势。在新世纪，图书情报学也在发生着新的变化，未来的挑

战与机遇是相伴而生的。我们应该注重情报学新的发展机遇，把握住信息与情报学相结合的契机，重新定义文献信息的属性，尽快掌握涉及数字图书馆、知识服务、竞争情报、网络信息化等方面的新鲜事物。我们应该重视对图书情报学研究主题的演化方式的分析。因为图书情报学也在转型升级，作为新的研究重点的信息资源管理和新的学科范式的信息管理学，它们都是全新的概念，理应有一个分析。分析可以从多方面着手，如研究该学科目前的研究热点在哪里，以及如何转变等问题。

关键词的定义是：在大量的文献资料中，抽丝剥茧，提炼出有代表性、权威性的词语或词组，以达到揭示文献主题或本质的目的。关键词常常被作为文献计量分析的一个重要指标，因为它体现了两方面的内容：一方面是将文献的核心观点和研究主题直观地表现出来，另一方面对技巧性的东西也有一个高度的概括，包括方法与内容。关键词的词频统计，能将语言与数字贯通起来，用具体的数字来表达抽象的信息概念，使统计结果直观、具象，方便文献分析。可见，它是一种基于定性分析的量化研究方法。根据统计结果可知，关键词出现的频繁度与社会学者关注度有直接的关系。例如，若一个关键词或词组在文献调研中频繁出现，则表明这一关键词所涉及的领域是科研界重点关注的，它们之间呈现明显的正相关性。通俗来讲就是频繁度越高，关注度也就越高，它的热点属性就越明显。因此，要想确定一个研究领域的热点所在，就可以借用上述的相关性，用文献的关键词频率度间接确定热点所在。

在最近的文献检索中发现，用信息可视化技术或共词分析法来研究图书情报学主题的现象非常普遍。例如，2011 年王莉亚等学者就用共词分析法对近十年国外图书情报学研究的主题进行了分析；而次年学者杨爱青利用共词分析的聚类方法和战略坐标方法对情报学的主题进行了研究。我们很容易发现，静态地分析图书情报学研究主题的演化是大部分学者的选择方向。学者们在结合前辈研究成果的基础上，动态分析了我国图书情报学的研究主题演化规律。在这个过程中，主要利用共词分析法、聚类分析和战略坐标法等方法。最终，用三个不同时间段的研究主题分布情况，来验证研究主题发展是否与战略坐标图四个象限的规律相契合。

在图书情报学领域，为了使不同时期的热点、研究主题的演化规律有一个清晰的、直观的体现，学者以 4 年为一个时间段，研究分析的数据采用已经归纳好的 2003—2014 年的文献资料，它们来自 18 种权威的核心期刊。微观层面上的实证分析采用知识图谱理论中的共词分析法，随后采用 Bicomb 软件来找出高频关键词，生成共词矩阵，最后形成三个时间段的战略坐标图。需要特别注意的是，最后坐标图要采用专业的方法（聚类分析、类团关系分析和战略坐标法）来生成。

（一）2003—2006 年图书情报学研究主题分析

1. 高频关键词的确定

确定高频关键词的钥匙就是由布什（B.Booth）第一个推导出的齐普夫第二定律，它可以找出确切的分界线。该定律也被用在揭示低频词的频次与词数关系上。经过推导该定律表示公式如 7-3 所示：

$$\frac{X_n}{X_1} = \frac{2}{n(n+1)} (n = 2、3、4……) \tag{7-3}$$

其中 X_n 为出现 n 次的词的个数，X_1 为出现仅一次的词的数量。后来 Donohue 根据齐普夫第二定律推导出的高频低频词分界公式：

$$C = \frac{-1 + \sqrt{1 + 8X_1}}{2} \tag{7-4}$$

C 为高频词和低频词分界的频次，X_1 为出现一次的词的数量。例如：$C=50$，出现频次 ≥ 50 的为高频词，其余的为低频词。

2006—2009 年间一共发表 14 170 篇论文，每年大概有 3 542 篇。通过使用 Bicomb 软件，统计 2003—2006 年间可利用文献的关键词，共得到 53 684 个关键词，其中不相同的关键词有 18 223 个，关键词频次为 1 的有 12 260 个。这个新兴软件具有多种功能，不仅可以显示出现频次，也可以显示每一个关键词的百分比。使用齐普夫第二定律提出的高频低频词界分计算方法，计算得到 2006—2009 年图书情报学领域高频关键词的分界点 T=156，累计百分比达到 31.5%，没有超出"二八法则"。另外，通过 Bicomb 软件统计的关键词是按照频次高低来排序的，第 156 个关键词的出现频次为 35。因为篇幅有限，无法一一列出 156 个关键词。经过统计，发现频次大于 100 的高频关键词共有 33 个，如表 7-9 所示。

表 7-9　2006—2009 年图书情报学研究领域高频关键词（部分）

关键词	出现频次	关键词	出现频次	关键词	出现频次
图书馆	1 629	竞争情报	240	信息管理	142
数字图书馆	1 119	情报学	230	数据挖掘	140

关键词	出现频次	关键词	出现频次	关键词	出现频次
高校图书馆	833	搜索引擎	206	网络信息	137
信息服务	649	资源共享	219	XML	133
知识管理	452	图书馆服务	192	参考咨询	131
信息资源	401	数据库	184	知识服务	120
网络环境	378	网络信息资源	172	电子商务	113
信息检索	362	元数据	167	电子政务	110
公共图书馆	306	信息组织	159	信息技术	110
图书馆管理	286	图书馆员	150	知识产权	110
图书馆学	270	个性化服务	142	图书馆事业	108

据表 7-9 可知，2006—2009 年有 33 个出现频次大于 100 次的高频关键词，这 33 个关键词就是这 3 年间学者们所倾心研究的重点和热点。而图书情报学具有综合性，它的图书馆学和情报学是研究的重点方向，所以为了研究最有代表性的图书情报学热点，就应该从图书馆学和情报学这两个方面进行初步分析。

从图书馆学方面分析，主要跟"图书馆"相联系的关键词包括：数字图书馆（1 119）、高校图书馆（833）、公共图书馆（306）、图书馆员（150）、图书馆学（270）、图书馆管理（286）、读者服务（181）、图书馆服务（192）、图书馆事业（108）、复合图书馆（75）等。在我国图书馆学领域，数字图书馆、高校图书馆和公共图书馆、复合图书馆、社区图书馆是主要研究领域，研究对象初步确定集中在内；图书馆服务及图书馆建设、图书馆联盟和图书馆精神方面是主要研究方向。

根据情报学方面的报告资料显示，关键词中信息服务（649）、信息资源（401）、竞争情报（240）、信息检索（362）、网络信息资源（172）、信息组织（159）、信息管理（142）、网络信息（137）、信息系统（81）、信息安全（79）等都与"情报学"有着或多或少的联系。与此同时，我国专家经过初步研究讨论后将信息服务、信息资源、信息组织、竞争情报、信息安全、信息系统等方面，确定为我国在情报学领域进一步探索的主要研究方向与目标。

除此之外，通过对比分析可知，我国对于图书情报学的研究学习还在知识产权、电子政务、电子商务、目录学等方面有所涉及。若我们想要在这些方面的研究上有所建树，则需要取得以元数据、数据挖掘、本体、资源整合、文献计量学、XML等为代表的技术支持，以它们为支撑，这一切才有可能实现。

2.高频关键词矩阵的建立

举例说明，两个关键词的共现关系可以解释为，同时出现在一篇文章中，并且可以进一步得知两个关键词之间的共现次数与其研究主体之间有着紧密联系，共现次数越多就表明两者的研究主题越接近。

使用Bicomb软件，设定关键词"阈值≥35、阈值≤1 629"，对2006—2009年排名在前156的高频关键词，进一步建立共词矩阵，如表7-10所示。

表7-10 2006—2009年图书情报学研究领域高频关键词共现矩阵（部分）

*	1	2	3	4	5	6	7	8	9
1	1 629	24	0	145	80	42	85	2	3
2	24	1 119	21	50	21	40	13	17	9
3	0	21	833	77	11	20	58	3	1
4	145	50	77	649	14	35	57	9	15
5	80	21	11	14	452	3	4	2	0
6	42	40	20	35	3	401	26	7	2
7	85	13	58	57	4	26	378	6	6
8	2	17	3	9	2	7	6	362	0
9	3	9	1	15	0	2	6	0	306

备注：*=关键词、1=图书馆、2=数字图书馆、3=高校图书馆、4=信息服务、5=知识管理、6=信息资源、7=网络环境、8=信息检索、9=公共图书馆

大量的针对矩阵的研究工作，在学者们的部署下大量展开，从而捕捉到了它的一个很重要的缺点，那就是共现矩阵不能十分深入地展现关键词之间的共现关系，只是简单地说明它们之间的关联。要想深入挖掘，就务必排除外界带来的干扰。比如，不同关键词在共词矩阵中出现的频次的绝对值差异，就是必须要排除

在外的影响。因此，在进行正式聚类之前，对数据的标准化处理是必要的前提步骤，没有它后面将无法展开。对得到的共词矩阵进行预处理工作，需要用到上文所没有提及的 Salton 余弦系数，这是至关重要的一部分，经过 Salton 余弦系数的处理之后，才有可能实现从一个共词矩阵到相似矩阵的完美转变。

上面提到的 Salton 系数计算公式为：

$$S = \frac{n_{ij}}{\sqrt{n_j n_i}} \tag{7-5}$$

大多数人都不知道这个怎么理解，公式左边的 S 代表关键词 i 和关键词 j 的共现相对强度，右边的 n_{ij} 表示关键词 i 和 j 共现的频次，而关键词 j 的频次则用 n_j 来表示。最后是 n_i，相应地它代表了关键词 i 的频次。如表 7-11 所示的高频关键词的相似矩阵，便实现了 Salton 系数与 SPSS 软件的完美结合。利用 Salton 系数，在 SPSS 软件中导入完整的 156×156 的共现矩阵，便可以得到如表 7-11 所示的数据。

表 7-11　图书情报学研究领域高频关键词相似矩阵（部分）

*	1	2	3	4	5	6	7	8	9
1	1	0.046	0.018	0.309	0.225	0.143	0.28	0.013	0.022
2	0.046	1	0.052	0.131	0.072	0.145	0.064	0.068	0.043
3	0.018	0.052	1	0.214	0.044	0.089	0.229	0.018	0.016
4	0.309	0.131	0.214	1	0.098	0.177	0.291	0.048	0.079
5	0.225	0.072	0.044	0.098	1	0.046	0.068	0.016	0.007
6	0.143	0.145	0.089	0.177	0.046	1	0.174	0.049	0.024
7	0.28	0.064	0.229	0.291	0.068	0.174	1	0.042	0.048
8	0.013	0.068	0.018	0.048	0.016	0.049	0.042	1	0.004
9	0.022	0.043	0.016	0.079	0.007	0.024	0.048	0.004	1

3. 高频关键词聚类分析及研究主题的确定

探索我国图书情报学领域的研究主题的方法是复杂且严谨的。通常首先需要通过聚类分析的方法识别关键词，但是如果想要得出研究主题还不是那么容易，必须把相互之间联系紧密的各个关键词聚在一起形成类团后，经过分析提取才能够准确无误地表达出相应的研究主题。这无疑是一个耗费精力的巨大工程，具体操作时，首先需要将表 7-11 所述的矩阵中的具体数据输入到 SPSS 中相互融入糅合形成表格进而实施聚类分析，从而在无数的类团中找到矩阵中相似性最大的高频关键词类团，结果才算最终完成。此次研究本着严谨科学的方针，使用了系统聚类中最为常见、有效的欧几里得距离来较为准确地测量产量距离，平均连接法被我们实际运用到对类间距离的计算中去，这是具有科学性的。经过大量的仔细计算与审核，我们才在聚类分析时绘制出聚类树状图。有了前期得到的研究结果作为基石，再将一些数目太小，对研究作用不大的词删去，再加上学者们翻阅大量相关文献资料的努力，才得出将 156 个高频关键词聚为 15 类的结果。与这个结果直接挂钩的便是图书情报学领域研究的 15 个主题。

写到这里便不得不提一个具有重大意义的思想理论，即由钟伟金等学者联合提出的"黏合力思想"。这个思想理论与研究不约而同地契合，直接导致了类团名称由此确定。黏合力度越大在类团中地位越高，最高的便可以代表该类团的核心概念，简称为"中心主题词"。学者们由此受到启发，确定了研究主题的名称。计算公式为：

$$N(E_i) = \frac{1}{n-1} \times \sum_{j=1}^{N \neq i} M(E_i \rightarrow F_j) \qquad (7-6)$$

其中 $N(E_i)$ 表示关键词 A_i 的黏合度，表示关键词 E_i 与同一类团中其他关键词的共现次数，n 表示该类团拥有的关键词个数。根据上述公式，计算出类团中每个关键词的黏合力度值。基于该值，黏合度越高的词贡献度越大，然后对 15 个类团进行主题的分析，最终得到结果如表 7-12 所示。

表 7-12　2006—2009 年图书情报领域研究主题分类

类　别	主题名称	关键词（黏合力度）
1	图书情报学理论研究	图书馆学（23.75）、情报学（28）、理论研究（8.5）、学科建设（5.25）、核心期刊（4.5）
2	知识管理与知识服务研究	知识管理（19.7）、知识共享（7.5）,隐性知识（6.7）、知识库（3）、知识服务（7.8）、知识经济（3.7）

续　表

类　别	主题名称	关键词（黏合力度）
3	数据挖掘研究	数据挖掘（16.5）、数据仓库（15）、个性化信息服务（5.6）
4	高校图书馆大学生信息素质以及学科馆员研究	信息素质（5.9）、素质教育（5.4）、学科馆员（4.1）、高校图书馆（10.4）、大学生（7）、信息素养（3.6）、信息素质教育（3.6）、大学图书馆（1.8）、文献检索课（1.7）
5	网络环境下图书馆读者服务与人力资源研究	网络环境（14.6）、服务创新（3.4）、读者服务（11.6）、图书馆（34.9）、人力资源管理（3.3）、人力资源（4.4）、人文精神（4.1）、服务质量（3.7）
6	信息服务与参考咨询研究	信息服务（12）、信息需求（2.8）、用户需求（1.5）、个性化服务（4.5）、用户研究（0.8）、个性化（0.9）、信息咨询（2.1）、参考咨询（5）、数字参考咨询（3.6）、虚拟参考咨询（2.9）、咨询服务（1.7）
7	资源共享与图书馆联盟研究	资源共享（5.1）、复合图书馆（0.6）、信息资源建设（1.2）、文献资源（0.7）、地方文献（0.8）、开发利用（0.4）、馆际互借（1.1）、图书馆联盟（2.4）、资源建设（1.2）、资源整合（1.3）、数字资源（1.6）
8	信息检索与信息组织研究	信息检索（10.4）、搜索引擎（5.8）、网络信息（3.4）、因特网（2.4）、信息组织（5.9）、信息构建（2）、知识组织（3.4）、本体（4.5）、语义网（3.7）、图像检索（1）、本体论（2.3）、ontology（2.5）
9	公共图书馆管理与服务研究	公共图书馆（6.25）、社区图书馆（3）、图书馆建设（2.2）、图书馆事业（3）、图书馆精神（1.8）、图书馆工作（1.2）、可持续发展（1.8）、图书馆管理（5）、图书馆服务（4.5）、图书馆建筑（0.9）、管理模式（1.7）、以人为本（2.7）
10	全文数据库与电子期刊研究	电子期刊（2.3）、目录学（0.3）、比较研究（1.4）、全文数据库（2.6）、数据库（2）、文献检索、WEB（1.2）、系统设计（0.4）
11	网站评价与评价指标研究	指标体系（2.3）、层次分析法（2）、评价指标（3.3）、网络信息资源（2.3）、网站评价（3.3）

类 别	主题名称	关键词（黏合力度）
12	文献计量学研究	文献计量学（4.8）、引文分析（3.8）、统计分析（3.5）、竞争情报（2）、定量分析（2）
13	信息安全、信息管理以及电子政务研究	信息安全（3.5）、网络安全（1.8）、互联网（0.8）、信息交流（0.8）、电子政务（2.5）、信息资源共享（0.9）、信息管理（2.5）、信息系统（1.9）、信息公开（1.3）
14	数字图书馆与知识产权研究	XML（4.1）、MARL（3.1）、机读目录（1）、数字图书馆（21.5）、互操作（5）、元数据（9.1）、体系结构（1.9）、著作权（4.3）、知识产权（5.2）、版权（3）、版权保护（3.1）、合理使用（3.6）
15	企业信息化研究	电子商务（2.2）、企业信息化（3.4）、信息资源管理（2.8）、信息化（3.6）、信息技术（2.8）、数字鸿沟（1.6）

4. 研究主题战略坐标分析

在共词分析和聚类分析结果的基础之上，采用绘制战略坐标图的方法可形象地展现每个研究主题内部关联度以及主题与主题间的相互影响，进而是学科内研究主题的演化发展情况。绘制战略坐标图主要是以向心度为横轴、密度为纵轴，所有研究主题的向心度和密度的平均值作为坐标原点，目前主要使用以下公式计算向心度和密度。P 表示密度，C 表示向心度。P 和 C 的计算公式如下所示：

$$P = \frac{\sum_{ij \in Q_S} E_{ij}}{n-1} (i \neq j) \tag{7-7}$$

$$P = \frac{\sum_{i \in Q_S, j \in (Q-Q_S)} E_{ij}}{N-n} (i \neq j) \tag{7-8}$$

其中，E_{ij} 是关键词的共现频次，n 是某一研究领域中关键词的数目，N 是共词矩阵中所有关键词的数目，Q_s 是指一个研究领域，Q 是指全部的研究领域总体，根据高频关键词共现矩阵和聚类分析的结果，计算 15 个类团每个研究主题的向心度和密度，如表 7-12 所示，然后基于向心度与密度的数值绘制图书情报学2006—2009 年研究主题的战略坐标图，如图 7-4 所示。

表 7-12　2006—2009 年图书情报学研究主题向心度、密度大小示意图

类团	1	2	3	4	5	6	7	8
向心度	-2.8	0.5	-4.0	1.4	7.6	4.8	0.3	1.0
密度	12.6	7.4	-6.9	4.0	19.6	2.6	-14	6.1
象限	二	一	三	一	一	一	四	一
类团	9	10	11	12	13	14	15	
向心度	0.1	-1.2	-3.2	-3.4	-1.9	3.4	-2.5	
密度	0.9	-10.4	-10.2	-9.0	-8.4	13.9	-8.6	
象限	一	三	三	三	三	一	三	

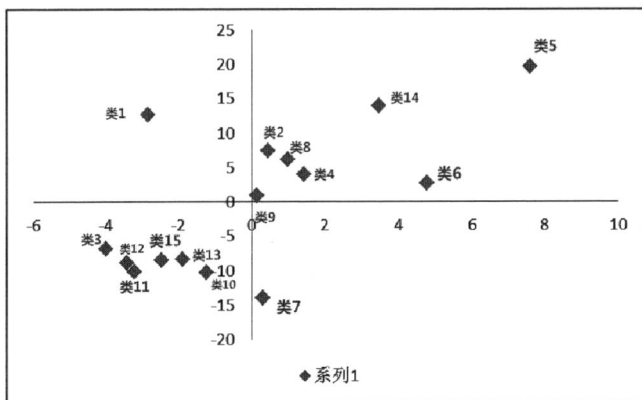

图 7-4　2006—2009 年图书情报学研究主题战略坐标图

　　从象限分布的状况分析各主题，明显看出分布最为密集的是第一象限，以 7 个主题的高分布数量压制了其他象限。它们分别为：类 2（知识管理与服务研究）、类 4（高校图书馆大学生信息素质研究）、类 5（网络环境下图书馆读者服务与人力资源研究）、类 6（信息服务与参考咨询研究）、类 8（信息检索与信息组织研究）、类 9（公共图书馆管理与服务研究）、类 14（数字图书馆与知识产权研究）。图中第一象限的特点是在此区分布的主题密度与向心度都很高，故可以得知以类 2 为代表的这七个主题的"双高"现状。由此推出这些研究主题的内部存在比一般主题之间更为紧密的联系，更为重要的是它们除了内部联系紧密之外，对外与其他

的研究主题也存在广泛且密切的关联，这更加奠定了它们的中心地位。综上所述，这七个主题在2006—2009年的研究中处于中心地位且不可撼动，随着研究的推进与技术的成熟它们的发展也更加趋于稳定，是目前研究中比较成熟的课题。同时，类5即网络环境下图书馆读者服务与人力资源研究主题的向心度和密度都在7个主题中处于最高水平，这喻示着在这四年间类5的研究热点较为活跃，联系紧密已经发展为盘根交错的研究网络，这对整个学科的影响力无疑大大增加了。因此，与其他同处于第一象限的六个主题比较，虽然都是图书情报学领域的热门课题，类5的研究却凭借其显著优势占据了研究头筹。

与第一象限的分布截然不同的是坐标图的第二象限，类1（图书情报学理论研究）在此象限内有着绝对的话语权，因为没有其他的主题分布在此，这个现象是好是坏接下来揭示谜题。第二象限密度高的属性决定了该象限的主题内部联系紧密契合，甚至已经有了"自立门户"的趋势，即自身已经可以形成相对独立的研究领域，这是一个好现象，正是因为处于第二象限，向心度小甚至向负方向无限延伸，这个弊端阻碍了类1的发展，这使类1与其他的研究主题联系微弱，处于边缘化阶段，大大削弱了类1的重要性。在学科研究中体现出的"封闭"性特征十分危险，如果无法得到有效的改善发展，就会在未来被淘汰，只能走向消亡。

第三象限的情况更加严峻，因为它们的向心度和密度都很低，更没有竞争力。以类3（数据挖掘研究）、类10（全文数据库与电子期刊研究）、类11（网站评价与评价指标研究）、类12（文献计量学研究）、类13（信息安全、信息管理与电子政务研究）、类15（企业信息化研究）六个主题为例，这六个研究主题内部之间也比较陌生，内部结构紧密度不高甚至可以说是疏离，这就直接造成了它们与外部其他研究主题的"分离"，关联度很低难以互相联系交流。它们被划分到2006—2009年的冷门地带，极度边缘化，亟待进一步发展。

第四象限仅有一个类团——类7（资源共享与图书馆联盟研究），但情况相同并不代表处境相同，第四象限的一枝独秀有其存在的理由和优势，处于第四象限的主题因为在向心度正方向上，有向心度高的明显优势说明该主题的向心度高，所以它和其他研究主题熟稳程度要高一些，联系也更为频繁紧密。同时，在研究领域中活力十足、备受重视，处于中间地带值得进一步发展，但需要先解决其密度较低带来的主题自身内部结构不紧密的不良问题，避免出现主题被分解的情况。综上所述，该领域的研究主题虽然目前没有明显的优势但有很大的提升空间，是研究主题中的"潜力股"，学者们对它有很大信心。

（二）2010—2013 年图书情报学研究主题分析

1.高频关键词的确定

研究人员根据图书情报学方面提供的 18 种核心期刊，进行了大量的校对审核，甄选得到 2010—2013 年共一万六千一百七十七篇论文，这是个庞大的数字，平均每年都有四千零四十四篇出现，比 2003—2006 年多一千四百六十七篇。为了进一步得到有效数据，专家根据 2007—2010 年经过证实的有效文献进行了关键词统计，这就用到了上文提到的 Bicomb 软件，共检索得到 63 992 个关键词，其中有 23 766 个关键词是不同的，17 395 个关键词的频次仅仅为 1。早有专家根据齐普夫第二定律发明了高频低频词界分计算方法，这个方法在本次研究中发挥了巨大作用。将具体数据代入其中，计算得出 2010—2013 年高频关键词的分界点 T=186，累计百分比为 27.9%，接近 28%，这也与"二八法则"的思想基本吻合，利用软件的好处是得到的关键词直接根据出现频次的高低进行了排序，排在末尾的关键词以 35 次的出现频次画上了句号。与其他出现 100 次以上的关键词之间的差距较大。如果对每个关键词都进行列举说明势必耗费大量的精力与时间，同时也会出现报告冗长的局面，篇幅方面也难以交代。针对以频次高于 100 的核心关键词为代表进行分析，经过统计发现出现频次大于 100 的高频关键词共有 38 个，这就大大减少了工作量，提高了效率，且增强了说服力。详情见表 7-13。

表 7-13　2010—2013 年图书情报学高频关键词（部分）

关键词	出现频次	关键词	出现频次	关键词	出现频次
图书馆	1 856	知识服务	194	信息共享空间	118
高校图书馆	941	图书馆管理	180	网络环境	117
数字图书馆	607	资源共享	176	引文分析	115
公共图书馆	601	Web 2.0	165	服务模式	114
信息服务	495	电子政务	159	图书馆事业	114
知识管理	448	知识共享	155	图书馆联盟	110
竞争情报	322	读者服务	147	搜索引擎	110
图书馆学	259	图书馆员	141	电子资源	108
信息资源	259	数字资源	140	信息资源共享	105

关键词	出现频次	关键词	出现频次	关键词	出现频次
情报学	247	数据挖掘	140	个性化服务	104
本体	241	学科馆员	132	比较研究	103
图书馆服务	223	开放存取	131	知识转移	103
信息检索	196	大学图书馆	124		

根据上述结果推知，38 个关键词出现次数多必定是受到了欢迎与追捧，即通过这 38 个关键词人们看到的是这几年间最核心的研究热点，最受瞩目的领域，是未来要努力发展的方向。针对从 38 个关键词中提取的研究热点，对它们的初步分析以图书馆学和情报学两个方面为切入点展开。

与图书馆学有关的关键词包括：图书馆、数字图书馆、公共图书馆、高校图书馆、图书馆学、图书馆管理、图书馆服务、读者服务、大学图书馆、图书馆事业、图书馆员、学科馆员以及图书馆联盟等，其中图书馆服务、图书馆事业、图书馆管理和图书馆联盟涉及研究方向方面的问题，剩余的词汇如图书馆、图书馆员、学科馆员等更侧重于研究对象。

情报学方面相关的关键词包括：信息服务、信息资源、知识管理、情报学、竞争情报、信息检索、信息共享空间、知识共享、知识转移等，其中信息服务以495 次的最高频次位居第一，虽然高但相对于 2006—2009 年的频次来说有所降低，这是值得注意的。其他关键词中信息检索和信息资源出现频次有所降低而竞争情报出现频次增加。同时，人们发现知识转移、知识共享和信息共享空间在之前的研究中鲜有人涉足，都是近期新增的词汇，一些新出现的词在本次研究中成为高频核心词汇的重要角色，这说明知识共享、信息共享空间和知识转移这三个方面已经随着时代的发展逐渐被人们注意，在信息技术时代有着远大的发展前景，等待更多的爱好者探索和挖掘，这几方面是 2010—2013 年新兴的核心热门领域，潜力很大，值得进一步观察。

根据学科研究技术理论，2010—2013 年最主要的研究技术是本体、web、引文分析和数据挖掘等，其中最受欢迎的技术理论研究是本体，这在一定程度上决定了本体的重要地位，以至于本体一直被当作研究的核心方法。

2. 高频关键词矩阵的建立

Bicomb 软件对高频关键词矩阵的建立有很大的作用，共现矩阵分析了 2010—2013 年的 186 个高频关键词，表 7-14 所示是 2010—2013 年高频关键词 186×186 的共现矩阵，它的建立借助设定关键词"阈值≥ 35，阈值≤ 2000"的方法，但只有这个是不够的，必不可少的是 Bicomb 软件自带的共现矩阵功能。

表 7-14　2010—2013 年图书情报学研究领域高频关键词共现矩阵（部分）

*	1	2	3	4	5	6	7	8	9	10
1	1856	1	7	6	107	50	0	28	1	13
2	1	941	11	14	59	12	1	11	0	8
3	7	11	607	1	19	8	0	8	23	5
4	6	14	1	601	16	1	0	1	0	28
5	107	59	19	16	495	6	2	16	1	5
6	50	12	8	1	6	448	13	2	7	3
7	0	1	0	0	2	13	322	0	3	0
8	28	11	8	0	16	2	0	259	0	0
9	1	0	23	0	1	7	3	0	241	0
10	13	8	5	28	5	3	0	0	0	223

备注：1= 图书馆、2= 高校图书馆、3= 数字图书馆、4= 公共图书馆、5= 信息服务、6= 知识管理、7= 竞争情报、8= 信息资源、9= 本体

接下来需要利用 SPSS 软件将表 7-14 完整的 186×186 的共现矩阵导入其中，由此得到的相似矩阵便是高频关键词的分布状况，如表 7-15 所示。

表 7-15　2010—2013 年图书情报学研究领域高频关键词相似矩阵（部分）

*	1	2	3	4	5	6	7	8	9
1	1	−0.015	−0.003	−0.004	0.247	0.118	−0.018	0.103	−0.016
2	−0.015	1	0.01	0.021	0.155	0.016	−0.015	0.034	−0.022

*	1	2	3	4	5	6	7	8	9
3	−0.003	0.01	1	−0.015	0.047	0.01	−0.019	0.023	0.115
4	−0.004	0.021	−0.015	1	0.039	−0.016	−0.017	−0.013	−0.02
5	0.247	0.155	0.047	0.039	1	0.024	−0.012	−0.092	−0.016
6	0.118	0.016	0.01	−0.016	0.024	1	0.05	−0.022	0.025
7	−0.018	−0.015	−0.019	−0.017	−0.012	0.05	1	−0.021	0.004
8	0.103	0.034	0.023	−0.013	0.092	−0.002	−0.002	1	−0.02
9	−0.016	−0.022	0.115	−0.02	−0.016	0.025	0.025	−0.02	1

备注：1= 图书馆、2= 高校图书馆、3= 数字图书馆、4= 公共图书馆、5= 信息服务、6= 知识管理、7= 竞争情报、8= 信息资源、9= 本体

3. 高频关键词聚类分析及研究主题的确定

将上文生成的相似矩阵导入到 SPSS 统计软件中，再进行聚类分析此时需要利用平均连接法计算类间距离从而准确地描绘出聚类树状图。另外，需要翻阅一系列的相关文献，再根据聚类分析显示的结果删除零散的、没有代表性的关键词，经过一系列烦琐严谨的工作后确定了合理的结果，即将 186 个关键词聚为 18 类，形成针对图书情报学领域研究的 18 个主题，结果如表 7-16 所示。

表 7-16　2010—2013 年图书情报领域研究主题分类

类　别	主题名称	关键词（黏合力度）
1	图书情报理论研究	图书馆学（27）、情报学（27.3）、研究方法（5.7）、学科建设（4.3）、信息生态（2.1）、理论研究（7.3）
2	知识管理研究	知识共享（7.4）、隐性知识（4.4）、知识转移（4.4）、知识管理（12.5）、知识地图（1.8）、知识创新（2.8）、知识服务（3.5）、知识网络（1.5）、信息系统（0.8）、信息管理（1.7）、影响因素（3）、实证研究（2）、社交网络（1.2）
3	数据挖掘与关联规则研究	信息检索（2.8）、向量空间模型（2）、文本挖掘（1.3）、数据挖掘（6.3）、关联规则（5）、知识发现（2）、个性化服务（1.5）

续　表

类　别	主题名称	关键词（黏合力度）
4	信息素质教育研究	信息素质（4）、信息素质教育（4.8）、大学生（6）、信息素养（4）、高校（1.8）
5	网络环境下大专院校图书馆以及读者服务研究	网络环境（2.9）、服务创新（2.1）、图书馆（23.7）、大专院校（4.2）、核心价值（3）、人力资源管理（1.5）、读者服务（3.2）、读者（1.8）、服务（2）、图书采访（1.3）、读者满意度（1.2）、危机管理（2）
6	信息服务与信息需求研究	信息服务（7）、个性化（2）、用户需求（1.7）、信息需求（2.2）、个性化信息服务（0.5）、参考咨询（1.3）、数字参考咨询（1.3）
7	信息资源共建共享研究	信息资源（9.7）、共建共享（9）、文献资源（2.7）、信息资源整合（2）
8	基于本体或语义网的知识组织与信息组织研究	本体（9.1）、语义网（3.9）、叙词表（2.4）、领域本体（1.8）、信息抽取（1.2）、知识库（1）、知识组织（3.4）、信息组织（2.2）、信息构建（1）、模型（1.4）
9	公共图书馆与图书馆服务研究	图书馆建设（1.2）、社区图书馆（1.1）、可持续发展（1.7）、农家书屋（0.8）、公共图书馆（7.8）、政府信息公开（1.4）、基层图书馆（1.8）、图书馆服务（4.2）、图书馆事业（2.1）、图书馆法（0.8）、图书馆精神（0.6）、图书馆管理（2.5）、图书馆员（0.5）、图书馆建筑（0.5）
10	企业竞争情报研究	竞争情报（13.8）、企业（9.5）、竞争情报系统（3.5）、情报分析（2.5）、专利分析（1.3）
11	基于层次分析法的用户满意度与评价指标研究	服务质量（3.6）、用户满意度（9.6）、评价体系（2.4）、指标体系（2.8）、层次分析法（4.4）、评价指标（3.8）
12	文献计量学研究	文献计量（2.1）、统计分析（1.3）、文献计量学（2.1）、定量分析（0.7）、图书情报学（0.9）、核心期刊（1.7）、期刊评价（2.2）、影响因子（1.3）、h 指数（2.7）、CSSCI（2）、引文分析（5）、信息可视化（0.5）、共词分析（1.7）
13	电子政务、政府信息研究	电子政务（5.3）、信息资源管理（1.9）、信息共享（1.6）、政府信息（4.3）、信息公开（3.6）、政府信息资源（2.3）、绩效评估（1）
14	数字图书馆与知识产权研究	著作权（3.6）、合理使用（2.9）、版权（3.1）、知识产权（3.3）、学位论文（1.6）、数字图书馆（12.6）、网格（2.3）、个性化服务（2.6）、开源软件（1.3）、云计算（1.2）

类　别	主题名称	关键词（黏合力度）
15	机构知识库与开放存取研究	机构知识库（8.7）、开放获取（4.3）、开放存取（6）、网络资源（1）
16	资源共享与图书馆联盟研究	资源共享（11.8）、图书馆联盟（7.3）、文献传递（8.3）、馆际互借（8.3）、CALIS（3.5）
17	web2.0研究	web2.0（5.6）、图书馆2.0（3.9）、RSS（1.4）、博客（1.4）、资源整合（0.7）、OPAC（2）、网络信息（1）、搜索引擎（2）
18	高校图书馆与学科馆员研究	大学图书馆（5.5）、信息共享空间（8.2）、学科馆员（13.3）、学科服务（6.2）、高校图书馆（19.3）、服务模式（11）、管理模式（2.2）

4. 研究主题战略坐标分析

高频关键词共现矩阵和之前聚类分析的结果为研究主题的战略坐标分析提供了巨大帮助，同时对18个类团中任何主题的向心度和密度进行准确计算，得到表7-17，在一切准备工作完成之后绘制出图书情报学2010—2013年研究主题的战略坐标图，如图7-5所示。

表7-17　2010—2013年图书情报学研究主题向心度、密度大小示意图

类　团	1	2	3	4	5	6	7	8	9
向心度	1.2	2.2	−0.9	−2	6.2	1.5	−1.2	−0.3	0.9
密度	11.4	7.7	−4.84	−4.8	9.9	−6.9	−5.1	−1.4	−1.3
象限	二	一	三	三	一	四	三	三	四
类　团	10	11	12	13	14	15	16	17	18
向心度	−1.8	−1.2	−0.6	−1.3	1.4	−1.8	−1.6	−0.8	2.4
密度	−1.6	−2.8	−0.7	−4.9	1.7	−6.3	1.8	−5.9	14.3
象限	三	三	三	三	一	三	二	三	一

根据各个主题相应的向心度、密度专家绘制出了直观的战略坐标图，如图7-5所示，可知位于第一象限的是类2、类5、类14、类18四个研究主题，其中类5（网络环境下大专院校图书馆以及读者服务研究）、类18（高校图书馆与学

科馆员研究）的密度较大，向心度也较大，这个属性说明这两个主题不仅内部联系紧密，具备十足活力且研究逐步走向成熟甚至更高，向心度高也使得这两个主题类团与其他主题类团相互牵连联系密切，由此可知类 5 和类 18 在未来的发展中举足轻重，代表了图书情报研究的主要方向与发展目标。

　　类 2（知识管理研究）、类 14（数字图书馆与知识产权研究）与类 5、类 18 相比，向心度和密度是较小的，但前两者仍然从属于第一个象限区域，因此人们从中得知，他们的研究是属于核心的，只是不比类 5、类 18 热门而已。

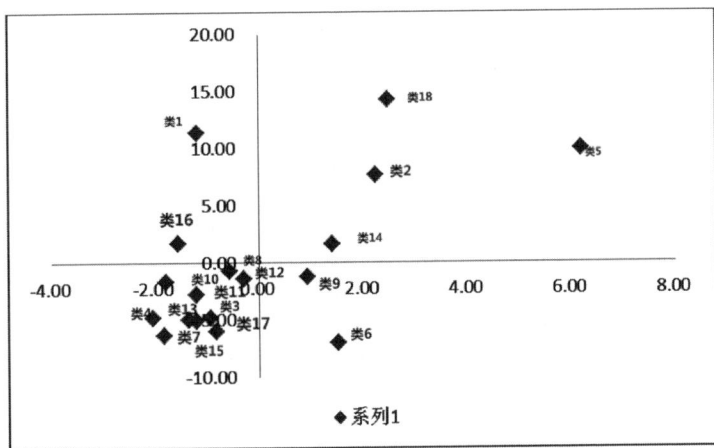

图 7-5　2010—2013 年图书情报学研究主题战略坐标图

　　类 1（图书情报理论研究）、类 16（资源共享与图书馆联盟研究）属于第二个象限区域的，而类 1 的密度又更高一些，因类 1、类 16 紧密的内部研究联系且研究的时长较长，于是就有了一个独立的研究领域，但它们在学科表现中比较不活跃，和其他主题没有什么密切的联系，所以算是一个边缘比较成熟的研究区域。

　　第三象限区域是一个并不成熟的边缘区域，其中有十个类团，分别为：类 3（数据挖掘与关联规则研究）、类 4（信息素质教育研究）、类 7（信息资源共建共享研究）、类 8（基于本体或语义网的知识组织与信息组织研究）、类 10（企业竞争情报研究）、类 11（基于层次分析法的用户满意度与评价指标研究）、类 12（文献计量学研究）、类 13（电子政务、政府信息研究）、类 15（机构知识库与开放存取研究）、类 17（web 2.0 研究），以上主题的向心度和密度都不太高，说明应该是在研究的初级阶段，还不是很成熟，并且整个研究的网络都处于边缘的位置，有较弱的内部关联度。

第四象限区域的区域密度小。处于第四象限的类6（信息服务与信息需求研究）有最低的密度，因此它是整个学科领域内部结构中主题最松散的一个，但是，它们有较大的向心度，说明类6与其他的主题也有相对密切的联系，总的来说可以看得到它的发展潜能。

（三）2014—2017 年图书情报学研究主题分析

1. 高频关键词的确定

通过检索图书馆情报学十八种核心期刊，人们得知 2014—2017 年论文篇数为 17 404 篇，年平均论文篇量为 4 351 篇，2010—2013 年，只有论文 17 100 余篇，较之前少了三百余篇。人们通过使用 Bicomb 软件统计了 2011—2014 年有效文献的关键词，有关键词 62 650 个，有不同关键词 24 301 个，其中，有频次为 1 的关键词 17 875 个。根据齐普夫第二定律，由高频低频计算方法得出，2014—2017 年图书情报学领域高频关键词的分界点符合"二八法则"，$T=189$，累计的百分比是 25.5%。此外，由于上述软件按照频次高低排序，得到第 189 个关键词出现的频次是 33 次，并且，分析了频次大于 100 的核心关键词之后，人们发现有 42 个出现频次高于 100 的关键词，如图 7-18。

表7-18 2014—2017 年图书情报学高频关键词（部分）

关键词	出现频次	关键词	出现频次	关键词	出现频次
图书馆	924	微博	166	数据挖掘	103
高校图书馆	866	知识共享	165	图书馆员	101
公共图书馆	650	影响因素	157	大学图书馆	117
数字图书馆	417	网络舆情	149	文献计量	116
信息服务	256	知识图谱	148	关联数据	114
图书馆学	246	学科服务	147	信息检索	114
知识管理	223	阅读推广	146	信息资源	111
竞争情报	218	学科馆员	130	企业	110
情报学	209	图书馆联盟	129	实证研究	110

续　表

关键词	出现频次	关键词	出现频次	关键词	出现频次
知识服务	200	大数据	126	社会网络	107
社会网络分析	191	服务模式	124	专利分析	104
本体	189	可视化	124	移动图书馆	104
云计算	182	引文分析	124	模型	103
图书馆服务	172	共词分析	123	数字资源	103

根据该时期围绕图书情报学的研究热点，人们可以初步分析图书馆学和情报学这两个方面。

在图书馆研究的层面上，相关关键词为：移动图书馆、数字图书馆、高校图书馆、图书馆等。同 2010—2013 年相比较，图书馆事业、读者服务、图书馆联盟、大学图书馆、图书馆学、公共图书馆、学科馆员、阅读推广图书馆员、图书馆服务、图书馆管理出现的频次下降很多，同时出现了如移动图书馆（104）、阅读推广（146）等新的核心研究热点。由此可见，图书馆领域的研究热点在不断更新。

在情报学研究的层面上，相关关键词为：网络舆情、情报学、信息资源、竞争情报、知识共享、知识管理、信息服务等，出现频次最高的是信息服务，共有256 次，比 2010—2013 年降低了一些。同时人们发现，新增的最高频次的核心词汇是网络舆情，因此，2014—2017 年新兴的热门领域是网络舆情。

此外，在学科研究方法及技术理论层面的分析，模型、关联数据、共词分析、引文分析、大数据、知识图谱、本体、云计算等技术方法理论在 2014—2017 年最受广大学者的关注，出现频次最高的是本体和云计算，分别为 189 次和 182 次。更多的学者开始在图书情报学领域结合技术方法进行综合研究。

2. 高频关键词矩阵的建立

应用软件 Bicomb，确认 2014—2017 年的 189 个高频的关键词，进行共现矩阵分析，设定关键词"阈值 ≥ 33，阈值 ≤ 2 000"得到 2014—2017 年的高频关键词——189 × 189 的共现矩阵（表 7-19）。

再把表 7-19 完整的 189 × 189 共现矩阵导入 SPSS 中，就得到了如表 7-20 所示的高频关键词的近似矩阵。

表7-19　2014—2017年图书情报学研究领域高频关键词共现矩阵（部分）

*	1	2	3	4	5	6	7	8	9	10
1	924	2	1	3	30	7	10	1	0	18
2	2	866	10	3	36	3	7	0	2	15
3	1	10	650	0	15	1	0	0	1	3
4	3	3	0	417	12	1	4	0	1	17
5	30	36	15	12	256	1	2	3	1	8
6	7	3	1	1	1	246	1	1	62	1
7	10	7	0	4	2	1	223	5	2	16
8	1	0	0	0	3	1	5	218	4	0
9	0	2	1	1	1	62	2	4	209	0
10	18	15	3	17	8	1	16	0	0	200

备注：1=图书馆、2=高校图书馆、3=公共图书馆、4=数字图书馆、5=信息服务、6=图书馆学、7=知识管理、8=竞争情报、9=情报学、10=知识服务

表7-20　2014—2017年图书情报学研究领域高频关键词相似矩阵（部分）

*	1	2	3	4	5	6	7	8	9	10
1	1	0.009	0.006	0.015	0.15	0.036	0.058	0.008	0.003	0.113
2	0.009	1	0.031	0.014	0.182	0.015	0.042	0.002	0.013	0.098
3	0.006	0.031	1	0.002	0.084	0.017	0.002	0.001	0.007	0.023
4	0.015	0.014	0.002	1	0.081	0.007	0.035	0.004	0.01	0.13
5	0.15	0.182	0.084	0.081	1	0.009	0.032	0.03	0.013	0.099
6	0.036	0.017	0.007	0.009	0.015	1	0.015	0.015	0.512	0.014
7	0.058	0.042	0.002	0.035	0.032	0.015	1	0.056	0.024	0.161
8	0.008	0.002	0.001	0.004	0.03	0.015	0.056	1	0.041	0.007
9	0.003	0.013	0.007	0.01	0.013	0.512	0.024	0.041	1	0.005
10	0.113	0.098	0.023	0.13	0.099	0.014	0.161	0.007	0.005	1

备注：1=图书馆、2=高校图书馆、3=公共图书馆、4=数字图书馆、5=信息服务、6=图书馆学、7=知识管理、8=竞争情报、9=情报学、10=知识服务

3. 高频关键词聚类分析及研究主题的确定

运用软件 SPSS，导入 2014—2017 年的该高频关键词近似矩阵，用平均连接法进行聚类分析，面前可以展现出聚类树状图。根据聚类结果，没有归为一类的、零散的关键词被有选择性地进行删除，并且参考相关的文献，进行了最后分析，最后确定用 189 个高频关键词聚成较合理的图书情报学领域的十九研究主题团（表 7-21）。

表 7-21 2014—2017 年图书情报领域研究主题分类

类 团	名 称	关键词（黏合力度）
1	学科馆员与学科服务研究	学科服务（13）、学科馆员（16.8）、学科化服务（5.3）、服务模式（5.3）、嵌入式服务（3.8）
2	知识管理研究	影响因素（3.7）、结构方程模型（1.6）、知识管理（4.5）、知识网络（1.8）、知识创新（2.6）、虚拟社区（1.8）、知识转移（3.9）、隐性知识（4.7）、实证研究（1.9）
3	数据挖掘与大数据研究	数据挖掘(8)、关联规则(3.3)、大数据(6.7)、知识发现(2.7)
4	大学生信息素养研究	信息素养（3.3）、信息素养教育（3.3）、大学生（2.8）、高校（0.8）
5	公共图书馆公共文化服务体系研究	公共图书馆（13.6）、免费开放（6）、服务体系（3.8）、公共文化服务体系(3)、公共文化服务(2.8)、社区图书馆(1.6)
6	信息服务与信息需求研究	用户需求（2）、个性化服务（2）、信息行为（3）、信息需求（3.4）、信息服务（4.8）、用户（2）
7	数据资源绩效评价研究	电子资源（2.2）、绩效评价（2.7）、数据库（1.7）、信息资源（1.5）、共建共享(1.8)、比较分析(0.5)、数字资源(2.7)
8	基于本体或语义网的知识组织研究	关联数据（4）、语义网（4.4）、领域本体（1.6）、文本挖掘（0.8）、本体（6.8）、叙词表（2.8）、知识服务（3.1）、知识组织（5.3）、知识库（2.9）
9	图书馆服务与管理研究	大学生图书馆（2.8）、资源建设（1.2）、战略规划（1.6）、图书馆服务（2.4）、图书馆管理（2.2）、服务创新（1.8）
10	竞争情报研究	模型（1.6）、分析（0.9）、竞争情报（6.5）、专利分析（2.3）、企业（5）、情报分析（2.5）、技术创新（2）、信息分析（1.3）、专利（1.8）

类团	名 称	关键词（黏合力度）
11	基于层次分析法指标体系研究	评价指标（2.5）、层次分析法（4）、指标体系（2.5）、绩效评估（1.3）、服务质量（1.3）
12	基于知识图谱图书情报学研究	图书馆学（4.8）、情报学（6.3）、期刊（1）、理论研究（0.5）、引文分析（2.8）、文献计量学（2.5）、CSSCI（1.6）、学术影响力（1）、统计分析（0.8）、聚类分析（2.9）、因子分析（1.5）、共词分析（4.5）、社会网络分析（3.3）、知识图谱（5.4）、研究热点（3.8）、可视化（3.2）、文献计量（3.6）、信息可视化（1.3）、研究进展（0.9）、内容分析（0.6）、计量分析（0.4）、图书情报学（2）、期刊评价（2.5）、影响因子（1.8）、h 指数（1.5）、学术期刊（0.5）
13	政府信息公开与电子政务	信息公开（2.8）、政府信息（2.5）、电子政务（3.5）、信息共享（1）、政府信息公开（1.3）
14	图书馆阅读推广与机构知识库研究	机构知识库（2.5）、开放获取（1.3）、开放存取（0.8）、知识产权（1.6）、著作权（1.6）、版权（2.3）、阅读推广（4.2）、全名阅读（1.6）、图书馆（10.7）、大专院校（2.8）、读者（1.2）、科学数据（1.2）、策略（1.4）、阅读（0.7）
15	信息检索研究	信息检索（2.2）、搜索引擎（2）、用户行为（0.8）、聚类（1）、元数据（1.2）、资源整合（1）、信息组织（0.8）
16	图书馆联盟研究	可持续发展（2）、农家书屋（1.4）、图书馆联盟（7.2）、资源共享（6.2）、信息资源共享（1.6）、文献传递（1.6）
17	数字图书馆与移动图书馆研究	移动图书馆（5.3）、移动服务（4.1）、手机图书馆（2.3）、用户体验（2.1）、云计算（7.8）、云服务（2.8）、数字图书馆（7.8）、信息安全（1.1）
18	高校图书馆研究	服务（2.9）、创新（1.6）、模式（1.3）、高校图书馆（1.1）、特色数据库（2.4）、质量控制（1.1）、读者服务（2.9）、对策（1.9）
19	基于微博的网络舆情研究	社会网络（3）、用户参与（1）、网络舆情（4.8）、突发事件（4.3）、微博（6）、信息传播（4.5）、复杂网络（2）

4. 研究主题战略坐标分析

已知高频关键词的共现矩阵和聚类分析结果，十九个类团每个研究主题的向心度和密度就可以计算了。如表 7-22，再绘制出 2014—2017 年间图书情报学研

究主题的战略坐标图（向心度作为 X 轴，密度作为 Y 轴，所有研究主题的向心度
和密度的平均值为坐标原点）。如图 7-6 所示。

表 7-22 2014—2017 年图书情报学研究主题向心度、密度大小示意图

类 团	1	2	3	4	5	6	7	8	9	10	11
密度	−0.3	0.9	−1.0	−1.5	−0.3	0.3	−0.7	0.0	−0.3	0.1	−1.2
向心度	6.9	4.4	−3.0	−6.3	−0.5	−3.6	−5.1	3.3	−5.7	−0.2	−6.1
象限	二	一	三	三	三	四	三	一	三	四	三
类团	12	13	14	15	16	17	18	19			
密度	3.2	−1.9	3.1	−1.0	−1.3	0.5	2.0	−0.7			
向心度	18.7	−6.3	5.0	−6.9	−2.4	4.9	0.3	−0.5			
象限	一	三	一	三	三	一	一	三			

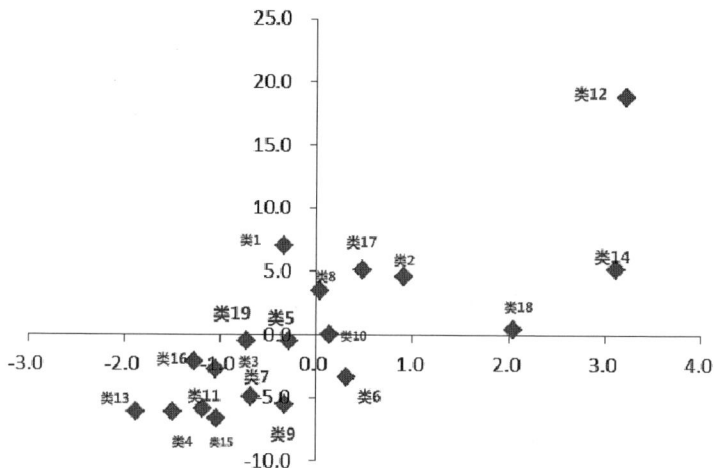

图 7-6 2014—2017 年图书情报学研究主题战略坐标图

根据研究主题的向心度和密度绘制了战略坐标图（图 7-6），类 2（知识管理研究）、类 8（本体与知识组织研究）、类 12（文献计量学研究）、类 14（图书馆阅读推广与机构知识库研究）、类 17（数字图书馆与移动图书馆研究）、类 18（高校图书馆研究）这六个研究主题处在第一象限区域，是图书情报研究的核心主题，那

么这就表明有两种情况：其一，它们是图书情报学研究的重点；其二，主题类团中的关键词是图书情报学研究的热点，得到了学者关注，所以，2014—2017年，这些主题团在研究网络中处于中心地位。类1（学科馆员与学科服务研究）处于第二象限区域，说明主题内部研究有很密切的关系，自身已形成了比较独立的研究领域，向心度不是很高，在学科表现中并不很活跃，与其他主题联系不是十分的密切，有待进一步地扩大其研究领域。

第三象限中有10个类团，这10个类团是处于边缘、不成熟的区域，包括类5（公共图书馆研究）和类19（基于微博的网络舆情研究）、类3（大数据与数据挖掘研究）、类4（大学生信息素养研究）、类7（数据资源绩效评价研究）、类9（图书馆服务与管理研究）、类11（基于层次分析法的评价体系研究）、类13（电子政务与政府信息研究）、类15（信息检索研究）、类16（图书馆联盟研究）。它们或许会成为研究核心的成熟热点，也有可能一直位于整个研究网络的边缘，始终无法突破。这是由于类团密度、向心度都较小，处于研究的初级阶段或者研究过程中遇到了困难。

第四象限的研究主题被称为"次级研究主题"，它们的特点是向心度高，密度小，包括类6（信息服务与信息需求研究）和类10（竞争情报研究）这两个部分。在图书情报领域这些主题不仅表现得十分活跃，而且与其他的主题联系紧密，但是，这两个研究主题很容易在后来的研究中慢慢变成其他相关主题，发生这一变化的原因不仅是它们自身内部结构松散，而且和发展不够成熟也有关系。

（四）三个时间段研究主题的比较

三个时间段的主题研究热点在上文已经被划分出来，而且上文还表现了三个时间段的研究主题类团的异同，接下来逐一阐释各个研究主题内容的变化。

图书情报学理论研究：2006—2009年，图书情报学理论研究在研究热点聚类分析中总是独立成为一类，但是2014—2017年，因为文献计量学研究涵盖内容的扩大，图书情报学的理论研究与文献计量学联系也越来越紧密，终于，图书情报学理论研究与文献计量学在第三个时间段合在一起。

知识管理研究：经过人们对三个时间段研究主题的演化分析，了解到了其核心研究热点总是"知识管理研究"主题团中的隐性知识和知识管理，在知识管理领域它的实证研究和影响因素分析被应用，其中最常用的方法是结构方程模型，另外虚拟社区、知识转移、知识网络较新的研究热点也在近几年的该领域出现。

数据挖掘研究：无论是之前的数据仓库还是当前流行的大数据、关联规则、文本挖掘等方面,图书情报领域都顺应了社会的发展。数据挖掘理论与方法在图书情报领域开始被广泛运用时,知识发现方面的应用是图书情报学数据挖掘的主要方向。

信息素质与信息素养研究:大学生的信息素养研究以及高校图书馆素质教育是第一个时间段的主要研究内容,但到第三个时间段,信息素质教育的研究逐渐变少,大学生信息素养、信息素养教育在类团研究中热度不减,因此,虽然信息素质方面的研究渐渐减少,但是信息素养研究在目前热度依然很高。

网络环境下的图书馆读者服务与人力资源管理研究:第一和第二个时间段的核心主题是该研究的主要主题,该主题在第三个阶段分化到其他的研究主题中,因为通过 2014—2017 年的研究热点聚类分析观察到"网络环境"这个研究热点正在慢慢降温,而且也很少有关于图书馆人力资源管理这方面的研究。

用户信息需求与参考咨询研究:在观察了该主题的演化之后,人们发现和参考咨询有关的研究数量在变少,而与用户信息行为这方面的研究数量却在增加,这表示研究用户信息需求方面的主题增多了。总而言之,随着学科的发展,该主题会变成两个研究领域,在有关信息素养方面的研究不断扩大研究范围的同时,参考咨询方面的研究已不再是核心的研究主题。

信息资源共享与图书馆联盟研究:图书馆联盟的主要目的是通过馆际互借的方式实现资源共享共建,而信息资源共享在有关的研究中显得非常重要,两者之间有很多地方类似。

虽然社会在不断进步,但是图书馆联盟研究横向并未因此而大幅度发展。在众多研究主题中,研究信息资源方面的主题仍然十分重要。

信息检索与知识组织研究:作为图书情报学研究的重点领域,信息组织和知识组织在这几年的研究主要根据"关联数据、语义网、本体叙词表"等方面的理论和方法展开。因为信息检索和信息组织关系密切,所以到了第三阶段两者组成新的一类。

图书馆服务与图书馆建设研究:以人为本一直都是图书情报学在图书馆服务方面奉行的管理模式;而图书馆建设研究的内容主要在图书馆事业、图书馆建筑、图书馆精神等方面,但在第三阶段,图书馆管理方面的研究比图书馆建设方面的研究更多是一个显而易见的事实。

图书编目与目录学研究:通过分析 2006—2019 年高频关键词,人们了解到在图书情报学中该主题的研究热度依然很高,即使从事该主题研究的学者并不多。

文献计量研究：近年来无论是从自身内部关联强度（纵向）还是与别的主题联系强度（横向）来说，类团 12（文献计量研究）应是增长最快的研究主题，越来越多的研究热点是关于文献计量研究主题的，共词分析、引文分析、聚类分析、知识图谱、可视化等关键词是目前出现频次较多的，这说明进入到文献计量研究领域的图书情报学学者越来越多。

电子政务与政府信息公开研究：研究电子政务方面的主题在这三个时间段从未少过，政府信息相关研究与电子政务之间的研究存在很大的相关性，政府信息相关研究出现在核心研究主题类团中是在第二个时间段，在最近几年，研究的内容主要是政府信息共享、政府信息公开方面。

知识产权研究：该研究在著作权、合理使用、版权方面比较多。

开放存取研究：这个研究还很新，它是在第二个时间段才出现的，主要研究开放存取、网络资源、机构知识库、开放获取方面。

移动图书馆研究：这个研究方向也是近几年新出现的，研究的方面主要是用户体验、手机图书馆、移动图书馆、移动服务等。

网络舆情研究：在网络舆情、复杂网络、突发事件、用户参与、微博、社会网络、信息传播等方面的研究比较集中而且热度很高。

竞争情报研究：它主要研究竞争情报包括情报分析、技术创新、专利分析、竞争情报系统、信息分析等方面，在三个时间段中这些方面是核心的研究热点。

另外，前文为了描述各个研究主题的发展状况还运用可视化的战略坐标图，图 7-6 是按照同一个度量标准绘制出总体的战略坐标图，能够更加细致地分析各个研究主题在 2006—2009 年、2010—2013 年和 2014—2017 年三个时间段中的发展变化，将这三个时间段中每个研究主题的向心度和密度整理组合在一起。菱形、圆形、三角形分别表示三个年代段的研究热点领域，在同一个主题类团中且随着时间推移变化较大的主题类团，在图中用连线表示其变化趋势。整个学科研究主题成熟区、分化区、增长区的位置将在最后标示出来。

1. 成熟性研究领域的变化

从图 7-7 可以看出，2006—2009 年类 5（网络环境下图书馆读者服务与人力资源研究）、类 14（数字图书馆与知识产权研究），2010—2014 年的类 2（知识管理研究）、类 5（网络环境下图书馆及读者服务研究）、类 18（高校图书馆学科服务研究），2014—2017 年的类 12（基于知识图谱图书情报学研究）、类 14（图书馆阅读推广及机构知识库研究）都位于第一象限外侧的研究主题，通过对比在三个时间段都位于第一象限的类团主题，推断出"知识产权研究""读者服务研究""高校图书馆研究""知识管理研究""数字图书馆研究"是三个时间段都包含的主题，是我国图书情报学领域一直都比较关注的核心热点，也是近十多年持续处于成熟区的研究主题，且根据坐标图显示，在未来的几年内，研究学者可能会持续关注处于外侧的研究主题，这些研究主题渐渐将处于核心领域。

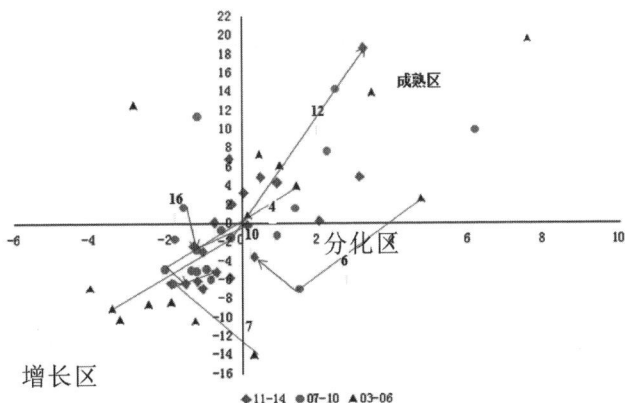

图 7-7　三个时间段图书情报学研究主题战略坐标对比图

　　通过三个时间段的战略坐标图对比分析，2006—2017 年，随着时间推移，知识服务与知识组织研究、移动图书馆研究、结构方程模型研究、开放存取研究、文献计量学、云计算云服务研究、图书馆阅读推广研究、本体和语义网相关研究、大专院校图书馆研究，这些研究主题从第三象限（或者是未出现在坐标图的主题）变成第一象限成熟核心区，不仅包括理论研究，而且包括技术方法研究，在2006—2009 年，仅有语义网研究和 XML 研究处于成熟区的研究主题中的技术方法类，这说明图书情报学研究的主题在形式上技术与理论相互交叉、相互融合的情况越来越司空见惯。其中研究热度增长最快的是文献计量学，图书情报学学术期刊引文计量分析受到大多数学者的关注，如聚类分析、因子分析以及知识图谱、共词分析等研究方法也越来越多，不仅整个研究主题的内部结构之间联系密切，而且与其他研究主题的联系也更加紧密。"移动图书馆研究"和"图书馆阅读推广研究"近几年飞速发展，突然成了研究热点，让读者无论何时何地都能够享受到图书馆的服务是图书馆服务追求的目标，因此图书馆不应故步自封，而要随着互联网时代来临，紧跟手机用户的增加这一"社会潮流"，追上发展的步伐，图书馆服务发展的趋势就是在手机等移动终端上享受图书馆服务。

2. 分化主题特征

一般而言，一个主题涉及的研究内容越多也就越容易分化，位于第一象限或第二象限靠近原点的区域通常涉及内容比较多，如 2006—2009 年位于第一象限的主题团类 4、类 8、类 9，随着对主题的研究，第二个时间段（2010—2013 年）类 4（信息素质教育研究）和类 18（高校图书馆学科馆员研究）由第一个时间段（2006—2009 年）的类 4（高校图书馆信息素养和学科馆员的研究）深入分化而来，其中分化后类 18 位于第一象限成熟区，类 4 位于第三象限，以后又分别对应第三阶段（2014—2017 年）中第一象限类 18 和第三象限类 4；第一个时间段的类 8（基于本体理论的知识组织与信息检索研究）分化成第二个时间段的第三象限的类 8 仅代表"基于本体理论的知识组织研究"，而在第二个时间段没有出现在战略坐标图中的信息检索研究到第三个时间段，又重现聚为一类，称为类巧，出现在第三象限，类 8 又发展成为第一象限成熟区的研究主题；处于第二象限的类 5（公共图书馆公共文化服务体系研究）、处于第三象限的类 9（大学图书馆服务研究）、处于第三象限的类 16（图书馆联盟研究），这三个类团都是由第一个时间段的类 9（公共图书馆服务与管理研究）发展到第三个时间段分化而来的。

因此，主题分化的特点归纳为：分化最开始是出现在第一个时间段的分化区，分化成第二个时间段或者第三个时间段中的两类：其中一类分化到成熟区，另一类分化到非成熟区；或者一类分化到非成熟区，另一类在坐标图里消失。可以看出易于分化的主题较成熟的内容会慢慢向着成熟区移动，其他内容或许需要更多的时间完善，有些主题随着时间的变化，研究热度会大大减弱，甚至不再是研究热点的情况也很常见。

3. 新增主题分布特征

观察坐标图的第三象限之后发现，第二时间段的类 10（竞争情报研究）、类 15（机构知识库与开放存取研究）、类 17（web2.0 的研究）和第三时间段的类 19（网络舆情研究）都是新出现的热点，它们都出现在第三象限的原因可能是当一个研究刚刚成为热点时，它们总是不够成熟，并且与其他研究的联系也不够紧密，这就导致了类团的密度和向心度都较低，因此处于第三象限。但同时人们也发现，第一时间段就已经出现在第三象限的主题团，随着时间的变化，有的发展得比较慢，还处于第三象限（如类 3、类 13），有的发展较快速，研究主题的密度和向心度都在增大，甚至发展到第一象限（如类 10、类 12）。因此，新增主题的发展趋势一般会随着时间的推移而向第一象限移动，它们一般分布在第三象限，不过有的发展速度较慢，有的主题发展速度快。

三、CNKI 中的关键词分析

共词分析一般来说是分析某一段时间内相关论文的关键词，当算出两两关键词之间在同一篇文献出现的频率后，建立一个由两两关键词词频组成的共词网络。在统计前需要设定一个合适的阈值，这个阈值与关键词出现的频次有关，还有高频关键词的选取，这也是一个重要的准备工作，要体现出该学科领域的研究主题或研究方向。统计一篇文章里面高频关键词两两同时出现的次数，形成共词矩阵。而共词矩阵转化为相关矩阵则需要借助 Ochiia 系数，再运用因子分析、聚类分析、多维尺度分析等多种统计分析方法，通过图表、数据等形式，直观地展示某一学科领域庞大复杂的共词网络，然后对图表进行分析。共词分析虽然不属于文献计量分析，但它是基于内容分析的一种方法，特点是将定性分析和定量分析结合起来，不但能在某一学科领域论文的关键词共现上得到应用，而且可以对论文的作者合著的现象进行分析。

（一）构造共词矩阵

人们借助高频关键词表和书目共现分析系统，将两两高频关键词进行组合，并统计所有论文中 30 个高频关键词共同出现的总次数，从而形成一个 30×30 的共词矩阵，也叫作原始矩阵。

如果观察的数据处在共词矩阵的主对角线上，则表示某一关键词出现的频次，如果观察的数据处于对角线的两边，那就代表了某两个关键词同时出现的次数。例如，出现了 4 213 次的关键词"高校图书馆"，出现了 393 次的关键词"信息服务"，而共同出现 254 次的两个关键词是"高校图书馆"与"信息服务"，说明同时使用"高校图书馆"与"信息服务"共同作为关键词的论文有 254 篇。

（二）构造相关矩阵

共词矩阵只能单一地表现出各个关键词之间共现频率的高低，要真正地揭示各关键词之间的内在联系，需要把共词矩阵转换为相关矩阵。为了消除频次悬殊造成的影响，利用 Ochiia 系数的计算将共词矩阵转换成相关矩阵（相似矩阵），计算方法是用共词矩阵中 AB 两关键词共同出现的次数除以 AB 两关键词各自出现次数开方的乘积，将多值矩阵转化为 [0，1] 区间取值的相似矩阵，如下公式（7–1）。

$$\text{Ochiia 系数} = \frac{\text{AB 两关键词同时出现的频次}}{\sqrt{\text{A 关键词出现的总频次}} \cdot \sqrt{\text{B 关键词出现的总频次}}} \quad (7-1)$$

将共词矩阵的数值利用 Ochiia 系数的计算公式计算出高频关键词的相关矩阵（相似矩阵），截取部分，为方便显示将横向表头"高校图书馆"至"信息共享空间"等关键词字样分别用序号 1~30 表示。

两两关键词"相关"则表示它们存在一定的内在联系。相关矩阵中的一个数字既表示两两关键词之间的相似数据，也表示两两关键词之间的相似度。如果相关矩阵中数值越大，那么两两关键词之间相似度也就越高，距离越近。观察了相关矩阵后，可以知道关键词自身相关系数最大，则主对角线上的数值为 1。例如，1 是关键词"高校图书馆"的自身相关系数。反之，两两关键词之间距离越远，相似度越低，则表现为表中数值越小。例如，关键词"网络环境"与关键词"信息资源"的相关系数为 0.034 3，关键词"高校图书馆"与关键词"信息服务"的相关系数为 0.197 4。

当统计过程中出现的误差较大时，相关矩阵中就会出现较多的"0"值。用 1 减去相关矩阵中各个值的差，就成功地在相关矩阵的基础上构建了相异矩阵。运用因子分析、聚类分析和多维尺度分析的基础就是高频关键词的相异矩阵，截取部分，为了方便表示，分别用序号 1~30 表示横向表头"高校图书馆"至"信息共享空间"等关键词字样。

两两关键词之间意义与相关不同，又存在一定的内在联系，就用"相异"表示。在相异矩阵中，两两关键词之间的相似度，即两两关键词之间的相似数据，用一个数字表示。

在相异矩阵中如果数字越大，那就代表两两关键词之间相似度越低，距离越远。例如，关键词"网络环境"与关键词"信息资源"的相异系数为 0.965 7，关键词"高校图书馆"与关键词"信息服务"的相异系数为 0.802 6。反之数字越小，那么两两关键词之间相似度也就越高，距离越近。如果关键词自身都不相同，那么相异矩阵中主对角线上的数字为 0。

例如，0 是关键词"高校图书馆"自身的相异系数。如果你想知道两两关键词之间距离的远近，关系的亲疏和内部结构联系，就应该观察相关矩阵和相异矩阵中的数值大小。

第八章 移动图书馆知识图谱研究

当今时代科学技术的发展使移动互联网得到普及，现状使习惯使用传统图书馆的读者的需求发生了改变，图书馆已经渐渐地注入移动信息技术从而发展为移动图书馆。这样一种新的形式相比传统图书馆更富有个性化，方便携带，交互性更强，因此得到了国内外广泛图书馆界专业人士的关注。研究者们针对移动图书馆的各个领域，从不同的方面与角度进行了大量研究，为建设移动图书馆做出了重大贡献。在此背景下，建设发展移动图书馆的一个重中之重的环节就是要在海量的研究数据中快速精确地掌握目前国内外的研究热点，了解发展趋势。本章主要通过运用信息可视化工具对国内外移动图书馆进行可视化研究。

第一节 移动图书馆概述

目前，手机、平板等移动终端成为人们日常生活中不可或缺的设备，这些移动设备拥有智能化的 APP，如美团、腾讯视频、QQ 音乐、京东商城、图书馆等，从休闲娱乐到学习用具类的 APP 一应俱全。移动图书馆也在这种形式下产生，图书情报为了适应时代的进步，开始对移动图书馆的知识图谱进行相关研究。下面将介绍移动图书馆的含义、功能以及知识图谱数据来源、选择工具等，对移动图书馆知识图谱研究有基础性的了解与认识，也为后续研究奠定基础。

一、移动图书馆的含义

最早在 1946 年，移动图书馆这一形态已经出现，对于其定义人们可以在 *The County Libraries Group of the library Association* 一文中发现，通过对某种工具进行设计、装配和运行使其尽最大可能实现最远距离的影响，并且能够对分馆提供更加切实可行的服务。

移动图书馆的原意其实是"流动图书馆"，即将图书通过交通工具的运输为欠发达的偏远地区的读者进行图书馆服务。而随着时代的变迁，移动信息技术的迅速发展以及使用移动终端用户的增长，目前移动图书馆已发展成为一种全新的形态，主要表现为依托多媒体技术如智能手机、电子阅读器、iPad 等终端，实现图书馆的移动服务。

相比传统图书馆，用户使用移动图书馆服务，可以大大减少时间与空间的限制，因为移动图书馆本身属性是移动的，是富有流动性的，除此之外，其还具备丰富性、个性化服务的特点。

二、移动图书馆服务功能

在服务功能方面，移动图书馆通过与移动信息技术相结合从而比传统图书馆有了很大的革新，以下是移动图书馆的主要服务功能。

馆务信息通知功能：将一些基本馆务信息如图书馆介绍、开馆时间、信息通知、讲座通知、天气预报以及提供路线指引等，通过短信、客户端或网页等多种渠道进行推送。

用户信息功能：主要涵盖用户借阅历史信息，针对不同用户个性化推送。通过信息分析技术向读者用户提供针对其自身的个性推送服务是部分图书馆所具备的常用功能。

资源搜索功能：该功能主要包括一些基本的馆藏数据与资源检索功能，以及借阅电子书、多媒体资源、传递文献等功能，秉承利用用户的碎片化时间的理念为用户提供便携式的阅读方式。

咨询参考功能：主要包含反馈常见问题、把体验过程中的问题进行意见留言、咨询相关人员等，同时也包含一些高等院校的图书馆所提供的科目研究指导等。由于交互式移动终端的普及，在使用移动图书馆时，用户可以随时与图书馆管理人员进行交流与问题反馈。

推广宣传功能：主要包含直观便捷的方式如访问二维码以及微博链接等，这些直观的访问入口有效提升了移动图书馆的知名度和影响力。

第二节　移动图书馆知识图谱的数据来源和分析工具

搜集和整理数据是在建造移动图书馆知识图谱之前首先要做的工作。下文将展示在 CSSCI 中文数据库所搜集处理文献的过程，即根据重要词汇与科研方向等标准筛选数据，同时使用 CiteSpace 对过滤后的数据进行分析处理。经过此过程，一个科学可信的知识图谱得以建造起来。

一、移动图书馆知识图谱国内数据来源

国内数据从 CSSCI 数据库中进行筛选整理。搜集数据的具体步骤为：在网页中先点击高级检索，输入关键词"手机"或"移动"开始检索，文献时间范围定在 1998—2015 年，并选择"情报与文献学、图书馆"为学科种类（先选定学科种类，提高搜集数据的准确率，再进一步过滤筛选，此方法比直接输入"图书馆"搜索要更加准确）。

操作以上步骤的检索式为：关键词 = "手机" OR 关键词 = "移动" AND 发表时间 = "1998—2015" AND 文章类别 = "论文"

在完成上述步骤后共获得数据 1 317 条，考虑到有一些内容是与移动图书馆无关的，所以再次筛选数据后得到可以分析和参考的数据共 1 179 条。

一些数据信息是在科学网数据库下载的，这些数据是可以直接通过 CiteSpace 分析处理的，但是在 CSSCI 数据库下载的数据格式是非矩阵的文献数据，对这一格式当前的软件还不具备识别的能力，需先转换格式再对其进行处理。利用 CiteSpace 自带转换器即可对这些数据的格式进行转化，转化步骤如下：在电脑上安装好该软件后，首先找到"数据"按钮并单击，单击后会出现下拉菜单，找到"输入 / 输出"，单击后会出现可以转换 CNKI 以及 CSSCI 等格式的可转换文献的转换器。可新建一个文件夹，并以英文名称命名，将转换后的数据保存路径选为此文件夹，完成此步骤后即可将这些数据导入到 CiteSpace 中。

二、移动图书馆知识图谱选择工具

首先，将需要研究的数据导入 Excel 软件进行初步的文献计量，整理分析数据中的年发表文章的数量，再构造移动图书馆领域的知识图谱，通过使用 Excel 对数据进行统计从而对国内外的相关研究有一个初步的掌握。

其次，通过一些数据可视化软件构造移动图书馆的知识图谱。陈超美是美国雷克赛尔大学信息科学与技术学院的教授，CiteSpace 软件就是由他开发创造的，该软件的主要功能是对知识图谱进行分析和处理，是一款可以多元、分时段以及动态分析复杂网络的不需付费的可视化图谱工具。其面对的主要用户群是科研工作者、医学者、政策研究者以及医学图书管理员，CiteSpace 主要通过把数据搜集、

计量文献以及信息可视化等多种方法结合起来，依据"共同引用"和"引用文献"建立相关联系。综上，CiteSpace是一个可以识别专业文献并展示学科发展的趋势和走向的有力工具，通过合理使用该软件可了解用户所属学科的研究程度与目前的研究前沿趋势。

第三节　移动图书馆知识图谱核心期刊和作者分布

一、核心期刊分布

我国核心期刊分布图的生成方式如下：在建造被引用期刊的知识网络时要导入处理好的数据。首先选择要使用的数据所在的文件夹，将需分析的数据时间范围定为1998—2015年，并将时间分割定为1，再设"引用期刊"为节点类型，最后设置阈值为（2，3，15）（3，3，20）（3，3，20）。

有一些期刊在研究移动图书馆时是有着关键连接作用的，如《科学出版社》《图书情报知识》《图书情报工作》《开放教育研究》等。如果有紫红色的光圈出现在这些期刊的图谱中，那么就表示期刊有比较高的中心性，说明关于移动图书馆的文献在这些期刊中被引用数量是比较高的，并且拥有很大的影响力。以上列举的几个期刊属于我国研究领域的关键节点期刊，虽然发文数量不占优势，但是有一些影响力很大的移动图书馆领域的文献在这些期刊上刊登。

研究者们在进行针对移动图书馆的研究与研究文献投递时可以重点关注以下期刊：《大学图书馆学报》《中国图书馆学报》《现代图书情报技术》《情报科学》等，因为这些期刊刊登与移动图书馆相关的文献频数较高，同时对于研究移动图书馆领域的前沿趋势也比较关注。这些高频期刊影响因子比较高，并且因其内容大部分很专业并且是站在前沿角度的，所以这些期刊在我国图书馆领域具有很大的影响力。对于国内移动图书馆所研究的技术、进展、方向以及服务等方面的问题，在这些专业期刊所刊登的移动图书馆相关研究中都可找到深层次的解读，这也体现了针对移动图书馆的研究，我国图书馆界是极其重视的。

对于移动图书馆领域的研究，从我国来说，《大学图书馆学报》《中国图书馆学报》《图书情报工作》等这些期刊都是在这一领域非常有权威性的，并且发表在这些期刊上的文献也是十分专业的，体现了我国对于移动图书馆的建设非常重视。除此之外，国外也同样很重视这一领域的发展，如 *Library Journal Electronic library* 等这些在国际上有很大影响的外国期刊都体现了国外对于这一领域的重视程度也很高。总而言之，移动图书馆这一新型模式无论是国内还是国外的图书馆界都给予了很大的重视。

通过研究这些专业杂志可以发现，对于移动图书馆的理论和实践研究已经在国内的教育专业领域积极开展，如对其教育属性深入研究探讨的一些教育类期刊有《开放教育研究》《电教杂志》等；而国外的一些期刊也通过通信类、计算机类等技术角度深入研究移动图书馆这一领域，代表性期刊有 *Communication Lecture notes in computerscience* 等。

二、核心作者分析

在做完基础的收集整理数据这一工作后，需要做的就是分析并处理这些整理之后的数据，要用 CiteSpace 这一软件建造移动图书馆这一领域的国内外作者的共同被引用网络，从而达到对比这一领域核心作者的目的。

下面介绍一下如何通过生成共被引著者的知识网络的方式分析核心作者，首先找到包含所要分析的数据的文件夹并选定，将研究覆盖的时间范围（Time Slicing）设为 1998—2015 年，设置 1 分割时间，"引用作者"为节点的类型，（2，3，15）（3，3，20）（3，3，20）为其阈值。这就是生成著者知识图谱的基本步骤，完成以上步骤后点击运行就可以了。图谱大致分为由 CSSCI 生成的中文图谱和由 web of science 生成的知识图谱，前者是针对国内共被引著者的概况，而后者则是国外移动图书馆领域共被引著者的情况。

时间是国内的核心著者知识图谱里的线条所代表的，时间由近到远的表示方式是线条颜色由红色到蓝色的转变，不同年份的共被引次数是由节点外部圆圈的色彩所表示的。著者的姓名由节点代表，节点越小表示共被引的次数越少；线条是用来将不同的节点连接到一起的，表示著者的共被引量，两个著者之间的共被引次数的关系由线条的粗细表示，越粗的线条表示其关系越紧密。同时，著者在这一领域是否关键也可以由共被引的频率体现，频率高的著者意味着在这一领域的中心度越高，在研究过程中的影响力就越大，对其他的研究者的影响作用就越大。

目前在移动图书馆这一领域我国还处在初级阶段，起步较晚，因此在技术性研究方面我国的研究者们还落后于外国研究者，但是我国学者努力学习西方先进成熟的研究方法，并尝试将我国的图书馆服务与新型技术更好地融合。同时，积极将移动图书馆这一领域的一些理论与其他领域相结合,以此寻求突破创新。在移动图书馆这一领域,我国通过尝试与创新而发展得更加迅速,地位逐步上升。

第四节　中国移动图书馆发展建设策略

一、移动图书馆前沿可视化分析

(一)国内突变词共现时区视图

首先把已筛选后的中文数据库导入软件里,把时间覆盖范围设为2005—2015年,设定数据的种类为突变术语(Burst Terms),节点的种类为关键词(keyword),2年是时间的分割点,同时把阈值设定为TOP50,目的是为了凸显每两年前50个被引用频率最高的突变词,最后一步点击按时区显示合并网络就可完成。通过上述步骤的操作就可以获得我国2005—2015年关于移动图书馆领域的突变词共现网络图谱,在获得图谱后,将已生成的页面设定为时区视图(timezone)的模式展示,由此就能获得国内突变词共现时区视图。

国内的移动图书馆领域的发展过程划分为三个阶段,2005—2007年是第一个阶段,也是起步时期,属于研究者们对移动图书馆服务的初级研究阶段,突现词的数量较为稀少,这一阶段的研究还是不太明确的。2008—2010年是第二个阶段,属于我国移动图书馆领域研究的发展阶段,相比第一阶段突现词更多,"4G"成为突现最高的词汇,4G网络的发展引起了学者们对于移动通信技术与图书馆相结合的研究热情。2012—2015年是第三个阶段,在这一阶段出现了更多的突现词,受到云技术与大数据的影响,学者们对移动图书馆的研究也更加积极。

(二)国内突变词分析

在针对移动图书馆领域进行前瞻性预测时的主要方法是分析突变词,在建造时序网络知识图谱的过程中可对国内突变词研究有大致的了解,如表8-1是针对2005—2015年生成的知识图谱中挑选的一些突变词依照比重大小排序形成的,而后整理分析这些突现词的共同出现的频次,归纳总结发展趋势,从而最大程度实现突现词的情报作用。

表 8-1　国内突现词表格

突现词	权　重（%）	起始年份	终止年份	趋　势
手机图书馆	7.9	2005	2011	上升后下降
4G	5.9	2009	2011	上升后平稳
大数据	5.4	2013	2015	突然出现
移动学习	4.2	2006	2008	一直下降
WAP	3.6	2007	2010	一直下降
移动通信	3.1	1998	2010	下降后平稳
服务模式	2.9	2008	2013	平稳
智能手机	2.6	2007	2011	上升后平稳
用户体验	2.1	2010	2014	一直上升
云计算	2.0	2011	2017	一直上升

　　学者们在对突现词进行分析总结后归纳出四种基本的类型，突现型是第一种类型，主要是 WAP2.0 和大数据等，并且以大数据为代表，这些突现词是非常具有情报价值的，已成为今后发展的热门趋势。上升型是第二种类型，虽然研究者刚开始研究这一种类型的关键词，但是依然成为当下的热门研究类型，如 2010—2014 年的读者体验，持续受到研究者的热切关注。下降型是第三种类型，这一类型的关键词有 WAP、移动学习等，这类词汇在研究中已出现得不那么频繁，一个原因是这方面的相关研究已经较为完善，另一个原因是随着时代的发展，研究也要紧跟时代的步伐，而这些词汇的研究已经过时了。第四种类型是平稳型，目前属于研究热门的，相关词汇包括服务方式、移动图书馆、手机阅读、4G 等，对于这些关键词的研究虽偶有波动，但总体保持直线平稳的趋势。

（三）国内前沿演化分析

　　2004 年，研究者们虽然接触到了移动图书馆的定义，但也只是部分具有敏锐视角的学者，因此在这一阶段学者们只是对于移动图书馆这一基于数字图书馆的新型模式做了大致的设想，而没有提出明确的相关概念，关键词汇主要是"数字图书馆"等基础概念。随着时间的推移，研究者们对移动图书馆的关注度逐渐增长，2005 年一些关于"手机图书馆"和"掌上图书馆"的概念被提出，学者们对问询参照服务等与图书馆相关的移动拓展服务进行了初步的探究。从时间角度来说,短信业务成为 2007 年前移动图书馆推出的主要业务,在此之后,WAP 网站业务的流行与前者一起成为当时的主要服务方式。后来我国 3G、4G 科技的发展带动了各个行业移动服务的发展,而移动图书馆的信息服务的相关研究也受到了业内人士的普遍注意,开始探讨移动图书馆的构建问题,主要研究高校的图书馆服务以及学生的相关读书行为。随着科技的发展与成熟,研究者也在不断将移动图书馆的各种服务进行分类与深化,WAP 等服务由此诞生,对于服务的个性化研究成为当时的研究热潮。同时,移动图书馆在教育领域的作用也成为研究者重点研究的方面,出现了许多移动学习和远程教育相结合的研究。除此之外,对于用户的研究也成为研究热门,因为随着技术的发展,服务形态也越来越多样了,读者的需求和体验也更加多样化,所以更多的研究者试图通过这方面的分析为用户定制更加适合自身的移动业务。

在当今时代,大数据和云计算成为新型的技术,我国学者们看到了这一流行趋势,将这些关键词融合到移动图书馆的研究中,并利用大数据和云计算技术发展更先进的移动业务形态。对于移动图书馆领域的研究来说,通信技术虽然是一个良好的机会和转折点,但在一定程度上为研究带来了严峻的挑战。这几年我国的研究者们开始将重点放在图书馆与各种新兴通信技术如微信等交流媒介的结合方面,本着以受众为中心的态度研究移动图书馆的业务建设。然而,据突现词表和时区图谱显示,学者们目前遇到的最大瓶颈依旧是如何将大数据技术运用到移动图书馆的建造以及如何使用信息通信方式促进移动业务模式的创新。

二、移动图书馆研究与建设分析

(一)移动图书馆研究现状

在当下,移动图书馆的服务形态与针对读者需求开设的信息需求业务以及移动科技已成为我国学者们的热门研究领域。从移动图书馆的服务看,学者们重点从服务的方法和内容方面探讨;从读者用户的角度看,我国学者们主要研究了三个方面,即需求、体验和采纳;从移动技术角度看,大数据、3G/4G 通信和 WAP 技术已成为建设我国移动图书馆的重要技术;从移动图书馆的运用来看,我国的相关研究把移动业务的长处融合到远程教育中,并使移动图书馆成为学习知识和实践过程中的拓展与延伸。对于移动图书馆具有的教育性能,引起了很多教育领域专家的探索与研究,他们尝试采取不同的形式,如 MOOC 和远程教育课程等,进一步拓展移动图书馆的使用范围。

由上文移动图书馆知识图谱的划分可见，用户需求研究和移动技术成为我国学者们重点研究的部分。将来这个领域的研究重点是继续延深读者需求、体验和采纳等现有的方向，因为我国对于这一角度的研究还是不够成熟的。另外，移动图书馆的构建离不开与大数据、云技术等新型技术的融合，这也成为这一领域将来的发展趋势。

（二）移动图书馆建设现状

无论是我国还是国外的移动图书馆都从移动服务的形式、方式以及技术发展等角度开展了研讨和构造，但是就建造程度而言还是有一定差距的。目前，我国图书馆可以作为我国移动图书馆领域模范的，如国家图书馆、北京大学图书馆和清华大学图书馆，它们在移动服务方面位列前端。

从服务的形式来说，SMS 短信息和 WAP 模式是国内移动图书馆主要运用的形式，而应用客户端这一模式的图书馆还比较少，我国北京大学图书馆主要采取WAP 模式对受众提供服务，模式相对来说比较单一且滞后，而国家图书馆和清华大学图书馆为读者提供服务的形式更加丰富多样，上述三种模式均有所使用。

从服务的内容来说，我国移动图书馆提供的服务内容大同小异，主要是预约借书服务、书籍到期提醒服务、搜索图书服务、讲座信息通知、图书馆公告、电子图书阅读服务以及咨询参考等基本服务，有一些图书馆通过开发客户端软件具备了移动阅读的服务。这一服务可细分为进馆须知、读者账户信息、关键词搜索、疑问查询和更多服务等几部分。表 8-2 所体现的是北京大学图书馆、清华大学图书馆和国家图书馆这三所图书馆的移动服务内容。

表 8-2　国内移动图书馆移动服务现状

	服务内容	国家图书馆	清华大学图书馆	北京大学图书馆
图书馆馆务信息	概况及开放时间	√	√	√
	地图或公交指引			√
图书馆馆务信息	视频音频导航			
	新闻通知培训讲座	√	√	√
个人信息	个人借阅管理	√	√	√
	消息提醒定制	√	√	√

	服务内容	国家图书馆	清华大学图书馆	北京大学图书馆
信息检索与利用	馆藏书目检索	√	√	√
	数据库资源检索	√	√	√
	多媒体资源	√		√
	电子书借阅	√	√	√
	商业移动资源			
	文献传递馆际互借	√		
参考咨询	常见问题	√		
	留言意见反馈	√	√	√
	邮件短信咨询			
	学科指南研究指导			
宣传推广	微博链接		√	√
	二维码访问	√	√	√
	热门推荐	√		

（三）基于 OSGI 高校移动图书馆系统的构建与实践

鉴于图书采购这一服务对于搜集文献资源来说是很重要的并且考虑到传统的采购书籍的形式效率较低，本书将在整体设计移动图书馆的前提下，着重探讨书籍采购子系统在移动大环境下的设想与实现，这也是提升书籍采购质量与图书馆服务效率的主要方式，同时也填补了传统采购形式的缺陷。

目前，我国移动图书馆的运行主要依托短信技术和 WAP 网站技术，但是这两种技术还有很大的缺陷与不足，在用户对移动服务的灵活性、时效性与个性化等需求方面无法做到完美适配，而本书对于移动图书馆的设想运用了 OSGI（Open Service Gateway Initiative）技术，可以使用户真正突破时空所限随时体验移动信息的交流服务。支撑 OSGI 技术的是一种面向服务的组件开发框架，是高度模块化并且动态化的，为移动软件提供了十分完美的基本框架，运用了该技术的移动图书馆系统可以迅速回应图书馆的用户需求以及服务程序变化，还能够灵活转换不同的操作程序的移动终端，该系统相对于其他系统更加凸显移动图书馆的技术长处。

1. 系统分析与总体设计

作者针对哈尔滨理工大学的教师和学生制作并发放了主题为"移动图书馆用户需求"的问卷调查表，以求更好地了解与实现用户的普通需求和个性需求，该问卷内容包括消息通知、信息搜索、书籍借阅、用户账号查询、推荐书籍、参考问询等服务。

本调查共发出问卷 300 份，收回的有效问卷有 286 份。经过对收集的问卷的整理与分析，可以看出，用户需求量比较大的服务有信息搜索（需求人数占64.3%）、书籍借阅（需求人数占 62.6%）、推荐书籍（需求人数占 61.2%）、用户账号查询（需求人数占 59%）、新书通报（需求人数占 43%）等。图 8-1 是作者根据这一调查结果以及结合网上其他高等院校移动图书馆的服务情况，总结出移动图书馆系统应该具有的功能。

移动图书馆系统各个功能的正常运行需由 OSGI 配件的共同作用来实现，配件需由 OSGI Bundles 生成。在通过对 OSGI 软件系统构造和移动图书馆体系作用的解析后发现，适配器拓展 Bundles、服务处理 Bundles、报文转变扩展 Bundles 和一些 OSGI 框架的内部 Bundles 共同组成了这一系统。

首先需要系统运用适配器扩展 Bundles 对移动终端（Android、Windows Phone、IOS 等）的初始请求数据进行接收，然后运用报文转变扩展 Bundles 对初始数据进行检验。如果发现数据异常，则开启异常处理 Bundles 解决问题，并且用日志JDBC Bundle、Bundle 记录问题。如果数据没有异常，就启动报文组织 Bundles，并生成能够被该系统辨识的标准协议数据，将其转交给不同的业务处理 Bundles，业务处 Bundles 会按照与之对应的服务逻辑分析标准协议数据，最后的数据永久储存到数据库里，并把分析的最终结果反馈给移动终端。

不同的协议是由不同的 Bundles 完成的，如 SOAP、XMPP、HTTP 及 HTTPS协议，每一种协议都需要对一种主要功能负责，系统在提供管理平台的同时，还提供集中监控平台。后台的技术人员在开展服务处理与经营分析时需首先登录管理平台系统；通过对平台集中监控及时启用与停止系统内部 Bundles 以及监控系统运行状态。移动图书馆系统框架就是根据上述步骤设计而来的。

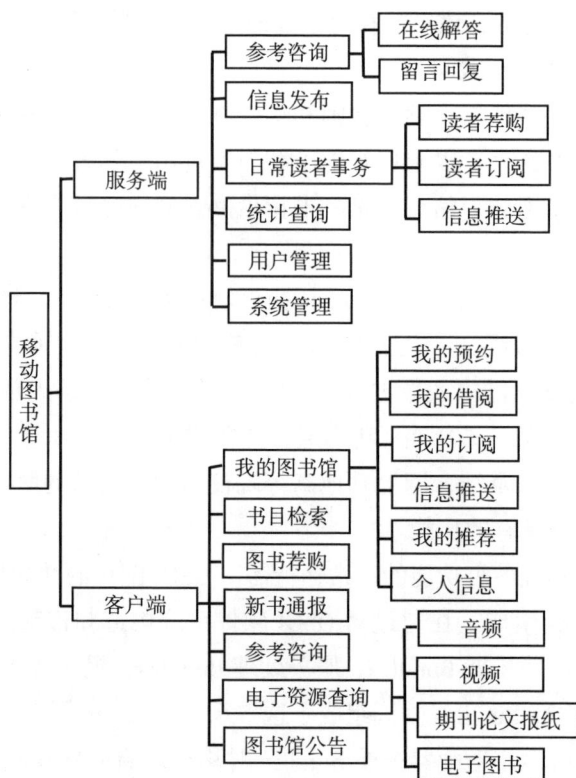

图 8-1　移动图书馆系统功能

2. 基于 OSGI 移动图书馆图书采购子系统设计与实现

通过对国内国际上众多高校图书馆的图书推荐购买体系的调查，人们发现，互联网荐购平台、QQ、邮箱广告、电话等途径是国内大学图书馆的图书荐购的主要方式，实践证明，以上的荐购方式不够便捷，由于受到时间空间的限制，不仅读者参与得少，而且工作人员处理荐购需求的效率低下。然而，经过对"移动图书馆服务需求"问卷调查的数据分析处理，人们发现，有图书馆提供荐购服务需求的读者高达 61.2%。因此，图书采购子系统的设计与实现是工作的重心。人们选定开发环境之后，如果要达到提高荐购处理效率、提高读者满意度的目标，就应该根据采购子系统的服务对象、服务业务范畴设计系统的领域模型和主要功能模块。

目前，无论是 pad 还是手机，屏幕都相对过小，在处理相关业务的时候明显不足，此外在非无线局域网络的环境中还会产生 4G/4G+ 流量费用。因此，对系统的前后端设计方面，在保证服务完整的前提下需要尽可能地简化流程、精简页面布局，使用户用最少的步骤实现自身需求，减少开支，提升用户体验。

基于 Service MIX 平台、利用 OSGI 技术的荐购系统采用的语言是 Java 语言，所用开发工具为 Eclipse4.2，数据库为 MySq15.6；客户端是利用 HTML5 + CSS 技术，基于 Phone Gap 平台开发的。

（1）领域模型分析设计

领域模型是一种对象模型，描述业务实例，把业务角色和业务实体之间的联系和相互作用抽象化是它的主要特点，又称作业务对象模型。运用领域模型使收到的需求自动进入待建信息系统，并得到该系统的支持，因此设计合适的领域模型是进行需求分析的关键步骤。读者荐购、采购人员查重审核、完成订单及读者与采购人员的互动等是图书采购子系统的主要业务。人们参考采购子系统目前的业务范围，在抽象分析了业务对象之后，对图书、征订目录、荐购单、读者、图书馆工作人员、荐购审核日志等领域类进行划分。通过各种组合关联方式将以上类目联系在一起，在这基础上，通过 UML 类图设计出领域模型图。"图书"和"荐购单"是该模型的核心，每当用户有了荐购行为就会有荐购单记录下来，此时图书信息与荐购单联系起来。

（2）图书采购子系统的主要功能模块设计

人们对图书采购子系统的业务范围进行分析后发现，该系统分为四个主要功能模块，包括：读者推荐图书、采购人员审核、信息推送和交流与互动。

① 读者推荐图书。如果读者有荐购需求，可以通过采购子系统中的输入图书书目信息和浏览征订书目两种方式与图书馆进行互联。在采购子系统的主页面上，设有"荐购导航"和"荐购处理原则"两项说明图书馆采购人员的联系方式，只要用户点击"联系电话"，系统就会自动跳转拨号。这种设计不但让读者提出的购书需求趋向合理，而且为读者与采购人员的互动交流提供便利。

如果读者有较强荐购意愿和明确荐购目标的图书，那么他们比较适合输入图书书目信息进行荐购的方式。读者可以通过手动输入或扫描 ISBN 号获取目标图书信息，若该图书馆已拥有馆藏，后台会自动检索并为读者提供书名、著者、出版社和馆藏信息，如果因为可借阅馆藏量少或其他原因导致读者需求没有得到满足，读者可返回荐购页面继续进行荐购；若根据后台检索无馆藏信息，后台要想获取图书信息就需要访问"豆瓣网""当当网"等互联网开放平台接口；若无论是馆藏还是开放平台均无所查询图书信息，则需读者手动输入图书全名、荐购理由等信息进行荐购流程。

向图书馆随机荐购的读者通常适用于通过浏览征订书目进行荐购的方式。读者只需要输入书名或作者进行模糊检索就可以查询需要的图书，也可以浏览图书的分类进行选择，每种图书的 ISBN、书名、出版时间、著者、出版社、内容简介、图书分类号等相关信息都是征订书目所包含的内容。此外，在每个被模糊检索的图书书目后都有"荐购此书"按钮，该按钮被读者点击之后，书名、ISBN 等信息会自动填充到系统里面，此时读者需要留下荐购理由及联系方式进行荐购。

② 采购人员审核。只要读者提交荐购申请，系统马上就会自动生成包括荐购理由、荐购单编号、图书书目信息、荐购读者信息等的荐购单。登录服务端之后，采购人员可以在读者荐购功能中查看"待审核"的荐购单列表。每一个独立的荐购单是列表中的每一行信息，如果想了解该荐购单的详细信息只需要点击那行信息。参考本馆的采购原则和采购计划，采购人员自行审核荐购单并决定是否进行采购。采购人员还需对每一条处理过的荐购单进行反馈：如果显示"审核通过"，则表明采购人员同意购买该图书；如果显示不订购，采购人员会给出明确的解释。

此外，该系统还可以将荐购单直接导出为 CSV 或 Excel，当审核通过的荐购单数量到达所设置的一定数值，采购人员可以将审核通过的荐购单进行归纳，并导出 Excel 表格进行最终审理，在确认最终订单无误后发给书商进行订购。

③ 信息推送。当采购人员的审核结束，荐购读者会及时地收到这一结果。在这个时代云服务得到广泛运用，如 Google 和百度都免费提供云消息推送服务，但因为百度云推送服务系统在国内更为稳定，所以本文的审核结果使用百度云推送服务。荐购者登录系统并进入荐购历史页面后，可以看到每一条申请和回复。此外，图书在馆内上架之后，系统还会将馆藏信息推送给荐购者以方便荐购者优先借阅。

④ 交流与互动。本系统为了给读者与图书馆提供一个专业的在线交流互动平台，使用集成 OpenFire 服务器，采用 XMPP 协议实现即时通信。如果读者有其他特殊要求或者对荐购审核结果感到不解，可以点击荐购系统主页的"在线咨询"按钮与采购人员进行交流。同时，后台荐购单中提供"读者账户"，若后台遇到荐购信息模糊或因读者荐购的图书没有买到的情况，采购人员应该及时向荐购者解释，或者通过点击该按钮与读者进行联系。

（3）实现效果与性能分析

目前，基于 Android 平台的系统基本功能已经初步实现。在公测中，该系统完美地实现了整个采购流程，同时也得到了参与测试者较高的评价。

与目前现存的其他移动图书馆系统相比，本系统在测试中的优势是：首先，本系统中独立的组件，可以在使用过程中根据读者的个人需求进行修改，同时不会影响读者的用户体验，这种相对独立的组件模式可以大大提升图书馆的服务质量和工作效率。其次，所有的组件都可以重复使用，如果系统增加了其他服务功能，这些组件可以根据寻求重复原系统组件，这种方式尽可能地节约了资源和成本，提高了系统开发效率，使读者满意程度更高。最后，本系统因为自带监控平台，所以可以管理和集中监控所有组件，如果在使用过程中系统有异常就可以快速找到问题所在并立即进行修复，提高处理速度，提升读者使用感。

当今社会，4G/4G+ 已经成为一种广泛运用的技术，随着移动图书馆的广泛应用，读者对系统的要求会日益严格。利用 OSGI 技术搭建组件系统可以为图书馆开展信息服务提供更加有效便捷的平台，适应更加精细化的读者需求和更加多变的业务流程，满足现代读者对图书馆"聪明""体贴"的服务需求，这种移动图书馆系统的未来也会越来越光明。

三、移动图书馆发展存在的问题

纵观全国，目前仍然有一些建设水平较低的图书馆，它们在服务模式、内容和技术等方面有很大的提升空间。对国内移动图书馆现状进行分析之后，人们发现了下列问题。

（一）理论研究与移动图书馆建设脱节

众所周知，正确的理论在一定程度上有指导实践的作用。但是，针对我国当前移动图书馆的建设情况而言，已有的先进理论并没有对我国移动图书馆当前的建设提供实际上的指导。通过前文分析可知，目前我国的相关建设多集中于"大数据 + 移动图书馆"和对用户的研究，但理论研究局限于对国外经验的研究，因此，这些理论文章并不能在实际建设中发挥其指导作用。在实际建设中，实现由大数据技术支撑的数字图书馆非常少，理论研究方向与实际建设方向不符的现象越来越凸显，应引起足够的重视。当前所存在问题就是理论研究超出并且遥遥领先于实际的建设情况。虽然国内理论研究是繁荣阶段，但实际建设仍然处于初级阶段。比如，拥有移动图书馆服务功能的图书馆并不多；初级的 WAP 和 SMS 短信是主要的服务模式，技术成为一大难题。

（二）移动服务模式单一

以下几种类型是当前我国图书馆开展的移动服务模式。

我国当前的移动图书馆服务模式包括以下几种。

1. 基于 SMS 短信的移动服务

SMS 短信服务包括主动服务和被动服务两种。前者是图书馆针对读者的信息推送服务，后者是对读者需求做出回应。图书催还提醒、馆藏书目查询、借阅信息查询、新书到馆通知等是 SMS 服务的主要内容。

2. 基于 WAP 的移动服务

WAP 就是在无线网络环境中的应用协议，与 SMS 服务相比，在交互方面 WAP 更具优势。馆藏书目查询、图书馆动态信息查询、电子资源信息查询、即时互动、留言等是 WAP 服务的主要内容。

3. 基于客户端的移动服务

随着信息技术和移动终端的升级换代，越来越多的图书馆建立了自己专属的客户端为读者提供更优质的服务。即时互动、读者远程服务、馆藏书目查询、读者移动阅读等是客户端移动服务的主要内容。

参考前文所绘知识图谱，人们可以看出当前学界关于移动图书馆的服务模式研究仍是以客户为核心，多种模式共同服务的形式，目前对单一 SMS 和 WAP 服务模式的研究已经相当成熟。参考调查结果发现，以上三种服务模式在我国移动图书馆的实际建设中发展极度不均。对我国高校图书馆的调查表明，目前高校移动图书馆同时开发以上三种服务的仅占 31%，而只开发一种和两种的比例为 69%。SMS 服务和 WAP 移动服务在大多数图书馆都可以提供，而提供客户端服务的只占很小一部分，不能达到普及程度。但是，当代日益增长的读者需求不能只依靠单一服务模式满足。

（三）移动服务功能不完善

经过对移动图书馆突现词的演化分析，人们发现目前移动图书馆服务在社会上热度不减，从而越来越深入思考该应用的研究。就我国而言，移动图书的服务方式变化是由 MSM 和书籍资源检索向个性化服务不断革新。近年来，学者对移动图书馆的研究也开始与二维码、位置信息、语音服务、VR 服务等新技术相结合。虽然国内对移动图书馆服务的研究是先进的，但是实际建设又是另一回事，往往会出现这样或那样的问题。

从现状看，我国移动服务业存在同质化现象严重的问题，参考咨询服务、图书预约、借阅到期提醒、书目信息检索、图书馆展览讲座信息、图书馆公告、电子书报阅读等是移动图书馆的主要业务，也有一些图书馆开发手机客户端提供移动阅读服务。虽然国内图书馆在移动服务延伸方向进行了一定的探讨，但是，在实际建设中依旧囿于传统的基础业务，对功能的延伸和拓展并不尽如人意。与国外移动图书馆的体系完善、普及率高、功能丰富且更具人性化相比，国内的建设仍较为落后。目前，国外图书馆开展的移动服务已经不满足于为用户提供基本功能，探索公共服务领域的活动正在进行。例如，国外高校的移动图书馆除了提供借阅信息、馆藏服务、移动阅读服务等基础业务外，还专门为校园读者提供特色服务，如社区服务、信息查询、校园游览、音视频点播、车位预定、参考咨询服务等，而且也能开发手机应用程序，为读者提供与图书借阅相关的个性化服务。

（四）图书馆员与读者移动意识薄弱

"移动互联网技术＋图书馆"的模式不但使读者对图书馆的利用习惯发生改变，而且对图书馆工作人员的思维方式和服务方式进行了优化。从读者的角度看，移动图书馆摆脱了传统图书馆的时间与空间限制，任何时间任何地点都可以通过移动终端对图书馆进行访问，满足自己的需求。虽然移动图书馆具备较为专业的服务，但选择这种专业服务满足自己需求的用户依然只是少数，甚至根本不了解移动图书馆具体业务的也大有人在。虽然移动服务方面我国图书馆做出了许多努力，但是读者对这些服务并不够了解，对移动图书馆的使用意识整体还是较弱。

作为图书馆的工作人员应该做的主要是推广图书馆移动服务并积极引导帮助读者。图书馆移动服务与互联网技术的关系越来越密切，图书馆的业务成了一种多信息载体并存的知识服务体系，而不是以前简单的图书资源的采、编、借。然而，现实情况是大多数图书馆工作人员并未意识到自身职能的转变，他们不能迅速适应业务和工作重心的悄然变化，对移动服务也没有一定的敏感性。

四、移动图书馆研究与建设发展对策

（一）移动图书馆研究发展对策

1. 强化移动图书馆技术研究

参考国内移动图书馆研究热点以及趋势，人们发现目前和移动图书馆技术相关的探究依然是业内的热点研究话题之一。由前文笔者所列的国内研究相关高频关键词表可知，3G/4G、WAP、云计算、大数据等与移动技术相关的关键词词频较高，与之有关的研究从未停止。根据国内移动图书馆研究的突现词及时区分布图可以知道，未来的研究重点将是移动图书馆与云计算技术、大数据技术等新兴信息技术的多层次结合。但是，当前 3G/4G 通信技术和 WAP 技术仍然是国内移动图书馆技术研究的主要内容，对于大数据技术、云技术等新兴技术的研究过于理论化，既不实用又不深入。

在大数据时代，移动图书馆的发展趋势就是通过信息技术满足用户日益多样化、个性化的需求。首先，不仅要借鉴国外的先进技术和相关理论研究，而且应该将国外经验与本土实际相结合，更深入探索国内移动图书馆的发展方向。其次，把图书馆研究和移动通信研究相结合，加强不同领域研究人员的交流，在专业的跨学科知识基础上建立有关移动图书馆技术的研究，图书馆实践机构不仅能够和院系研究者合作交流，还可以组建多元、稳定的研究队伍。再次，在新兴信息技术的初步探索中，国内部分图书馆目前的实践成果应该成为理论研究的铺路石，我国移动图书馆的基本技术框架和普适性的发展模型由创新实践与最新研究理论相结合而构建，将在理论上指导国内图书馆的移动服务。

2. 重视移动图书馆平台建设研究

前文对国内移动图书馆研究的突现词进行了分析研究，发现自 2015 年起，微信等公众平台在移动图书馆服务中发挥突出的作用并引起国内部分研究者的注意。随着移动图书馆与各种互联网交互式平台合作的不断深入，应加强图书馆移动平台建设的研究。

在当前大数据环境下，我国移动图书馆的主要服务为微信图书馆和图书馆手机客户端。管理系统构建、平台内部功能模块划分、用户使用系统构建等是国内对图书馆手机客户端研究的主要方面。但是，这些研究存在脱离实际、过于理论化的缺陷，导致在实际的平台建设中仍然有诸多问题，如用户移动图书馆服务与图书馆系统无法对接、身份认证和用户信息安全问题、服务内容不够多样化、用户需求变化与资源建设问题、同质化现象严重等。面对这些问题，对目前图书馆移动服务的实际情况研究者应有针对性地进行研究，提出解决方案。同时，探索不同类型图书馆的不同功能分区，如在公共图书馆加强公共服务模块建设，在高校图书馆中加强科研服务模块建设，要想吸引更多潜在用户就必须通过个性化的设计提高图书馆移动服务的针对性。

3. 深化国内移动图书馆用户研究

由本书对移动图书馆的热点研究以及前沿展望可知，对移动图书馆用户行为的研究是国内外研究的重点。通过前文对国内外移动图书馆的发展研究，人们了解到国外的研究图书馆发展得也更加成熟，"user study"作为国外研究的突现词权重值达到 3.6，而国内研究重 "用户体验"作为突现词的权重值仅为 2.1，国内研究在熟练度上落后于国外研究。目前我们要做的就是：第一，引进更多元的研究方法，定性与定量相结合进行研究；第二，深入研究主题，完善用户研究框架。

4. 积极进行评价机制研究

国内对移动图书馆研究的缺陷是仅停留在理论层面，而不注重实际效用。因此，评价机制应以用户为核心，建立一套科学有效的系统质量评价体系，移动图书馆的研究者和建设者只有了解当前移动服务的优点和缺陷才可以更加客观实际，更加方便。这套评价体系从用户的角度了解移动平台的运行效果、平台的易用性与可操作性、系统稳定性等实际问题，使研究者更直观地了解用户的需求和建议，以及对平台的满意程度并及时改进。

随着我国技术的发展，目前我国与国外关于移动图书馆的研究差距逐渐缩小，但仍然存在着不能忽视的问题。国内的研究集中于技术的提升而忽视了用户研究，这是最大的问题。因此，在国内移动图书馆的建设中，应重视分析研究用户因素，引入的系统质量检测评价体系要行之有效，设计出的移动服务要能够满足用户日益多样化、个性化的需求。除此之外，因为国外用户研究已经非常成熟，在我国的建设和研究中，可以适当借鉴国外的先进经验和研究成果。

（二）移动图书馆建设发展对策

1. 完善移动图书馆客户端建设

通过分析我国移动图书馆突现词的演化，发现有关"APP"的相关突现词近两年出现在大众视野中，随着新媒体时代的来临，社会普及了各种交互式软件，人们更加重视对各种形式的移动图书馆平台的研究，目前研究者们在服务、应用、技术等方面对移动平台进行了探索。但是，目前国内的移动图书馆客户端服务模式不仅没有大规模普及，而且在宣传推广过程中遇到了各种各样的麻烦。

国内的图书馆在开发系统时应保证兼容各种操作系统，不同的移动服务平台、移动应用软件以及移动OPAC由不同类型的移动终端与之对应。为了提升用户体验，用户使用更加便捷，在保证建设移动平台具有先进性、稳定性、延伸性特点的同时，对平台的显示界面进行优化。用户可以方便快捷地在移动设备上获取图书馆资源和服务，并且通过移动阅读和学习对图书馆资源进行充分利用，使移动图书馆平台拥有以下功能：适用于各种配置的移动终端设备、用户个性化服务、基于元数据的一站式检索、传统与数字服务集成、信息资源云储存以及打破空间限制对馆内书籍报纸杂志进行全文阅读等多种服务。

2. 结合信息技术拓展深化服务功能

目前，国内移动图书馆在移动图书馆平台服务功能建设中还有很大的发展空间，应该不断引入新的信息技术拓展与深化服务功能。

通过引入云计算技术、大数据技术等，图书馆可以积极建设更为智能化的移动服务，使服务层次得到提升。利用大数据技术收集整理用户的检索信息，运用特定的算法，对收集到的大量数据进行一系列分析和汇总，从而了解用户的深度需求，并及时主动地推送用户所需要的相关信息；利用远程计算机的云技术为用户提供访问、存储和其他本地化服务；还可以从海量的信息中运用数据挖掘技术深挖符合用户需求的部分，再通过移动终端为图书馆的用户提供更加准确、及时的决策支持。

为了使移动图书馆的功能更加完善，人们应借助当今时代的技术优势，如数字图书馆技术、信息聚合技术、二维码技术、识别位置技术、语音导航技术，以及移动通信技术等技术建设移动图书馆。除了利用当代的先进技术，还需要将收集的信息做出合理的安排，使数据库更加符合当代移动图书馆的服务形式，同时依靠信息整合的技术对收集到的多种信息资源进行处理，从而将线上资源与线下资源相统一，从而与实体图书馆互通互联。为了提供更好的参考咨询服务，还需要多重利用新兴的即时通信软件与实体图书馆相结合，使其更具有交互性，提供的服务更加人性化。除此之外，利用二维码技术进行图书馆的推广也是一种有效的方式，图书馆的读者可以通过扫描二维码对移动图书馆服务进行了解。

利用上述移动技术增加移动图书馆的服务内容是大有好处的，可以使图书馆移动服务更加人性化、普及化，稳步促进移动图书馆的积极发展。

3. 积极扩展移动图书馆用户群体

通过对前文中的研究成果进行分析，人们清楚地认识到，目前我国移动图书馆普及率并不高，从表面上看是由于使用者用非专业的搜索软件搜寻专业的图书信息所致，本质上是因为以往的移动图书馆建设存在着局限性。因此，为了使移动图书馆的服务更加人性化，在扩大其影响力的同时，还应从使用者的角度出发，将使用者的主要需求、使用倾向、习惯等纳入研究的范畴，更好地建设移动图书馆。

根据研究人员对移动图书馆的研究结果可知，书目查询服务是图书馆移动服务的主要工作。Boopsie 是专门解决图书馆移动服务问题的，通过最新的用户使用模式分析可以看出，移动图书馆提供的服务中，访问服务分发的具体时间、位置、行程安排、博客和阅读目录占访问量的 60%。更吸引用户的是密切联系图书馆和用户社区的基础信息与服务。因此，为了让更多的用户利用图书馆进行信息检索，要从用户角度研究移动图书馆，并从本馆实际出发，使其服务更加人性化。

现在国内的图书馆主要有公共图书馆、高校图书馆两种类型。由于两类图书馆用户群的差异，因此提供的移动服务也不相同。对公共图书馆而言，除去它的基本功能如馆内的通知、信息的检索以及基本的借阅信息之外，还有诸如社区医疗的记录、政府的文件通知、小区的服务等延伸功能，通过这样的服务平台对打造智慧社区甚至智慧城市有一定帮助。对高校图书馆而言，在校学生是主要的用户群，因此主要需求点是微视频的服务、微课堂的开展功能以及自习室的预约功能等。同时，高校图书馆还可以开展多种类型的培训服务，如让专业人员制作慕课，根据读者层次的不同，按其所学的领域对知识进行讲解。总之，移动图书馆的建设要以用户为中心，这是移动图书馆服务体系构建的根本依据，也是今后建设移动图书馆的发展方向。

图书馆自身宣传的不到位也是移动图书馆利用率低的主要因素之一。因为使用者对其具体的功能不了解，所以产生潜在使用者流失的现象。针对此问题，图书馆可运用多种方式进行宣传，如手机等移动通信软件宣传、媒体宣传、举办一些讲座等。

4. 鼓励一线图书馆员专业研究

从前文对移动图书馆研究的作者被引分析得知，现在国内高校的专业研究人员的研究较多，而一线图书馆员很少有研究成果。由于移动图书馆处于动态变化的过程中，对此最有发言权的是一线的图书馆员，他们对使用者的反馈、使用者的需求以及使用情况等可以更快地了解，因此图书馆员应当发挥自己的作用，利用工作的便利性，紧跟移动图书馆发展的脚步，以更多的视角进行专业性的研究。图书馆员还要与同学科专家同心协力，给予数据支持和问题反馈，根据移动图书馆的实际建设现状以及目前存在的问题，在现有的基础上达到新的突破。除此之外，还应鼓舞图书馆员对国内外研究成果予以关注，充分了解此领域的最新研究方向，充分掌握移动图书馆服务当前的动向和技术，并在实践中充分发挥理论的价值。

（三）移动环境下高校图书馆图书荐购服务模式探析

1. 国内高校图书馆荐购服务模式现状

本章通过对图书馆主页的访问，随机抽样调查了部分国内高校图书馆。调查结果发现，高校图书馆的推荐与购买服务模式主要包括邀请大学教师、推荐部、表单推荐与购买、电话推荐、邮箱推荐、面对面推荐与购买、QQ 推荐、书目选择、实地藏书等。每个推荐系统都有其优点和缺点。图书馆一般采用多种方式相结合的模式。

哈尔滨理工大学图书馆采用的推荐与购买相结合的模式主要是上述提到的后七种，由于这些方式相对独立、不方便，而且缺乏统一的平台管理，因此推荐效率低。虽然很多高校都具备图书推荐和购买系统，但大多数图书和购买系统只具有检查和推荐功能，而具有个性化的服务功能的推荐和购买系统少之又少，包括对购荐图书的书评以及对相关图书类型的推荐等。除此之外，使用者受到时空限制，只能通过手机或电脑登录此平台购买图书，导致他们的需求不能得到满足。随着当今时代互联网的普及，图书推荐服务平台的构建及其科学的决策功能会成为解决以往服务模式不足、资源利用率低、不能满足使用者的个性化需求，馆内结构不够优化的一大利器，读者可以更加方便灵活、随时随地地享受新型图书馆带来的诸多益处。

2. 互联网环境下图书荐购服务模式

笔者提出在移动环境下构建荐购系统的文章研究浅显，无法为读者提供辅助决策功能以及个性化知识服务。因此，笔者从图书馆实际出发，提出一种新的对其决策有一定帮助的图书推荐服务模式。

（1）平台构建

① 客户端。若要为读者提供移动服务，首先要对应用平台进行选择。目前存在市场上的移动平台主要有：Goole 公司的 Android 平台、苹果公司的 IOS 以及微软公司的 WindowsPhone，这些平台形成了相应的开发工具。由于 Android 系统有强大的用户群，因此把 Android 选为移动客户端主要平台。

② 服务端。ServiceMix 运行环境、OSGI 构件架构是服务端的运作基础。由于 OSGI 是一种认可度极高的软件体系结构技术和方法，而且其主要的特点就是模块化、动态化，因此，可以更好更快地对应用系统进行建造，建造之后的系统维护性、管理性也更加突出，对需求变化的响应能力最强。基于此技术设计的图书服务系统，可以让读者享受到更高效、更人性化、更多样化的服务，从而展示出服务的优势。

（2）荐购服务

新的图书推荐模式为使用者提供了检索和推荐图书的渠道。接受者处理了接收到的荐购申请后，处理结果会通过 SMS 平台和电子邮件发送给读者。

① 推荐、检索和购买服务：由于系统提供了访问的 API 接口，因此读者利用这个接口进入当当网等购书网站，或者登录到推荐和购买平台，从平台提供的书籍或清单中寻找自己心仪的书，还可以通过填写荐书信息购买自己需要的书籍。

② 定制服务：读者从自己的实际情况出发，定制与推荐图书信息相关的推送服务。例如，读者感兴趣的是与推荐书籍同一类型的书籍，或者是与推荐中作者相同的书，他们可以自行设置荐书服务系统，从而更及时地掌握图书上架的最新信息。

③ 信息推送服务：每位读者都有其自己的需求，系统可以根据这些需求向读者进行信息反馈。此外，在采访者处理推荐和购买申请后，还会把处理结果以短信或 E-mail 的方式告知读者，包括订单、非订单描述、处理状态、收集信息等。

④ 即时通信服务：读者可能会有各种各样的问题需要咨询，为了满足读者的需求，系统提供了一个即时交流的互联网平台，在此平台上，读者可以随时与图书馆方联系。若真有问题，工作人员可以通过查询其账号随时与读者联系，解释存在的问题。除此之外，自动拨号是该系统的又一大功能。界面设计的"联系电话"就是读者与工作人员沟通的方便途径。通过一键拨打电话，更好地促进了双方的交流，及时避免由于误读导致的买错图书、不满意工作人员的服务等现象。

（3）图书荐购系统应用效果分析

迄今为止，有关互联网环境下图书推荐系统的程序已经初步完成。笔者也邀请了一些使用者对系统进行了测试。测试结果表明，此阶段系统的运行基本正常，其用户登录、查询书籍、用户管理、推送服务、审计荐购单等功能都已完整地实现。该系统简便的操作界面和快速的系统反应，使读者买书更加方便，也使工作人员处理读者问题更加高效，读者反馈更加完整。但该制度有些地方并不完善，如，对读者的荐购情况进行统计问题，图书和书籍的清单问题，读者与其他读者的互相了解问题；决策辅助功能不够的问题，智能信息推送服务不完善的问题，推送书目给其他读者群共享的问题等，这些都需要注意。

随着当今社会移动应用的广泛普及，读者的视野越来越广，需求也愈来愈多样化，现在读者已不满足传统的图书推荐服务模式，在此背景下，移动互联网环境下的图书推荐服务模式必然成为顺应时代发展的产物。以图书推荐服务模式为主、其他推荐服务模式为辅的全方位图书荐购服务系统，给用户购买图书提供了强大的数据平台，其高效、灵活、准确的特点满足了不同读者的图书需求，图书馆服务效果和图书利用率也将随之提高。

第九章 图书情报学科研究展望

进入 21 世纪以来，在网络环境中的情报学迅速发展起来，科研合作化有增强的趋势，通过十几年的发展和积淀，一个相对完善的图书情报学学科已经发展起来，未来图书情报学的发展会在坚守与拓展中不断开辟新路径、构筑新格局。

第一节 图书情报学研究方法的创新

本章从破除封闭式研究法、破除经学研究法、破除经院式研究法三个方面阐述了图书情报学研究方法的创新。

一、破除落后的研究方法

（一）破除封闭式研究法

封闭式研究法分为两方面：一是在内容与范围方面，某一问题的研究在封闭的专业圈子内受到限制；二是单纯依靠国家、部门、单位或个人的研究力量，对基础科学学科进行研究。在一个学科领域主体的理论研究中，如果只局限于单一的领域研究，却不关心与其他学科之间的联系，那么研究可能得出片面的结论。因为从整个科学体系中划分出来的主体只是相对独立的，它与相邻主体有许多紧密的联系，客观世界的规律性决定了这一现象。这种跨学科现象是自然科学，也是社会科学。对于许多研究课题来说，封闭研究方法的探索是没有前景的。

（二）破除经学研究法

人们既要从根本上否定我国几千年封建文化的主流经学，又要从根本上破除经学研究方法。经学是对儒家圣人作品的无限解释、命名和考证。虽然在学术研究中也有这种解释、正名和考据，但它是整理前人的基础经验，并不是直接研究现实中实践活动的第一手资料。虽然这种经学研究方法很落后，但至今被社会科学和人文科学等领域广泛采用，人们要彻底破除这种落后的经学研究方法。

（三）破除经院式研究法

经院哲学是中世纪欧洲封建统治阶级的官方哲学。经院哲学是在教堂学院中形成的，由此得名经院哲学。经院哲学把形式逻辑作为巩固封建制度的理论依据，并以此论证教会思想体系的正确性。长期以来，由于许多人把马克思主义看成是教条，因此他们也热衷于经院式研究法。恩格斯预见到这一点，他指出："马克思的整个世界观是一种教条，但却是一种方法。它不仅提供了现有的教条，而且是进一步研究的出发点和使用这一研究的方法。"如果人们不想用一成不变的经院式研究法，不想学习教条化了的马克思主义，就应继承和发展马克思主义的科学体系。人们不应固执于个别的结论，应不断接受新的思想学说和观点，积极进行学术交流，坚持讲实话、说真话。

二、图书情报学创新研究方法

（一）中西结合、取长补短

中国图书情报学借鉴西方的理论，并采用了西方的方法。但是，中西文化之间存在差异，中国图书情报学对西方的图书情报方法进行照搬照抄是行不通的。中国图书情报学者应该充分利用中国的文化资源，用自己擅长的分析方法研究探索，提炼其中的认知方式和对世界、对社会的观念，对现代图书情报学的研究方法进行发展创新。中国的学术传统有强大的生命力，它持续了两千多年并经久不衰。任何国家传统的学术文化，均有其精华和糟粕，中西方应相互取其精华，去其糟粕，避免采用闭关自守和照搬照套的策略和方法。图书情报学要想形成自己的方法论体系，建立具有中国特色的图书情报学研究方法，必须走弘扬本国优秀学术，借鉴西方优秀研究方法，坚持创新的道路。

（二）精确化的定量分析

由于传统图书情报学主要集中于局部和个体的定性研究，而弱于定量分析，其得出的结论往往没有科学性和准确性。因此，当代图书情报学研究方法的未来趋势、图书情报学实现现代化的关键就变成了图书情报学研究方法的精确化。近年来数学方法应用于图书情报学研究的现象开始增多，研究人员渐渐掌握和运用有关《文献计量学》等专著的出版及其经验定律的现象，表明了图书情报学研究的量化程度不断提高。

（三）综合化的跨学科研究

综合化是指跨学科的综合研究，或指运用多学科的研究方法探索具体的研究课题。人们的唯物辩证法认识在图书情报学研究方法的应用反映了图书情报学研究的综合化。这一反映分为内部和外部两方面，从内部表现看，主要是对信息服务、图书分类学、读者工作、图书馆网络、目录学等的综合研究；从外部表现看，主要是对数学、社会学、历史学、语言学、哲学、逻辑学等多学科的综合研究。传统的图书情报学研究方法具有单一性、平面性、个体性等特点，随着现代图书情报学的不断发展，这一研究方法已经不符合时代需求。人们必须要采用综合化的跨学科的研究方法，采用一种既可以反映多层次、多角度的立体关系，又能反映整体和系统的方法，对图书情报学进行多层次、多侧面、多角度、多因素、多联系和多领域的研究，这样才能了解图书情报学的内在本质及其发展规律。

第二节　隐性知识与图书情报学理论创新

在互联网普及和知识经济蓬勃发展的 21 世纪，社会环境发生了变化。图书情报学理论创新与理论重构面临着压力。实践创新和理论重构之间存在着密切的互动转化关系，为了适应新形势下读者知识需求的目标，最终走向统一。自 1980 年以来，图书情报学知识理论作为主流研究范式的研究，不断发展适应变化的环境，它推动了图书情报学理论与实践向知识领域的发展。但是，以图书馆学情报学知识理论目前研究的主要形式来说，知识的客观属性是大多数研究成果的认识论基础。对隐性知识缺乏必要的理解和深入的研究，它的研究对象仅限于显性知识范畴。如果图书情报学只是停留在显性知识层面的理论与实践，那么它不仅满足不了新形势下的读者需要，而且不能推动图书情报机构自身的发展。作为一种新的知识理论，隐性知识不但对图书馆学、情报学等相关学科的理论和实践的发展具有重要价值，而且可以促进人类对知识认识的进一步深化。图书情报学理论创新研究在隐性知识的基础上可以得到许多有意义的启示。

一、隐性知识理论扩大了图书情报学研究对象的范围

每一个学科的研究对象都是动态的演进过程，它的结果不受人为限制，而是基于对主体的性质、历史传统、外部环境变化的适应，是在人们不断提高的理解水平中变化的。从图书情报学的学科性质出发，其主要功能是知识保护和传播，

其最终是以满足用户的需求为目的。不论是个人还是企业，知识构成包括两方面：隐性知识和显性知识，而对个人和企业的发展更有价值的是作为知识主体的隐性知识，因此用户对知识的需求不仅只有显性知识层面，还包括隐性知识层面。如果不想把图书情报机构的社会职能、主体地位、重要作用进行人为的弱化，那图书情报学就不能从基础理论研究的范围内排除隐性知识。从历史的角度看，客观知识（显性知识）一直是图书情报学的研究对象，这主要包含两个原因，一是因为在历史上知识客观属性的认识论起主导作用。二是由于当时的技术条件，知识的载体形式主要是纸质文献，而且由于技术条件的限制，读者无法从其他方面轻易地获得知识，基于文献的显性知识服务不能完全满足读者的知识需求，因此，图书情报机构的知识资源中心地位一直保持，不至于发生生存危机。实际上，传统的图书情报服务也为读者提供隐性知识服务，只是其无法在各方面满足用户的需求，这一服务存在数量质量的不足。这是它在这方面广受诟病的原因，而且图书情报机构提供的服务内容一直是隐性知识，其用户对图书情报工作中隐性知识的需求无法被显性知识服务彻底否定。例如，图书馆和信息机构让用户使用的图书馆和文献检索培训，为用户提供技能、认知类的隐性知识。图书馆可以利用读书报告会和体验交流活动，激发读者的阅读兴趣、热情，提高读者的阅读体验。在这一过程中，可以使读者了解情感和体验类的隐性知识。因此，图书馆和信息服务的内在内容一直是隐性知识服务，传统图书情报的实践也包含着隐性知识的服务。只不过图书馆学和情报学界对此没有深刻的认识，存在实践先于理论的现象，没有把它纳入基础理论研究范畴。

从外部环境而言，在 21 世纪，随着知识经济的飞速发展，互联网被广泛应用，图书情报机构也要不断改变从而适应新的社会环境。在科技发达的今天，创新越来越被重视，创新的价值越来越凸显，巨大的创新压力存在于各个行业中。发现问题和解决问题的过程就是创新的过程。实质上，在基于创新建立的显性知识体系下，个体在专业分工形成的隐性知识中存在着差异。个体利用这种差异，不断深化和传播知识。在这一过程中，显性知识和隐性知识不得不多次转化。即大量的显性知识、隐性知识、社会关系知识的共同构成就是知识创新的过程，它们之间相互影响融合。解决简单的问题，主要依赖显性知识；而解决复杂的问题，则主要是依靠隐性知识。因此，人们以前的知识观念发生了转变，主体性和内隐性作为知识的双重属性，越来越受到理论家和实践者的重视。图书馆情报工作重视显性知识服务，却忽略了隐性知识服务的重要性，是传统的图书情报学理论把隐性知识排除在外的结果。但由于互联网的广泛应用，图书情报机构变成了获得知识途径中的一种，这使图书馆情报机构的知识资源中心作用大大消减，甚至还威胁着它自身的生存发展。为了改变这一局面，满足读者对隐性知识的需求，图书馆情报学应扩大研究范围，将显性知识与隐性知识结合研究，同时不断丰富发展情报学的基础理论，以指导图书情报学的实践工作，这样使图书情报机构的自身发展得到保障。

隐性知识理论的贡献之一是扩大了人们对知识范畴的认识，即知识不仅局限于文学和信息等显性知识，还体现在人与人、人与社会、人与信息之间。将隐性知识理论引入图书情报学的基本理论，目的是为了对传统知识进一步丰富和发展，而不是完全否定或取代传统的以显性知识为主的图书情报学理论。这其中最重要的工作之一就是对图书情报学的基础理论研究进行扩展，即将其显性知识与读者相关的各种活动和知识结合起来研究。由于图书情报服务是通过读者、资源、环境和馆员之间的互动完成的，因此图书情报学基础理论研究的范围不应局限于文献信息本身，而应特别注意四者之间的相互作用。

如果把显性知识比喻为苍翠的森林，那么隐性知识则是让其汲取营养的树根；如果把显性知识比作冰山显露的那一处，那隐性知识则是沉寂在海面以下的暗礁。因此，图书情报学应将隐性与显性知识相结合，这样既能保证认识知识的完整性，又能保证图书情报学研究对象的完整性。

二、隐性知识理论促进图书情报学基础理论的深入研究

根据信息纵向价值链理论，数据、信息、知识和智力之间存在着一定的联系，知识（主要是显性知识）的形成可以通过数据、信息的过滤、组织、归纳和综合，而学习、批判和思考显性知识（信息形成），可以将显性知识内化为隐性知识，形成人们获取数据和信息并将其内化为知识的依据，即个体智慧（主体是隐性知识）。显性知识与隐性知识之间存在着复杂的内部转化和作用机制。做好图书情报工作，是图书情报机构的前提和基础，也是图书情报学基础理论的重点。因此，英国图书馆学家布鲁克斯提出："知识是图书馆学的精髓，图书馆学是研究知识结构的知识主体——人的行动机制。"

随着互联网连接千家万户，数据成了宝贵资源。这也导致了信息杂乱无章，优秀信息稀缺。实际上符合人们需求的信息寥寥无几，切合用户发展需求的信息很难找到。在现代，显性知识被广泛普及，但是有价值的隐性知识被忽视，个体

根据自己的需求做出的甄选，过滤掉了大量的无价值显性信息，也就彰显了人们隐性知识的重要性。总而言之，人们存在隐性知识，这一知识能够使显性知识的价值很大程度地显现出来，受众也就成为使信息为决策服务、为解决问题服务的重要环节。

由于隐性知识理论的推动，图书情报学的基础理论研究对深入到显性知识和隐性知识转化机制（知识结构对认识主体——人的作用机制）的层面具有促进作用，并且图书情报机构资源建设和服务工作得以顺利开展。已有相关理论可供图书情报学理论研究和工作实践进行借鉴，如柴旭东根据 SECI 模型理论，提出了知识场的观点，认为 SECI 的四个知识转化阶段中，需要建设原始场（S 阶段）、对话场（E 阶段）、系统场（C 阶段）、练习场（I 阶段）四种场。通过提升读者在隐性知识学习中的地位，这些理论用情境建设对知识进行转化，对结合学科的特点进行图书情报学研究具有推动作用。图书情报学研究的重要方面是读者如何高效利用图书情报机构的资源，并获得更好的服务，从而增强图书情报工作者的工作素质与服务素养，使工作者开展完善的服务工作。对于读者来说，这使他们更有兴趣学习隐性知识，也可满足对这一知识的需求。

三、隐性知识理论促进图书情报学基础理论研究的指导思想从控制向激发转变

业界一致认为，人不仅是图书情报工作中的主体，还是图书情报学进行理论探索和积累工作经验的开端。但是，行业中有较大影响的是知识客观属性认识论。在知识客观属性认识论中，图书情报学理论探索和工作经验积累几乎全部投入了显性知识的研究中，而且"希望通过对知识作静态的逻辑分析，把知识完全结构化地组织起来"，这种理论的实质是一种倾向于控制论的思想。在这种理论的指引之下，图书情报学的传统思想将图书馆内已有的信息资源、工作人员和读者作为对象管理。一方面，重视知识从理论创新到实际应用的控制力度，如实施信息突破管理、知识应用管理、知识传播管理来规范馆内的管理服务，并增设知识智能化引导、信息反馈服务、知识咨询服务等。另一方面，注重发挥科技的能量，除了智能化引导服务之外，还对网络技术知识仓库、数据挖掘开发工具和 APP 等技术予以重视。这导致无法实现读者在图书情报工作中的主体地位。

隐性知识理论的应用与发展，能够在图书情报学理论探索和工作经验积累中有效弥补不足，从而更充分地执行"以读者为中心"的要求。在隐性知识理论中，人

是认知的主体，人能够在内心直接生成知识，而知识本身是人发挥主观能动性创造的，在人的心灵与外界客体相互作用的过程中创造出来。也正是因为人的主观能动性，使学习过程成为人主动认知外界和认知自我的必要阶段。

隐性知识理论认为，知识是个体建构的结果。人在实际生活中，与周围人进行社会性的交往中逐渐形成自己的认知体系。原生家庭或社会因素在个体建构知识过程中存在重大的影响力，它以隐性知识理论为重点。这对图书情报学理论研究具有指导作用，图书情报机构对显性知识管理的内容、流向和结构以激发隐性知识为中心。激发隐性知识的显性知识，能够对人类想象力和创造力有所贡献，从而形成一个良性的循环，被激发出的隐性知识又可以提升显性知识的存在意义。传统的图书情报学理论在知识的整理上发挥了较大作用，但在知识的交流互动上有很大欠缺。即将知识管理的重点放在显性知识层面是一种浅薄的做法。即使加强了对显性知识的理论关注度，但是如果放弃或者忽视了人本思想，那么就无法满足读者的需求。无论是读者想要享受获取知识过程的需求，还是读者更好地将自己的隐性知识激发的潜在需求，图书情报机构做得都不够充分。尤其在高度发达的信息时代，读者对获得隐性知识的需求更大。在图书情报学基础理论研究中，把读者看作其他管理因素或对象，通过各种方法和制度加以控制，把它们作为资源客体的做法已经过时了。如今的图书情报学研究中，应该将读者视为具有精神、文化属性的主体。在智媒时代，图书情报学基础理论不仅要研究显性知识的组织与利用，还要注重对知识学习过程中读者即受众的实际需求的研究，通过他们的行为透析他们的心理，从而了解何种激励手段才最有效，何种学习环境才最趋向稳定，把人和技术的因素充分联结，创造出高质量的体系，更好地促进读者的知识建构。

第三节　知识管理与图书情报学创新与实践研究

为适应形势的发展，最近国内出现了许多知识管理的研究，但是更多学者仅在表面上介绍知识管理的内涵，缺乏实践经历，仅通过理论了解或者跟进国外的理论，很少有关于探索知识管理与图书情报学之间关系的研究。因此，有必要加强这方面的研究。不仅为了促进图书情报学的创新，更为了我国图书情报事业的全面发展。这样才能在根本上为读者提供更好的服务，整个学科才能更加繁荣。在知识管理的新兴发展过程中，图书情报的专业相关从业人员应提供知识挖掘、知识组织、知识导航等服务，在知识管理服务中扮演策划者的角色。一位拥有良好专业素养的工作人员，不仅要掌握行业的知识理论和实际技能，而且要掌握信息技术、要具有管理知识的能力以及一定的研究能力。因此，理论的创新只是过程，规范与完善图书情报学教育，培养出满足时代要求的图书情报专业人才是最终目的之一。

一、知识管理环境下图书情报学的创新研究

（一）知识管理与图书情报学研究的关系

1.知识管理与信息管理

知识管理与信息管理有很大的区别。信息管理是指收集信息、信息分类、信息检索、信息的存贮和传播输送等基础操作，对信息管理人员暂时不需要拥有较强的创新能力。传统的信息管理理念是以物为中心的刚性管理理念，但新的知识管理以人本思想为指导思想，它是以人为中心的柔性管理理念，为了发挥人力资源的创造性，它不仅发展了人本思想的特质，而且结合实际不断进行突破。在知识经济时代，知识管理理论反映了知识不断丰富发展的基本因素，是需要付出精力并循环使用的高智力创造性劳动，它不仅依靠大量综合性的信息资源（即显性知识），而且通过完善工作人员的知识架构、丰富工作经验等手段，把隐性知识与显性知识相结合。图书情报学从文本的表层向知识的深层进行拓展与丰富，而在知识管理中占据一定地位的就是对知识进行整理和管理的问题。在这一问题中，重点是要有效整理与展示这一知识，并上升到知识组织、知识服务和知识创新三个管理层面。

由于知识付费现象的不断推广，图书情报学研究在"信息"和"知识"的层次不断向纵深发展，信息资源的开发建设又升华为对知识资源的组织、建设和开发。知识与学习知识的读者是高度一体化的，因此，在图书情报学研究工作中导入知识管理的思想重点依旧是人本思想。人作为主观能动性的发挥者，在创造与创新知识管理技术和方法，促进知识共享的发展，并激发知识创新的能力中，都是最重要的推动人员。情报研究人员内在的动力在很大程度上决定了其能否被成功推动，能否掌握现代技术的能力，能否拥有专业水平和实践能力。

2.知识管理理念应用到图书情报学研究工作中

知识创新是知识管理的直接目的。知识管理要深入到图书情报学的研究中，将两者相结合是创新的外在表现，这两者都能够有效地解决知识的组织、管理和

利用,应用领域也有大量的共同区间。更重要的是,知识管理和图书情报学无论在理论研究领域,还是实践研究领域,都能为对方带来不同的思路、不同的内容,彼此可以借鉴,共同发展。为了将图书情报学研究工作纳入高级管理的范畴,在图书情报学研究工作中应用知识管理理念,从而在战略的高度制定所需得出成果的目标;设计工作体系在整体上着手,积累、存储隐性知识并将其转化为显性知识(情报研究人员在工作中产生的隐性知识),帮助相关从事研究工作的人员将吸收的知识激活为新的知识或者情报。在图书情报学的发展建设中,互动性知识情报提供了良好的契机,也正是其相互促进与共同发展的状态,对图书情报学研究的创新与发展起了巨大的推动作用。对图书情报学研究领域来说,这一发展状态提供了全新的观念、理论、方法和途径,引领了相关领域乃至整个行业的一次革命。

3. 强化知识管理,促进知识共享

图书情报学知识转化成为目前相关研究中热门的话题,很大程度上是因为知识管理的引入。知识组织是图书情报学的中心组成部分之一,图书情报学以文献组织和信息组织为重要组成部分,而二者被知识组织所替代,并且在知识导航研究、知识结构研究、知识发现、知识挖掘、知识仓库、知识库管理系统以及围绕知识产权保护等方面已经取得了一系列成果。除此之外,知识管理充分吸收了信息管理理论和实践的成果,在足够多的信息和知识共享的基础上进行知识创新。在知识经济时代,图书情报界意识到知识管理的重要性,很快在知识管理领域运用信息管理和信息资源管理。与此同时,知识管理研究和实践的主要力量之一是图书情报工作者。图书馆专业人员与知识管理专家(如 CIO、CKO)等角色对应起来的动力是知识管理研究,从而产生更大的社会适应能力。

情报研究人员之间知识的相互交流,有助于实施知识管理,从而加快知识的分享与互动的进程。要想最大程度上发挥知识管理的功能,尽可能实现提高情报研究工作效率的预期效果,促进组织知识创新,就应在图书情报学研究工作与知识管理之间的彼此适应与彼此成就的前提下,让情报研究人员进行参与和协调,这也可以有效促进知识管理的有效实施。

(二)知识管理领域中图书情报学研究创新探讨

1. 重视知识生产与创新

对数据、信息和知识而言存在着知识—信息—数据(Knowledge——Information——Data,简称 KID)的等级分类。首先存在的是被分类、描述和结构化的知识，再把其转化为信息。知识经过特定的规则或标准的描述和组织后，转化的信息成为数据。生产知识的驱动力是人的需求和知识结构，之所以信息被人脑处理或加工促使信息转变为知识，是因为一系列外界刺激流所促发的感知或认知，通过分类和组织知识，把它转化为文献、图像、词汇或其他标记符号等形式，可以把知识转换为信息。继承信息管理方法和扩展功能应在知识管理层面引起重视，在这当中最重要的是管理隐性知识。受制于人们的思维定式以及技能等其他原因，隐性知识根植于特定背景下人们的行为和经历中。

新概念下的知识管理应把知识语义层次上的组织和分配的实现作为重点，关注知识本身的管理。即追求在合适的时间，为合适的用户提供合适的知识的知识管理实现模式，即"Demand—Sick"。无论是深入了解显性知识的内涵，还是使隐性知识更明显化，都要把服务的协同作为目标，把满足用户的多样化需求作为重点，除此之外还有知识的传播、分配和生产。

2. 重视知识管理动态与可持续发展

知识管理适应了知识经济对知识创新、知识共享等多个方面的需求，使知识管理获得较快的发展。现在图书情报学领域中已经渗透了知识管理的研究，这产生了良好的影响，尤其是在图书情报学理论和行业相关机构的实践方面。

内容的即时性和演变的不确定性是知识的特性之一，它的内容和类型始终是不断创新变化的，这个时代最不缺少的就是"新"，不论是技术、管理方式，还是观念和思想，仅实现一个系统或模型的建立，并不能对知识管理动态与可持续发展起促进作用。至于知识价值让渡的权利和义务关系的问题，这在隐性知识和显性知识、个人知识和群体知识之间，都是存在的。知识管理首先解决的问题就是，权衡不同利益主体之间的权益关系。因此，在分享和利用知识之间存在障碍时，指导实践的观点必须是动态的、与时俱进的。

3. 重视知识挖掘、共建与共享

知识管理是一个完整的过程，人们不应该把它割裂分离。更值得关注的是知识的生产、交流和利用中的绩效，这在知识处理系统中是非常重要的。站在知识源的角度，人们应关注其生产知识的能力和知识产品实现价值的评价；站在知识用户的角度，更具个性特征，时效性和针对性更强，这通常成为知识产品价值实现的关键而实现在接受服务的过程中。只凭技术是无法实现对知识的发现、索引和集群的，重要原因是存在许多的隐性知识。知识管理者的介入能够在很大程度上保证这一功能的实现。知识管理者可以是个人、团队或组织，他们能够有效发现知识、快速生产知识。为了有效生成生产知识的环境，知识管理者们打造的"知识共享"团队，会通过人与人之间的交情、信任和共同兴趣，转换隐性和显性、个人和集体之间的各种知识，带来传播隐性知识和知识创新的良好效果。

二、知识管理环境下图书情报学教育及专业人才的培养

（一）知识管理环境下的图书情报学教育

知识管理能推动情报学全面发展，促进情报学学科的进步，改善情报学的教育水平。秦铁辉指出，在知识管理态势下，图书情报专业人员的职业定位是知识挖掘者、知识组织者、知识导航者和知识经纪商，基于知识管理的图书情报学教育课程设置可以模块化，并采取开放式、互动式教学方式，以培养复合型人才。从知识管理的角度，马海群提出了对图书情报教育机构改革的思路。他更深层次地阐述了图书情报教育的课程整合。知识管理对情报学教育的理论研究有辅助促进的作用，同时理论对情报学教育实践的未来方向起到了引导作用。大量的事实证明，如今我国已有许多知识管理的内容被情报学教育机构应用到情报学的教学上，知识管理专题成为培养硕士的重点课程之一。

（二）知识管理态势下图书情报专业人才的培养

1. 知识管理态势下图书情报专业人才的培养目标

第一，复合型人才的培养。在知识管理的新型发展态势下，由"专才"转向"通才"成为图书情报学教育的培养目标之一，充当多重角色的是其中的管理者。之前的图书情报学教育并不能适应时代和市场的需求，单纯为相关的机构培养适应其传统发展要求的文献管理、书目管理等方面的人才。培养复合型人才是图书情报学教育的重要发展目标，以应对知识管理的冲击。接洽不同的人员、部门以及组织机构图书情报，是专业人才图书情报的工作内容，这需要挖掘知识、组织知识，以及导航、经纪范畴等工作。一名专业的图书情报人才，不仅要掌握管理学、心理学、人力资源管理学、经济学、组织行为学、计算机科学等多种学科知识而且要具备最基础的图书情报学原理、基础的专业能力。除了实际操作能力必需过硬之外，处变不惊，沟通调节能力也成为专业人才必须具备的，至于创新和人本精神则是衡量其是否优秀的素养之一。除上述要求之外，团队合作与终身学习同样不可或缺。

第二，创新精神的培养。图书情报学教育的创新，受启发于知识管理的创新。举例而言，创新包括解决方案的不断探索，技能得到充分的运用，此外还

有资源得以充分调动。专业的图书情报学教育不应是一潭死水，打破固有的思维定式离不开批判精神，并勇于创新过去的理论与实践。何种图书情报专业人才能够在市场上具有竞争力？一定是那些在实际工作中创新，并从容应对新问题与挑战的人才。

2. 知识管理态势下图书情报专业人才培养理念

第一，重视知识价值链的构建。知识的获取、知识的共享、知识的创新与知识的利用等环节构成了知识价值链。通过联系紧密的环节，共同构建了不可替代的价值链。知识的流动得益于知识管理优化各个环节，提供有效的资源，从而转变人们的观念，"知识价值链"是由原来的"文献价值链""信息价值链"转变而来的。知识价值链得到知识管理的重视，构建了新的知识价值链下的图书情报学教育。在知识链的构建活动中，离不开知识管理下图书情报学教育培养出的优秀人才。因此，除了人才的挖掘与获取之外，图书情报学教育还要有目的性，与其他方面加强紧密结合，把知识的获取、共享、创新与利用等知识价值链作为重要环节，在教学过程中有所渗透。同时，研究并传授技能和人际知识。挖掘数据、知识编码、网络管理等相关的技能必须了解，还要必须掌握与心理学相关的人际知识。在了解部门内部的人才配比及知识后，还应掌握组织机构内的人力资源的构成和配置情况。这些情况也是图书情报专业人员绘制组织知识地图的重要依据，也能解决与知识相关的问题，挖掘出人力资源的知识内涵。

第二，树立以人为本的观念。注重人的积极性、主动性和创造性。在人的自由发展基础上举办图书情报学教育教学活动。并时刻牢记尊重人格、满足需求、激励精神与开发潜能。首先，营造良好的气氛与环境，就应该激励学生自主学习，使他们乐于对自己所学知识做出反馈，而不仅是拥有独立思考和学习的能力。其次，应摒弃被动的知识灌输做法，应该让学生主动完成教学任务，使他们提出有关教学活动的意见，最好能参与教师的教研工作。强调教育者个人的学习，有助于图书情报学的教育，能够充实自我的经历并促进知识更新，自由全面发展具有知识资源的机构和组织。同时，塑造并培养团队精神，使知识得到共享与交流。

（三）知识管理环境下图书情报学的创新对现实的指导意义

1. 图书情报学研究的发展应不断创新并与国际接轨

随着社会经济的发展，科技的进步，促进了图书情报学研究的发展进步。如今的理论与应用研究组成了研究图书情报学的两个方面，其中应用研究应放在第一位置。从某种程度来看，我国现在的理论研究独立于实际的应用与科研实践，理论研究的根本意义已经不存在了。需要特别指出的是，实践的基础是理论，应用也是人们研究理论的目的。

"与社会经济相融合，与国际接轨"的宗旨应该继续在如今的图书情报学的研究中落实。图书情报学研究的核心任务应是数据库知识发现研究；知识管理研究（即知识组织、知识发现、知识链、智能代理、知识网络化研究等）；数字图书馆研究；技术研究（即网络技术、信息优化使用技术、元数据技术、信息安全和保护技术等）；信息构建研究（如何把传统的信息与现代科学技术有效结合）。简而言之，即知识为主要对象的知识信息的组织、加工与服务。

2. 图书情报学教育的改革与创新

第一，完善情报学教育的知识结构体系。根据学科发展的动态及时修改教学计划，跟上时代的需求与变化，课程应根据需求做出及时的调整。平衡教学内容中的经典与前沿十分重要。开展专业课程需要分层，情报学中的体系应大力改革。课程的开展包括了知识管理，从而将两者的内在联系相结合，争取做到研究生阶段"精"，本科阶段"通"。

第二，渗透学科前沿知识。在本科教育中，图书情报界的学生们共同的需求是接触学科前沿，本科四年的学习几乎都是"站在前人的肩膀上"。由于欠缺认识，因此没有创新的可能。换言之，缺少深度进入研究领域的途径。

第三，加强学科资源建设。资源建设分为硬件与软件两种。提供平台促进网络环境的优化，加强硬件设施投入为研究提供更好的平台；不断改善软件资源，也有利于良好的软件环境的设立。

第四，情报研究人员的继续教育可以采用网络远程的方法进行。情报学工作与建设数字图书馆和组织利用网络信息资源息息相关。通过网络对情报研究人员进行教育，充分利用网络平台，有利于促进知识的共享和传播、各种经验的积累。

第四节　网络信息中图书馆学情报学科和教育发展的战略

基于对国内外图书馆学情报学和相关学科的调研以及对图书馆学情报学的本源与发展趋势的分析，结合对国内外图书馆学情报学教育的分析，网络时代对我国图书馆学情报学学科和教育发展提出如下建议。

一、关于图书馆学情报学学科发展方式的建议

与国外图书馆学情报学的渐进式发展相比，国内图书馆学情报学的发展呈现跳跃式特征。情报学本科专业已经被合并到信息管理与信息系统专业，很多大学也不再招收图书馆学专业的本科生，大多数原来的图书情报学系已更名为信息管理学院（系）或信息资源管理学院（系）。目前这些改名后的信息管理学院（系）的主导本科专业是信息管理和信息系统专业，信息管理学院（系）的大多数研究生指导教师的研究方向都转向了信息资源管理、信息技术、网络检索、知识产权、知识管理、数字图书馆甚至电子商务和电子政务等方面，信息管理学院（系）的许多毕业生也不再到图书馆和情报机构就业。根据调查，图书馆的招聘重点不是图书馆学和情报学专业的毕业生，而是计算机类专业和其他学科专业的毕业生。当图书情报学科已经发生了如此大的跳跃式变化时，该学科后续的发展道路如何继续？这样的跳跃式发展对于图书情报学科是好是坏？

跳跃式发展的问题在于学科历史的中断，当打破了原有的理论体系和范式，却未能建立起新的理论体系和范式的时候，图书情报学科必然会面临无序的痛苦折磨。其实，院系更名容易，教师改授新的课程也相对容易，但转而从事新的研究方向绝非易事。

图书馆学情报学跳跃式发展的主要原因是本学科急切地希望适应信息技术，特别是互联网带来的挑战，热切地希望能够抓住信息化的机遇并融入信息化的浪潮。跳跃式发展是可以理解的，但应该予以反思。因为当图书情报学科完成了跳跃式发展后，却发现自己闯进了其他学科的领地，自己在这个领地上不是游戏规则制定者，自己没有明确的优势也不知道如何塑造自己的优势，图书情报学科应该如何选择自己的发展道路？

本书认为，学科发展是渐变与跃变交互进行的过程，任何一个学科的发展以渐变过程为主，跃变只是暂时的和不稳定的。为今之计，图书情报学科需要稳定下来，深刻思考和分析学科研究对象、学科培养目标、学科社会价值和学科发展规律，寻找图书情报学科的正确发展方向。本书经过认真的研究认为，图书情报学科的主要发展方向就是知识管理，在完成了一轮跳跃式发展后，图书情报学科应围绕知识管理开始长期的渐变式发展过程。

二、图书情报学科名称的建议

关于图书馆学情报学的学科名称的争议由来已久。本学科最初的名称可以追溯到西汉的目录学和校勘学，但真正作为一门学科，其名称源自19世纪初德国的图书馆学家施莱廷格的创意。此后，情报学、图书情报学、图书馆学情报学、图书馆与情报学、图书馆学与情报学、图书馆·情报与文献学、文献学、文献交流学、文献信息学、信息学、信息资源管理学、信息管理学、信息管理与信息系统学、知识管理学等都曾经被一些图书情报学院用作学科名称，一个发展了200多年的学科还要终日为学科名称绞尽脑汁，恐怕在学科体系中极为少见。因此，要真正解决学科名称的问题，还要搞清学科的研究对象和社会价值。

运用抽丝剥茧的方法确定研究对象，图书馆学的研究对象是知识体系，情报学的研究对象是增量知识——对于服务对象而言的新知识。图书馆学采用的是大规模服务的方法，图书馆一般是针对特定群体的知识需求来搜集、组织、储存和传播知识的，图书馆所储存的是一个知识体系，这个知识体系所对应的是其服务对象的知识需求体系；而情报机构虽然也针对用户的需求建立知识体系，但更多的时候是针对用户的差异化需求为他们提供特定的知识产品或知识解决方案。图书馆和情报机构通常是互补的，图书馆为情报机构提供各种互联网时代必需的服务，情报机构的社会价值都体现在知识的流动与应用过程中，前提是提供用户或读者需要的知识。

明确了图书馆学情报学的研究对象和社会价值，再来讨论学科名称问题就比较简单了。先进的计算机通信技术，特别是网络技术被广泛引入本学科研究中来以后，不仅研究方式有了极大的改善，而且研究内容和研究对象也在迅速变化，学科的内涵和外延大大拓宽了，出现了大量跨学科的领域及其研究者。图书馆学情报学是互联网出现以来受直接影响最大、变化也最大的学科之一。

在这种情况下，不断有学者提出学科的更名问题，既可以理解，也是不可避免的。而学生培养的市场适应性变化，以及他们的毕业分配等因素，则起到助推器作用。这种状况造成了两方面的问题：一方面是学科发展没有抓住网络化、信息化社会发展的大好机遇，另一方面是当网络化和信息社会建设提高到前所未有的高度时，又忽略了传统的继承和积累，于是导致了本学科今天的发展困境。

现在，国务院学位委员会正在调整学科评议组，调整到位后将开始新一轮的学科目录调整，建议本学科专家本着对学科发展负责的态度，从规律认识的高度统一对学科名称的认识，抓住这次难得的机遇为本学科"正名"。有两个可选择的方案：第一，保留欧美使用了多年的"图书馆学情报学"（ library and information science ），这个传统名称虽然缺失时代气息，但涵盖面、包容面较宽，可以在二、三级学科的设立上尽量体现网络时代的学科发展特点，这样在国内外引起的波动较小，实际上自然科学和人文社会科学中很多传统的一级学科都是这样做的；第二，如果图书情报学界多数专家仍然坚持改名，笔者认真研究和思考，建议把"知识管理学"作为本学科的一级学科名称，之下再考虑设立知识学和知识的创新管理、传播管理、服务管理、资本管理、系统管理、产权管理等二级学科。

三、图书馆学情报学发展方向的建议

图书情报学科的发展方向是由其研究对象和服务目的决定的。本书多次提到图书情报学科的发展方向应该是知识管理，但问题在于，现在很多学科都在从事知识管理研究，很多学科的研究内容也都与知识管理有关。比如，管理科学与工程专业、工商管理专业、企业管理专业、人力资源管理专业、信息管理与信息系统专业、教育学专业、科技哲学专业、技术创新管理专业、法学专业等领域的学者都在从事知识管理研究，而且这些领域学者的研究多数都比图书情报领域学者的研究更加深入、更加贴近管理实践、更加实用。在此情况下，图书馆学情报学应该从何处入手来研究知识管理？图书情报学应该选择哪些方向作为主打研究方向？

几乎所有的学科都与知识管理这个广泛的研究领域有关，但相比而言，图书情报学科则是最纯正的知识管理领域。综合考虑图书情报学科的传统优势、图书情报学科在整个科学体系中的定位以及图书情报学科的发展规律，笔者建议图书馆学情报学未来可以把"知识传播管理""知识服务管理""知识系统管理"和"知识产权管理"作为主要发展方向，同时要特别注重利用互联网来开展知识的管理，尤其应该在社会知识管理领域确立本学科的优势。

四、图书馆学情报学学科建设的建议

图书情报学科建设的出发点是明确本学科的归属，旗帜鲜明地回归本原；图书情报学科建设的终极目的是培养系统掌握知识管理知识和技能的职业人才，满足社会成员、各类组织及其成员对知识的需求，应用知识帮助他们解决问题；图书情报学科建设的重点是建立新的学科范式，建立以知识管理为基点与核心的知识体系；图书情报学建设的难点在于破除学科长期以来形成的僵化的理念、思维定式、理论框架、研究方法体系和行为模式。

鉴于知识管理的多学科性、交叉性、开放性，应该鼓励跨界研究和跨学科研究，这是全球学术研究走向综合化的当代趋势，本身就具有突出跨学科特点的图书情报学更不例外。有鉴于此，笔者建议图书情报学科领域的研究者和实践者要积极参与其他知识管理领域的研讨和交流活动，要主动学习和借鉴理论与技能并引进其他知识管理领域的研究者和高级人才充实本学科研究队伍，要有计划地培养一批知识管理研究和实践的中坚力量，要在激烈的知识管理研究和应用的竞争中不断培育和提升图书情报学科的知识竞争力。

五、图书馆学情报学教育定位的建议

图书馆学情报学教育事实上已经过了最辉煌的时期，一方面图书馆学专业和情报学专业较难招收优秀的生源，同时很多图书馆学专业和情报学专业的毕业生又都不愿意到图书馆和情报机构工作；另一方面图书馆和情报机构也不再把图书馆学和情报学专业的毕业生作为招聘的首选对象，图书馆和情报机构更愿意选择有信息技术背景和其他学科专业背景的毕业生，这两方面的因素综合在一起就会影响图书馆学专业和情报学专业的发展前景，这也是图书馆学专业和情报学专业"跳跃式"发展的主要原因之一。

图书馆学情报学教育是与学科建设紧密联系在一起的，当图书馆学情报学的研究重点向知识管理转移，图书情报学科建设的重心转移到知识传播与知识服务时，图书馆学情报学教育的定位也将转向知识管理。根据笔者对国内博士学位论文主题的调查，近年来博士学位论文选题最集中的就是知识管理，这是博士研究生的一种博弈式选择，是他们在学科规则允许范围内进行自由探索的结果。

联系前述学科分析，建议图书馆学情报学教育定位于培养知识管理的应用人才，包括知识搜索人才、知识组织人才、知识传播人才、知识服务人才、知识系统设计和维护人才、知识产权保护人才、知识经营人才等。

六、图书馆学情报学课程设置的建议

（一）课程体系较乱

图书馆学专业的课程体系已经被冲击得七零八落，在目前图书馆学专业的信息管理院系中，图书馆学专业已经沦落为一个专业方向，原本的图书馆学课程体系也被大幅压缩为一个模块。而情报学专业课程要么把课程中的"情报"换成了

"信息"，要么就大幅压缩情报学课程，增加了信息技术、信息管理、信息产业或知识管理类课程。信息管理专业是由原先的科技情报学、经济信息管理、管理信息系统、信息学等专业整合而成的，因此，其课程体系自然成了这些专业课程的拼盘。

（二）课程内容较乱

原来图书馆学专业课程体系中的图书馆学理论和数字图书馆两类课程，图书馆学理论增加了很多文献信息学、信息资源管理或数字图书馆的内容；数字图书馆则几乎成了计算机应用课程。情报学课程的内容也发生了很大变化，情报学理论几乎被信息管理理论和信息资源管理理论替代，得到发展的只有竞争情报类课程。由于内容不足，竞争情报学课程大量引用了美国战略管理学家波特的《竞争战略》等理论，在"充实"了竞争情报的同时，与战略管理形成重叠。信息管理是一个新的领域，很多信息管理课程本来没有体系，这样就为从事信息管理研究的学者提供了很大的发挥空间。不同学者撰写的《信息管理》《信息资源管理》等著作或教材常有着很大区别，一方面说明学者们具有不同的学术见解，另一方面也说明缺乏统一的学术内核。信息管理专业大量引进了信息技术类课程，而这些课程基本上是对计算机类专业课程的模仿；信息管理专业还改造了情报学课程，情报检索、情报分析与研究、情报服务与用户、情报检索语言、情报计量学等课程就变成了信息检索、信息分析与研究、信息服务与用户、信息检索语言、信息计量学等课程，其内容在改进的同时发生了混乱。

（三）课程名称较乱

从图书馆学到情报学再到信息管理学的发展过程中，"图书情报学系"改名为信息管理院系，很多图书情报专业课程的名称发生了变化，集中的变化有两次：一次是部分课程中"图书情报"改为"文献信息"；另一次是很多课程中的"情报"改为"信息"。然而，这些课程的名称虽然变了，内容却没有太多变化，因此，也就成了一些网络评论家攻击的对象。

鉴于图书情报学课程设置的现状，笔者建议通过多方沟通取得本领域学者的共识，把图书馆学情报学改名为"知识管理学"。以知识管理为核心、兼顾图书馆学情报学领域知识管理的特点，重构图书馆学情报学的课程体系，严格地对有关课程进行科学化和标准化命名，借此重塑图书馆学情报学的形象，使图书馆学情报学成为一门真正地能够持续发展的学科。

七、图书馆学情报学研究方法的建议

图书馆学情报学的研究方法是制约本学科发展的根本原因之一，也是多年来本学科发展缓慢且没有发展成为规范学科的主要原因之一。从图书馆学情报学主流杂志上发表的论文和国家社会科学基金资助的图书馆学情报学课题成果来看，图书馆学情报学采用的是随意的主观的研究方法，有些图书馆学情报学研究者甚至不会做文献综述，通常是看几篇论文就可以写综述论文。严格地讲，很多图书馆学情报学论文都只是规范的学术论文的一部分，或充其量只是一个没有假设的随机现状调查报告。有些论文仅仅用别人的数据或信手拿来的理论观点就可以得出结论，其可信度和有效性可想而知。

基于图书馆学情报学的研究现状，本书建议请国内外知识管理领域的著名学者对图书情报领域的学者进行规范的方法论培训，建议组织本领域治学严谨的学者编写规范的方法论教材，建议把"研究方法论"列为图书情报和信息管理类专业本科生和研究生的必修课，建议把规范的方法研究作为评估图书情报类和信息管理类研究生的学位论文的主要依据，建议加强国家社会科学基金和国家自然科学基金图书情报、信息管理和知识管理类申请项目的方法论审核，建议图书情报类核心杂志拒绝刊登运用非规范方法撰写的学术论文，建议定期评选优秀的研究方法规范，特别是应用实证方法撰写的学术论文并汇编出版。总之，建议通过加强规范研究，促进图书情报学科的规范化发展，提升本学科在学科体系中的地位和影响力。

八、图书情报学人才培养的建议

关于图书馆学情报学人才，准确地说是知识管理人才培养的问题。首先是确定培养目标，而培养目标是由社会需求和学科内容共同决定的。如前所述，图书情报机构现在主要招聘的并非本专业学生，作为图书情报学教育机构，有必要搞清楚图书情报机构不愿招聘图书情报专业学生的主要理由，是因为本专业学生的知识结构陈旧，还是图书情报机构本身发生了变化，深入分析可以发现，主要原因是图书情报机构已经不再满足于提供文献服务，而转向提供知识服务，这样就更需要具有其他学科背景的毕业生、学科馆员制的实施。

把视野放宽可以发现，很多组织特别是企业现在非常缺乏从事企业知识管理的人才，但企业需要的不是传统的图书馆学情报学所培养的那类知识管理人才，而是能够激活企业的知识资产并使之不断增值的知识管理人才，是能够促进企业技术创新和知识创新的知识管理人才，是能够不断把企业成员的智力资本转化为企业智力资本的知识管理人才，这些恰恰就是今后图书馆学情报学专业要努力培养的人才。

　　根据上述分析，本书建议图书馆学情报学教育人才培养的目标应该是为社会各类组织包括图书情报机构培养管理人才，为广泛共享、深度开发和充分利用社会知识资源提供专门知识与技术，为建设学习型组织和创新型国家贡献智慧和能力。

参 考 文 献

[1] 邱均平,温芳芳.图书情报学研究热点与前沿的可视化分析——基于 13 种高影响力外文期刊的计量研究 [J].中国图书馆学报,2011(3): 51–60.

[2] 宗乾进,袁勤俭,沈洪洲.知识图谱视角下的 2010 年我国情报学研究热点——基于知识图谱的当代学科发展动向研究之一 [J].2011, 30(12): 48–53.

[3] 杨爱青.我国图书情报学研究态势的可视化研究 [J].曲阜师范大学,2012.

[4] 叶继元.图书情报与档案管理学科未来五年重点研究领域与选题——《高校哲学社会科学管理学部图书情报与档案管理学科战略规划研究报告》解读 [J].中国图书馆学报,2012 (1): 105–112.

[5] 何超.我国管理科学学科演进的知识图谱研究 [D].湖南:湖南大学,2012.

[6] 王益明,崔莎,王婧文.2011 年我国情报学研究进展 [J].国家图书馆学刊,2012(3): 17–24.

[7] 白文倩.基于引文分析方法的教育技术学科知识图谱构建 [D].武汉:华中师范大学硕士学位论文,2012: 14.

[8] 杨思洛,韩瑞珍.国外知识图谱绘制的方法与工具分析 [J].图书情报知识,2012(6): 101–109.

[9] 杨思洛,韩瑞珍.知识图谱研究现状及趋势的可视化分析 [J].情报资料工作,2012(4): 22–28.

[10] 连少华,王宇.近年来我国图书馆学研究热点与发展趋势——基于共被引分析 [J].图书情报工作,2013 (6): 221–226.

[11] 夏丹.移动环境下高校图书馆图书荐购服务模式探析 [J].晋图学刊,2015(4):21–24.

[12] 夏丹.数字时代馆配市场转型与高校图书馆之应对 [J].出版发行研究,2015(8):94–97.

[13] 夏丹. 基于 OSGI 高校移动图书馆系统的构建与实践 [J]. 大学图书情报学刊，2016, 34(4): 15–19.

[14] 夏丹. 藏书利用价值评价指标体系构建及实证研究 [J]. 图书馆理论与实践，2016(9): 42–46.

[15] 夏丹. 学术图书出版推广馆社合作模式探析 [J]. 图书情报工作，2016, 60(22): 41–47.

[16] 李敏琴，夏丹，付冬梅. 高校图书馆管理与服务探究实践 [M]. 长春：吉林大学出版社，2017: 1–76.